高等学校外国语言文学类专业 "理解当代中国" 系列教材

日语系列教材

现代中国を
理解しよう

理解当代中国

汉日翻译教程

中日翻訳教程

总主编 修 刚

主 编 宋协毅

副主编 毋育新 杨 玲

编 者 王 晓 葛 睿 宋 刚 冯 千

林 曌 段笑晔 韩思远 李成浩

外语教学与研究出版社
北京

图书在版编目（CIP）数据

高等学校外国语言文学类专业"理解当代中国"系列教材．日语系列教材．汉日翻译教程 / 修刚总主编；宋协毅主编；毋育新，杨玲副主编；王晓等编．-- 北京：外语教学与研究出版社，2022.7（2022.8 重印）
　　ISBN 978-7-5213-3814-0

　　Ⅰ．①高⋯ Ⅱ．①修⋯ ②宋⋯ ③毋⋯ ④杨⋯ ⑤王⋯ Ⅲ．①日语－翻译－高等学校－教材 Ⅳ．①H3

中国版本图书馆 CIP 数据核字 (2022) 第 123994 号

出 版 人　王　芳
策划编辑　崔　岚　杜红坡
责任编辑　倪　芳
责任校对　尹虹方
封面设计　黄　浩　彩奇风
版式设计　覃一彪
出版发行　外语教学与研究出版社
社　　址　北京市西三环北路 19 号（100089）
网　　址　http://www.fltrp.com
印　　刷　北京盛通印刷股份有限公司
开　　本　787×1092　1/16
印　　张　16
版　　次　2022 年 7 月第 1 版 2022 年 8 月第 2 次印刷
书　　号　ISBN 978-7-5213-3814-0
定　　价　60.00 元

购书咨询：(010) 88819926　电子邮箱: club@fltrp.com
外研书店: https://waiyants.tmall.com
凡印刷、装订质量问题，请联系我社印制部
联系电话：(010) 61207896　电子邮箱: zhijian@fltrp.com
凡侵权、盗版书籍线索，请联系我社法律事务部
举报电话：(010) 88817519　电子邮箱: banquan@fltrp.com
物料号：338140001

记载人类文明
沟通世界文化
www.fltrp.com

"理解当代中国"系列教材
编委会

主 任:

孙有中

副主任:

于 漫	王 丹	文 铮	孔德明	刘 利	刘 宏	张洪仪
陈 英	郑立华	修 刚	姜亚军	徐亦行	董洪川	

成 员:

王淑艳	牛林杰	叶良英	田秀坤	朱鹏霄	任 文	刘云虹
许 宏	杜 颖	杨晓敏	李 媛	李长栓	李丽秋	李婧敬
肖 凌	吴中伟	宋协毅	张 威	张 鹏	张世胜	张敏芬
张维琪	陈穗湘	金利民	周异夫	赵 雷	查明建	侯宇翔
姜 锋	徐 辉	高 方	郭风岚	黄 玫	黄东晶	曹羽菲
常福良	傅 荣	谢 詠	雷 佳	綦甲福	蔡美花	臧 宇
魏启荣						

总 序

　　当今世界正面临百年未有之大变局，当代中国正处于近代以来最好的发展时期，实现中华民族伟大复兴进入了不可逆转的历史进程。当前，我国开启全面建设社会主义现代化国家、向第二个百年奋斗目标进军的新征程。全球发展倡议和全球安全倡议，有力引领国际秩序发展正确方向；"一带一路"建设和构建人类命运共同体的中国理念与中国行动，为世界变局下的全球治理注入了中国能量。与此同时，世界各种思想文化交流交融交锋更加频繁，国际舆论斗争和软实力较量更加激烈，国家对有家国情怀、有全球视野，能够讲好中国故事、参与全球竞争的高素质国际化外语人才的需求，从未像今天这样迫切。中国高等外语教育如何积极应变，创新知识体系、课程体系与教材体系，造就一批又一批堪当民族复兴大任的时代新人，服务国家战略需求，助力中国更好走向世界、世界更好了解中国？这是中国高等外语教育界必须应答的时代之问。

一、讲好中国故事是新时代中国高等外语教育的新使命

　　从近代外语教育培养能读"西书"、译"西学"、学"西洋"的人才，探索抵御列强之道，到革命战争时期培养军事翻译人才，服务对敌斗争之需；从新中国成立后培养多语种外交外事人才，打开我国对外工作新局面，到改革开放以来为经济建设、对外交往和社会发展铺路架桥，再到新世纪培养高素质复合型外语人才，服务国家全球发展和海外合作，中国外语教育始终与民族命运休戚与共，始终把使命担当书写在党和人民的事业之中。历史充分证明，外语教育只有与时俱进，方能服务时代之需，发出时代之声，回应时代之问，培养时代新人。

　　长期以来，中国高等外语教育关注的是把世界介绍给中国，而进入新时代，中国高等外语教育在继续履行把世界介绍给中国的使命的同时，必须肩负起把中国介绍给世界的新使命。

　　党的十八大以来，习近平总书记在多种场合发表重要讲话，作出重要批示，为面向未来的中国高等外语教育指明了发展方向，提供了根本遵循。2016年9月，习近平总书记在主持中央政治局集体学习时指出，参与全球治理需要一大批熟悉党和国家方针政策、了解我国国情、具有全球视野、熟练运用外语、通晓国际规则、精通国际谈判的专业人才。2021年5月，习近平总书记在主持中央政治局集体学习时又强调，要讲好中国故事，传播好中国声音，展示真实、立体、全面的中国，下大气力加强国际传播能力建设，形成同我国综合国力和国

际地位相匹配的国际话语权，为我国改革发展稳定营造有利外部舆论环境，为推动构建人类命运共同体作出积极贡献。2021年9月，习近平总书记在中央人才工作会议上强调，要培养造就一批善于传播中华优秀文化的人才，发出中国声音、讲好中国故事，不断提高国际传播影响力、中华文化感召力、中国形象亲和力、中国话语说服力和国际舆论引导力。也是在2021年9月，习近平总书记给北京外国语大学老教授亲切回信，对全国高校外语人才培养提出殷切期许，强调要努力培养更多有家国情怀、有全球视野、有专业本领的复合型人才，在推动中国更好走向世界，世界更好了解中国上作出新的贡献。

新时代中国高等外语教育必须主动服务国家参与全球治理和民族复兴的伟大事业，站在构建中国对外话语体系、提升中国软实力的政治高度，大胆创新知识体系、课程体系与教材体系，努力培养更多国家急需的高层次翻译人才特别是时政翻译人才、国际传播人才、全球治理人才和各行各业参与全球竞争的优秀外语人才，把中华优秀文化、当代中国发展成就和中国共产党治国理政思想介绍给世界，为全球治理提供中国方案，贡献中国智慧，营造有利国际舆论环境，提高我国国际话语权和国家软实力。一句话，当代中国高等外语教育必须大力培养理解当代中国、讲好中国故事的时代新人。

二、《习近平谈治国理政》多语种版本是理解当代中国、讲好中国故事的权威读本

中国文化博大精深，中国故事源远流长。从秦皇汉武到唐宗宋祖，从丝绸之路到郑和下西洋，从四书五经到四大发明，传统中国的故事无疑必须继续讲、创新讲。当前，攸关民族复兴大业的迫切任务，则是要讲好当代中国的故事。讲好当代中国的故事，就必须理解当代中国。

当代中国丰富多彩、气象万千，纵向贯通党史、新中国史、改革开放史、社会主义发展史，横向涵盖政治、经济、社会、文化、教育、国防、外交等方方面面。这显然是多门思政课程才能覆盖的内容。我们认为，对于高校外语类专业而言，在有限的学制学时里，在外语学习的过程中，理解当代中国的最佳选择就是《习近平谈治国理政》多语种版本。

《习近平谈治国理政》是习近平新时代中国特色社会主义思想的重要载体，生动记录了以习近平同志为核心的党中央团结带领全党全军全国各族人民在新时代坚持和发展中国特色社会主义的伟大实践，全面呈现了习近平新时代中国特色社会主义思想的发展逻辑与理论体系，深刻阐释了中国共产党擘画民族复兴大业的宏图伟略和为推动构建人类命运共同体、促进人类和平发展事业贡献

的中国智慧和中国方案。通过《习近平谈治国理政》深入学习领会习近平新时代中国特色社会主义思想，就能更好把握中国实践的理论结晶、中国之治的经验秘籍、民族复兴的根本指南，就能更好理解中国话语体系的基本逻辑、中国故事的叙述框架。

作为中国话语体系的集中体现和融通中外的译文范本，《习近平谈治国理政》多语种版本进入高校外语类专业，有助于师生学习掌握中外权威翻译专家团队的集体智慧，从中汲取翻译技巧、领会话语策略、提高外语应用能力和跨文化沟通能力；有助于外语类专业重构知识体系与课程体系，促进外语类专业新文科建设，深入开展课程思政，落实立德树人根本任务，培养有家国情怀、有全球视野、有专业本领，堪当民族复兴大任的高素质外语人才；有助于推广中国话语的外译标准，构建中国特色话语体系，提高国家语言能力，夯实国家软实力基础，推动中国更好走向世界，世界更好了解中国。

三、"理解当代中国"系列教材是推动习近平新时代中国特色社会主义思想系统融入外语类专业课程体系的有效途径

高等学校外国语言文学类专业"理解当代中国"系列教材（以下简称"本系列教材"）涵盖英语、俄语、德语、法语、西班牙语、阿拉伯语、日语、意大利语、葡萄牙语、韩国语等10个外语语种。各语种本科阶段包括《外语读写教程》《外语演讲教程》《汉外翻译教程》共三册；研究生阶段为《高级汉外翻译教程》，其中英语系列研究生阶段分为《高级汉英笔译教程》和《高级汉英口译教程》。全套教材共41册。*

本系列教材旨在将习近平新时代中国特色社会主义思想系统融入外语类专业听说读写译等核心课程，帮助学生夯实外语基本功，在提高读写、演讲与翻译能力的同时，掌握中国特色话语体系，提高用外语讲好中国故事、用中国理论解读中国实践的能力，成为有家国情怀、有全球视野、有专业本领的高素质国际化外语人才，落实好育人育才根本任务。

本系列教材围绕党的十九届六中全会审议通过的《中共中央关于党的百年奋斗重大成就和历史经验的决议》（以下简称《决议》）中"十个明确"，对习近平新时代中国特色社会主义思想的核心内容进行了系统概括，聚焦"十个明确"重要思想内容。本系列教材主课文全部选自《习近平谈治国理政》《决议》以及习近平总书记《在庆祝中国共产党成立100周年大会上的讲话》（以下简称

---

* "理解当代中国"系列教材还包括国际中文系列，主要面向来华留学生群体。国际中文系列包括《高级中文读写教程》《高级中文听说教程》两个分册。

《讲话》）等权威文献，并在课堂活动设计与课外延伸阅读等环节辅之以大量生动的事例和数据，坚持中国立场与全球视角相融合、宏大叙事与个案解析相配合、理论思辨与实践观照相结合，引导学生认识真实、立体、全面的当代中国，系统领悟习近平新时代中国特色社会主义思想的原创性、历史性、世界性贡献，为讲好中国故事做好知识准备，打下坚实基础。

为帮助学生有效理解当代中国，用外语讲好中国故事，本系列教材遵循如下编写理念：

课程思政： 将价值塑造、知识传授和能力培养融为一体，帮助学生读原著悟原理，将习近平新时代中国特色社会主义思想内化于心、外化于言，坚定"四个自信"，进一步增进对中国共产党领导和中国特色社会主义的政治认同、思想认同、理论认同、情感认同。

融合学习： 实施内容与语言融合式外语教学理念，帮助学生在使用外语进行知识探究的过程中不断提高外语能力，在开展听说读写译语言活动的过程中，不断加深对习近平新时代中国特色社会主义思想的理解，最大限度地提高外语学习效能。

能力导向： 实施跨文化思辨外语教学理念，帮助学生从跨文化视角分析中国实践，探究中国理论，通过启发式、讨论式、体验式、项目式和线上线下混合式等多种教学形式，提升语言运用能力、跨文化能力、思辨能力、研究能力、合作能力等多元能力。

潮平两岸阔，风正一帆悬。新时代的中国高等外语教育迎来了创新发展的大好机遇。希望本系列教材能够助力全国高校外语类专业与时俱进，更新知识体系和课程体系，不负光荣历史，不负美好时代，为培养堪当民族复兴大任的高素质国际化外语人才作出更大贡献。

在此，谨以习近平总书记的寄语与广大外语学子共勉："用脚步丈量祖国大地，用眼睛发现中国精神，用耳朵倾听人民呼声，用内心感应时代脉搏，把对祖国血浓于水、与人民同呼吸共命运的情感贯穿学业全过程、融汇在事业追求中。"*

"理解当代中国"系列教材编委会

2022 年 6 月

---

* 习近平在中国人民大学考察时强调 坚持党的领导传承红色基因扎根中国大地 走出一条建设中国特色世界一流大学新路，《人民日报》2022年4月26日，第1版。

前　言

一、教材定位

　　高等学校外国语言文学类专业"理解当代中国"系列教材日语系列教材（以下简称"日语系列教材"）共 4 册，其中《日语读写教程》《日语演讲教程》和《汉日翻译教程》面向普通高等学校本科日语专业及相关辅修专业学生，《高级汉日翻译教程》面向翻译硕士专业学位研究生、翻译学学术学位硕士研究生和日语语言文学学术学位硕士研究生。

　　日语系列教材旨在将习近平新时代中国特色社会主义思想的学习与日语读写、演讲和翻译能力的培养有机融合，引导学生系统学习、深入领会习近平新时代中国特色社会主义思想的核心要义，学会用中国理论观察和分析当代中国的发展与成就，从跨文化视角阐释中国道路和中国智慧，坚定"四个自信"；在内容学习的过程中进一步夯实日语基本功，实现高级日语听说读写译能力的进阶，重点掌握时政话语特别是中国特色政治话语的语篇特点与规律，培养时政文献阅读与翻译能力，提高思辨能力、跨文化能力和国际传播能力，成为有家国情怀、有全球视野、有专业本领的社会主义建设者和接班人。

二、教材特色

　　教材突破了技能教材和知识教材的传统分野，将语言学习与知识探究有机融为一体，具有鲜明的特色。

1.《日语读写教程》

　　本教材可供日语专业学生本科第 5—6 学期高级日语或日语阅读课程使用，也可以作为独立课程开设，与聚焦中国传统文化的"中国文化概要"等课程并列。

　　理解先行，思辨跟进：引导学生细读习近平新时代中国特色社会主义思想的 10 个重要方面相关选篇，在全面、准确理解原文思想内涵的基础上，进行分析、应用、评价和创造等高阶思维活动。

　　理论贯通，实践导向：引导学生通过课文学习和延展阅读，把握习近平新时代中国特色社会主义思想的核心要义和内在逻辑，并运用该理论体系解释中

国实践，加深对中国理论和中国实践的认识，培养理论思维和分析问题与解决问题的能力。

立足中国，放眼世界：通过课前图片和"思考与讨论（クリティカルシンキング）"板块等，引导学生关注国际社会对中国理论与中国实践的理解，培养学生的跨文化思辨意识和思辨能力，提高用日语讲好中国故事的能力。

自主学习，多元探讨：贯彻"学习中心、产出导向"的教学理念，注重指导学生独立预习课文，独立检索相关文献，进行延伸阅读。通过多样化的课内课外、线上线下小组学习活动，引导学生在独立思考和独立研究的基础上进行合作探究，不断提高思辨能力、研究能力和创新能力。

读写结合，提高能力：以读促写，以写促读，实现阅读能力和写作能力的同步提高。让学生在运用语言的过程中循序渐进提高语言质量，同时通过各单元系统设计的词句篇的语言练习进一步夯实语言基本功。

2.《日语演讲教程》

本教材可供日语专业学生本科第 5—8 学期高级口语或演讲课程使用。

细读原著，理解中国：引导学生通过深入阅读习近平新时代中国特色社会主义思想重要方面的关键选篇，掌握其基本观点和内在逻辑，理解中国理论与中国实践。倡导语言与内容融合发展的教学理念，通过课堂热身活动提供丰富的案例和数据，开展形式多样的教学活动，加深学生对中国理论和中国实践的理解和认识。

产出导向，讲述中国：以任务为导向，通过主题内容学习和演讲技能训练，搭建脚手架帮助学生完成具有挑战性的口头产出任务。注重培养学生的跨文化思辨意识，提高用日语讲好中国故事的能力。

合作探究，融合发展：注重指导学生在课前检索相关文献，查找中国治理实例，预习和理解课文内容。通过多样化的课内课外、线上线下小组学习活动，引导学生在研讨与合作探究中提升日语表达与沟通能力，促进演讲能力、思辨能力、研究能力和创新能力的融合发展。

3.《汉日翻译教程》

本教材可供日语专业学生本科第 5—7 学期笔译课程使用。

理解原著，探讨规律：注重时政文献原文的阅读理解、核心概念的解读，讲解原文思想内涵与学习翻译策略相结合，引导学生强化翻译策略训练；注重教学阐释与学生学习体验相结合，围绕习近平新时代中国特色社会主义思想的

10 个重要方面，帮助学生领会习近平新时代中国特色社会主义思想的核心要义，认识中国时政文献翻译的特点与规律。

突出基础，强化对比：重视汉语与日语的基础知识学习，关注中国时政文献的语言特色以及中日时政话语的差异，对比汉日同形词、典故的用法规律等。

注重受众，融通中日：坚持以中国时政文献原文思想内涵为根本，充分思考日本受众理解与接受的可能性，灵活应用多样化翻译策略与方法，以达到融通中日之目的。

实践为本，反思为要：将翻译实践感悟与理论阐释相结合，引导学生系统总结与理性分析中国时政文献翻译与传播的历程，认识国际传播效果评价的系统性与复杂性。

4.《高级汉日翻译教程》

本教材可供翻译硕士专业学位研究生、翻译学学术学位硕士研究生和日语语言文学学术学位硕士研究生的笔译课程使用。

理论为纲，实践为本：以习近平新时代中国特色社会主义思想的 10 个重要方面构建单元逻辑和课程知识结构。引导学生通过选篇学习、翻译实践、译文评析、专题探讨和拓展思考，把握习近平新时代中国特色社会主义思想的核心要义，并运用该理论体系解释中国实践，加深对中国理论和中国实践的认识，培养理论思维和分析问题与解决问题的能力。

问题导向，能力为要：以问题为导向，引导学生在基本翻译原则指导下，通过大量实践不断提高翻译决策能力和解决具体问题的能力。引导学生关注中国当代时政文献的特点和基本翻译原则、原则背后的决策考量和常见问题的处理方法。通过反复实践，引导学生举一反三、融会贯通，不断提升翻译实操能力。

宏观着眼，微观入手：引导学生遵循"以大见小、以小见大"的翻译程序。先从语篇角度出发，把握原文的宏观背景、目的要义、内部逻辑以及整体的语域风格等特点；同时不忘处理好局部与细节，解决好重点难点问题，如汉日同形词、比喻、排比、用典等的翻译，做到局部照应整体，与全文的宗旨要义、语域风格等前后贯通、协调一致。

练习拓展，思考延伸：通过课后思考题、翻译练习和拓展思考，引导学生通过自主学习、合作探究、互评互学相结合的方式开展拓展练习和过程反思。培养学生的批判性思维，使其认识到译无止境。引导学生正确认识翻译理论与实践之间的关系，同步提升理论素养与实践技能。

三、教学资源

　　教学资源是保障教材有效使用的必要支撑。日语系列教材在理论高度、知识深度和教学方法等方面对教师均有较大的挑战性。为支持教学工作顺利开展，日语系列教材各册均配有教师用书，提供各单元重难点解析、练习答案、教学建议、补充练习等材料。此外还建设了教学资源平台，提供习近平新时代中国特色社会主义思想的系列讲座视频，各册配套优秀教案、示范教学视频，以及形式多样的当代中国主题延伸学习文本和音视频资源，供教师备课参考和学生课外学习使用。

四、译文说明

　　日语系列教材关于习近平新时代中国特色社会主义思想的语篇、段落和句子大多选自《习近平谈治国理政》第一卷、第二卷、第三卷。为保证术语翻译的规范性，关键术语的译法如在不同卷册有差异，一律以第三卷为准。部分材料选自《讲话》和《决议》，为体现术语翻译的发展，本系列教材也选用了部分《讲话》和《决议》中的术语译法。

五、分工与致谢

　　日语系列教材的编写团队由北京外国语大学、上海外国语大学、西安外国语大学、广东外语外贸大学、对外经济贸易大学、大连大学、大连外国语大学、北京第二外国语学院、四川外国语大学、北京科技大学和天津外国语大学的资深教授和骨干教师组成。教育部高等学校外国语言文学类专业教学指导委员会日语专业教学指导分委员会全体成员、马克思主义理论专家对日语系列教材进行了专业评审，提出了宝贵的修改意见。中国外文局参与《习近平谈治国理政》翻译和审定稿的中外专家对翻译教材进行了审稿把关。为增强教材内容的多样性与丰富性，我们在编写过程中选用了中央党史和文献研究院、中国外文局、人民出版社、人民网、新华网等相关单位的文章素材。教材在北京外国语大学、上海外国语大学、广东外语外贸大学、西安外国语大学、大连外国语大学、天津外国语大学、北京第二外国语学院进行了试用，收到很多好的建议与意见。天津外国语大学为本教材编写组成了专门的领导小组，由党委书记殷奇任组长，李迎迎副校长亲临指导，教务处刘建喜处长、席娜副处长具体负责，付出了艰

辛的努力。系列教材编委会、工作组、教育部外国语言文学类专业教学指导委员会孙有中主任委员以及英语系列教材编写组，对日语系列教材编写给予了精心指导和具体帮助。外研社的领导和编辑团队自始至终与日语系列教材编写团队同甘共苦，给予了全力支持。借此机会，对上述单位的倾力支持与帮助，谨致以最诚挚的谢意。

运用中国最权威文献资料的原文与译文编写日语专业的读写、演讲、翻译教材，开展日语教学，进而讲好中国故事、传播好中国声音，是首次创新的尝试。教材编写取得了成功，也一定留有许多遗憾，希望使用学校不吝赐教，以便进一步修改和完善。

日语系列教材编写组
2022 年 6 月

编写说明

一、教材设计

《汉日翻译教程》由绪论及 10 个单元构成。绪论介绍中国时政文献的内涵与特色、中国时政文献翻译的策略与方法、各单元板块设计等，第一至十单元覆盖习近平新时代中国特色社会主义思想的重要方面，依次为：1）中国特色社会主义最本质的特征和中国特色社会主义制度的最大优势；2）坚持和发展中国特色社会主义总任务；3）坚持以人民为中心的发展思想；4）中国特色社会主义事业总体布局和战略布局；5）全面深化改革总目标；6）全面推进依法治国总目标；7）必须坚持和完善社会主义基本经济制度；8）党在新时代的强军目标；9）中国特色大国外交；10）全面从严治党的战略方针。

各单元的内部结构如下：

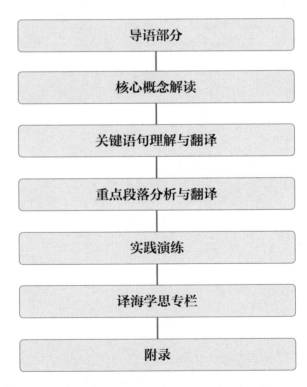

导语部分
核心概念解读
关键语句理解与翻译
重点段落分析与翻译
实践演练
译海学思专栏
附录

导语部分　说明单元主题思想，强调内容理解与翻译策略意识，引发学习兴趣。

核心概念解读　对单元主题下的相关核心概念进行解读，介绍其思想内涵及翻译策略，以利于学习者理解和掌握。

　　关键语句理解与翻译　详细介绍凸显单元主题思想的关键语句及其思想、背景，赏析官方权威日语译文，从概念的形成、界定、厘清入手，分析权威译文，归纳翻译策略和技巧，助力学习者准确把握这些关键语句的日语表达。

　　重点段落分析与翻译　系统讲解分析本单元中给出的重点段落，讲解翻译策略和方法，对主要知识点进行总结。引导学习者理解、分析原文，关注该单元知识点，通过试译激发其翻译欲望。在对重点段落的译文进行分析的基础上，重点通过"翻译策略与方法"和"注意点"等栏目，结合语言特点与文化背景的分析，深入讲解译文的翻译方法，以发挥学习者主观能动性，引导学习者总结归纳知识点及所学翻译策略和方法等。

　　实践演练　围绕该单元"核心概念解读""关键语句理解与翻译""重点段落分析与翻译"中出现的主要知识点设计各种练习，形式多样、灵活实用，力图提高学习者的思想认识，熟练掌握相关翻译策略，达到融会贯通、举一反三的目的。

　　译海学思专栏　这一栏目为本书的特色之一。选择该单元中具有代表性的核心概念、词语、句子在外宣翻译上的注意点等，就其外译策略和方法等撰写具有启发性、深入浅出的短文，进行专题讲解。注重思想性、学术性、趣味性融为一体，易于学习者理解和掌握。

　　附录　提供"重点段落分析与翻译"的原文和译文对照。

二、教学建议

　　本教材聚焦时政文献翻译，强调时政文献的翻译原则与策略，为更好把握时政文献翻译的特殊性及其主要翻译策略，建议在学习本教材前，先修相关课程了解汉日翻译的整体性原则与主要方法。

　　本教材共 10 个单元，建议每单元安排 2—3 学时，总共不超过 32 学时。教师可根据本校学生实际特点和具体需求，结合本校实际教学安排，调整具体教学计划。

　　绪论聚焦中国时政文献的定义、性质、功能、特点以及中国时政文献翻译的原则与策略等，统领后续单元的翻译策略分析，建议采用课堂教授与研讨的教学方式。

　　第一至十单元分别围绕习近平新时代中国特色社会主义思想的重要主题，帮

助学生理解具体主题思想的主要内容与本质内涵，进行相应的翻译策略学习与分析。建议采用自主学习、实践演练、课堂研讨相结合的方式。各单元的内部各环节教学建议如下：

课前建议学生自主阅读学习"核心概念解读""关键语句理解与翻译"，并进行"重点段落分析与翻译"中的文本试译。

课中教师将以讲解、讨论相结合的方式，进行核心概念、关键语句讲解，结合学生试译文本进行重点段落分析与翻译，讨论学习"译海学思专栏"的相关内容等。

课后学生自主完成"重点段落分析与翻译"的段落翻译和"实践演练"。

给教师的建议：

1. 提高理论素养

本教材遵循价值塑造、知识传授和能力培养三位一体的课程思政理念。为了有效开展教学，教师应率先阅读原著，领会学习习近平新时代中国特色社会主义思想的核心要义和内在逻辑，全面提高自身的政治理论素养，坚定"四个自信"，学会用中国理论解读中国实践。

2. 理解当代中国

本教材的核心目标之一就是帮助学生理解当代中国。教师在授课中应引导学生细读原著，必要时进行拓展阅读和研究，鼓励和帮助学生运用习近平新时代中国特色社会主义思想的基本观点和方法，在全球大背景下深入分析当代中国丰富多彩的改革开放实践，成为堪当民族复兴重任的时代新人。

3. 强化语言对比

本教材强调对中国时政文献的充分理解与外译。教师应扎实掌握汉日两种语言的基本知识，系统了解汉日两种语言的基本关系，特别是汉日时政文献话语体系在词汇、句法、逻辑、文化背景等不同层面的差异，引导学生熟悉时政文献的语言特点，树立汉日时政文献语言对比意识，加强中国时政文献对日翻译的语言规范性。

4. 突出国际传播

本教材的最终目标是培养高素质的翻译与国际传播专门人才。教师应具备国际传播意识，掌握国际传播基本知识，要坚持"以我为主"的原则，忠实传达中国时政文献核心思想内涵；要明确"融通中外"的国际传播原则，充分理解并客观评价多样化翻译策略的组织协调与具体效果。

5. 丰富教学方法

本教材聚焦中国时政文献的跨文化理解与翻译，涉及内容丰富而深刻的中国话语思想体系，关联形式多样而复杂的中国话语国际传播，教师应深刻认识到中国话语翻译与国际传播的重要性和艰巨性，充分应用启发式、研讨式教学方法，要避免翻译原则与策略的一般性介绍，要重视中国时政文献翻译原则统一性与翻译策略灵活性的结合，要避免简单而机械地进行语言对比分析，要重视基于主题思想理解的跨文化阐释与翻译，要避免"标准答案"式的绝对化评价，要鼓励基于主题思想有效传播的多样化阐释。

给学生的建议：

1. 争做"三有人才"

2021年北京外国语大学建校80周年之际，习近平总书记在给北外老教授的回信中指出，要努力培养有家国情怀、有全球视野、有专业本领的复合型人才。为此，外语类专业学生不仅要系统学习中外语言文化知识，努力提高外语实践技能，更要坚定"四个自信"，同时提高国际传播能力，在推动中国更好走向世界、世界更好了解中国的进程中，作出外语人才应有的贡献。

2. 掌握中国话语

加强国际传播能力建设，提高中国国际话语权，已经成为国家发展战略的重要组成部分。同学们要全面学习以中国时政文献为代表的中国话语，把握中国话语的基本内涵，深化对中国话语的理解，提高对中国话语的阐释能力，自觉成为中国道路、中国理论、中国制度、中国文化的学习者、实践者、传播者。

3. 熟悉国际传播

中国话语的国际传播不仅依靠对中国话语本身的理解与翻译，更取决于主动的国际传播意识和有效的国际传播策略。同学们应努力学习国际传播相关理论知识，熟悉国际传播的基本规范与操作过程，以语言为载体、以文化为媒介、以传播为核心，努力提高中国话语国际传播影响力、说服力、引导力。

4. 加强自主学习

中国时政文献的主题思想深刻，内容丰富，语言特色鲜明；中国时政文献的翻译策略具有多样性、复杂性和灵活性。同学们应加强自主学习意识，培养独立思考能力，磨炼思辨能力，在原文思想学习、翻译策略分析、翻译经验总结等不同阶段，对照翻译基本原则和主要策略，重视个人实践经验提炼升华，加强翻译策略意识，提高翻译实践效果。

三、分工说明

本教材是全体编者精诚合作的结晶。在总主编修刚老师的指导下，本教材主编宋协毅和副主编毋育新、杨玲负责全书的编写理念、基本原则和整体框架，同时负责绪论和具体单元编写。其他八位编者参与全书结构设计与内容讨论，同时分别负责具体单元编写。

具体分工如下：

宋协毅（大连大学）：绪论

段笑晔（西安外国语大学）：第一单元

毋育新（西安外国语大学）：第二单元

韩思远（西安外国语大学）：第三单元

葛　睿（西安外国语大学）：第四单元

王　晓（北京第二外国语学院）：第五单元

林　璺（北京第二外国语学院）：第六单元

杨　玲（北京第二外国语学院）：第七单元

李成浩（北京第二外国语学院）：第八单元

冯　千（四川外国语大学）：第九单元

宋　刚（北京外国语大学）：第十单元

在编写过程中，我们吸取了本系列教材编审委员会、专家委员会专家以及教育部高等学校外国语言文学类专业教学指导委员会日语专业教学指导分委员会、外语教学与研究出版社编辑团队的宝贵意见。编者在此一并表示衷心感谢！本教材各单元核心概念的解读由《汉英翻译教程》编写团队提供，本教材在编写体例上也参考了《汉英翻译教程》，我们对《汉英翻译教程》主编张威教授及编写团队其他成员的帮助表示感谢。初稿完成后，试用院校师生也提出了许多中肯建议，在此一并致谢。

因时间仓促和编者能力所限，书中难免有错漏之处，我们诚恳地希望使用本书的老师和同学给我们提出宝贵意见，以便再版改进。

编　者

2022 年 6 月

目　录

绪论

中国时政文献的语言特色及翻译原则与方法

《汉日翻译教程》（『中日翻訳教程』）为《理解当代中国系列教材》（『シリーズ・現代中国を理解しよう』）多语种系列教材中的一册。编写本系列教材的目的，就是要在新时代大学外语专业培养出更多能使用外语讲好中国故事的高水平外语人才，让世界人民了解现代中国政治、经济、文化等各方面的发展与变化，推进中国文化进一步走向世界。要用外语讲好中国故事，首先要充分理解我国时政文献，同时理解并可以熟练运用时政文献外译的原则、策略与方法等。

时政文献一般指反映时代特色的政治、经济、外交、文化等领域进展和相关背景的材料。就文本类型而言，时政文献属于一种以信息传播为主的正式信息型文本（谭载喜，2004：257-258；张美芳，2009，2013），多表现为政府机构及其代表人的官方文件，主要包括领导人讲话、政府公告、政党报告、政府机关政策文件等。

因此，中国时政文献又可称为"党政文献"（黄友义、黄长齐、丁洁，2014），是阐明中国政府政策方针及相关指导思想的正式文件，主要反映具体时代环境下的中国内政外交和社会经济发展的基本状况，主要包括中共中央、全国人大、国务院和全国政协的重要决议、会议公报以及颁布的法律、法规等，也包括中央领导人的重要报告、讲话、文稿，以及国务院新闻办公室发表的白皮书等相关文献资料。鉴于中国时政文献在文本性质、功能上的特殊性，时政文献的语言应用也具有词汇正式、术语独特、组织整然、逻辑严密、语义精准、修辞多样等明显特点。

一、中国时政文献翻译的基本理念与原则

作为一种正式文本，中国时政文献是国家权力机构对外宣布国家政策、发布执政理念、说明行为规范的重要文件载体，集中说明中国政府大政方针，如中国的国体、政体、中国共产党的领导、中国特色社会主义思想、社会主义核心价值观、中国在经济、外交、文化等关键领域的重大原则、路线与方案（黄友义、黄长奇、丁洁，2014；窦卫霖，2016）。

总之，中国时政文献是中国政府对外交流与宣传的官方渠道，也是世界接触与认知中国时政的重要窗口，在加强中外交流、促进中外融通方面发挥着不可替代的作用。因为时政文献是一种特殊的文本类型，同时结合中译外传播的基本目的，中国时政文献翻译要强调特定的跨文化交际意识，坚持忠实原文、便于接受的翻译原则。

1. "不忘本来、吸收外来、面向未来"的跨文化交际意识

跨文化交际一般指特定场景下不同文化背景的人员交流与沟通的过程（胡文仲，1999：1；吴为善、严慧仙，2009：21）。跨文化交际的具体过程和实际效果受到文化、语言、社会、心理等诸多因素影响，是交际各方相互接触、彼此了解、逐步融合的动态过程。因此，跨文化交际的成功往往取决于文明平等的意识、文化多样化的心态、知识丰富的素质和语言沟通的能力等。

作为一种跨语言、跨文化的信息交流活动，翻译是一种典型的跨文化交际行为。因此，有效的翻译交流关键在于翻译交际各方的相互理解和彼此尊重，这样才可能保证原文内涵与特色为译文读者充分理解或接受。

坚持文化自信是新时代中国文化对外传播的根本要求，而"不忘本来、吸收外来、面向未来"的文化发展和交流的理念更是中国文化发展与对外交流的根本立场[1]，强调坚守中国文化立场，充分尊重、继承并弘扬中国优秀传统文化，倡导学习并理性借鉴外来优秀文化，同时与时俱进，把握文化发展未来方向，彰显中国文化风格与气派。总之，真实、全面、立体地向世界介绍中国，助力中国文化和中国话语对外传播，提高中国文化软实力，应该是中国对外翻译需要秉持的跨文化交流思想理念。

2. "以我为主、融通中外"的翻译原则

中国时政文献是中国共产党和政府的官方权威文件，集中反映国家大政方针，是中国对外宣传的重要平台，也是展示中国形象的关键载体。因此，中国时政文献的对外翻译是一种特殊的外宣翻译实践，特别强调对原文思想内涵的准确理解与忠实传达，同时要充分考虑对外宣传中目的语读者的期待与反应。

首先，鉴于中国时政文献在文本性质、主题内容、发布机构、社会影响等方面的独特性质，中国时政文献对外翻译的首要原则是确保准确而系统地理解原文核心内容，确保客观而全面地再现原文思想内涵，使得原文主旨能够真实而完整地呈现给译文读者（程镇球，2003；王弄笙，2004；王晓晖，2014；陈明明，2018）。

其次，鉴于中国时政文献在思想体系、语言表达等方面的特殊性，中国时政文献对外翻译要充分考虑中外语言、文化、思维方面的差异，强调译文读者的实际接受，采取灵活多样的翻译策略，确保原文主旨思想能够为译文读者有效理解（黄友义、黄长齐、

---

1 《习近平谈治国理政》（第三卷），外文出版社，2020年，第18页。

丁洁，2014；陈明明，2014；王明杰，2020）。[2]

　　总之，坚持"以我为主"，忠实传达原文思想内涵，是中国时政文献对外翻译的根本原则。同时，充分考虑中外语言文化差异，特别是国外受众阅读习惯和心理期待，实现"融通中外"，是中国时政文献对外翻译的主导思想。由此，"以我为主，融通中外"，实现原文思想准确性、完整性与译文表达可读性、可接受性的有机平衡，确保中国时政文献翻译的最终质量，加强中国时政话语的对外传播效果（黄友义，2004；蔡力坚、杨平，2017）。

二、时政文献翻译策略与方法（技巧）概述

　　中国时政文献功能明确、体系完整、内容丰富，而党和政府理念也多集中表现为表述精炼、思想深刻的关键概念或术语，成为中国时政话语最突出的代表，也是中国特色话语体系的高度代表。具体而言，中国时政文献或话语的历史观强调鉴古知今、开创未来；制度观尊重人民选择，彰显自信；发展观注重综合全面；道路观坚持独立自主；世界观推动和平发展；价值观践行义利合一；秩序观孕育和谐共生（王永贵、刘泰来，2015；孙吉胜，2017；刘涛，2017；陈明琨、陶文昭，2018）。

1. 相关翻译理论、策略与方法的简单梳理

　　翻译理论、策略与方法等的学习掌握与运用，直接关系到时政文献外译工作的质量与成败。翻译策略是宏观的操作，翻译方法或技巧是微观的操作。在这里我们先大致梳理一下。

　　众所周知，我国清末的新兴启蒙思想家严复在翻译理论的角度提出了"信、达、雅"三原则，成为至今仍深深影响我国翻译界的重要思想。而英国翻译家泰特勒在《论翻译的原理》中提出翻译三原则，即"1）译文应完全复写出原作的思想，2）译文的风格和笔调应与原文的性质相同，3）译文与原作同样流畅"，与严复的"信、达、雅"三原则有着异曲同工之妙。

　　美国翻译理论学家劳伦斯·韦努蒂于1995年在《译者的隐身》中提出了"异化"和

2　需要说明的是，鉴于时政文献的政治敏感性、具体翻译方案的历史性，针对读者接受的翻译策略调整也要慎重考虑，有必要根据具体情况"保持重大概念翻译的历史一致性"（陈明明，2018）。

"归化"这一对翻译术语。异化和归化可以视为直译和意译的概念延伸，但又不完全等同于直译和意译。直译和意译所关注的核心问题是如何在语言层面处理形式和意义，而异化和归化则突破了语言因素的局限，将视野扩展到语言、文化和美学等因素的层面。

美国语言学家尤金·A.奈达于1969年提出的功能对等翻译理论，强调翻译时不应该只追求文字表面的死板对应，而应在两种语言间达成功能上的对等。

日本翻译家远藤绍德总结了七种汉日、日汉翻译方法，包括增译法、减译法、正反译法、转译法、倒译法、分译法、合译法等。此外还有诸如移植法、解释法等众多方法。

我国著名翻译理论家黄友义提出"外宣三贴近"原则：贴近中国发展的实际，贴近国外受众对中国信息的需求，贴近国外受众的思维习惯的三原则，是我国新时代外宣翻译工作的指导思想。

潘钧就汉日同形词的界定，提出三个必要条件：1）表记汉字相同（汉字繁简体差别、送假名、形容动词词尾等因素忽略不计）；2）出处相同，或者是历史上存在某种联系；3）中日两国语言现在都使用的汉字（二字音读词最多，三字以上也有）。他还从词义角度出发将同形词分为三类，即同形同义词（不包括语法功能）、同形异义词和同形类义词。

修刚等指出，政治文献必须坚持一般的翻译原则，即忠实于原文，但不是要忠实于中文同形的"同形词"，而是要忠实于原文的内容和信息。

上述翻译理论及策略等（当然不仅限于这些）都是时政文献翻译所需要学习和运用的。我们要关注归化与异化（跨文化交际视角）、直译与意译（原文的语言形式保留与否）、工具性翻译与文献性翻译（信息目的还是学术目的）、功能对等与文化对等（重视语言功能与文化背景）等等。应该说，策略就是方向与路线，而方法或技巧则是实现策略的具体操作。方法本身就是个笼统的概论，可广义亦可狭义，广义的方法就是策略，狭义的方法就是技巧。

2. 各单元介绍的主要翻译策略与方法等

本教材基于"以我为主、融通中外"的指导原则，结合时政文献的思想内涵与语言特色，考虑到汉日语言文化差异、日语受众的语言习惯及心理预期等方面的特点，将日语专业本科阶段学习的时政文献汉译日翻译策略与方法进行了大致的归纳。分别从汉日同形词与缩略语、中国关键词与四字格词语、三字格词语与类词缀派生词、中国特色惯用表达与中国文化负载词、明喻句与暗喻句、并列表达、递进复句与层递修辞、排比修辞、显性衔接句与隐性衔接句、古典诗文及仿作等方面进行了时政文献翻译策略与方法

的讨论和研究，以便于同学们学习并掌握。举例介绍如下：

2.1 汉日同形词与缩略语的翻译

◆ 汉日同形同义词的翻译

时政文本词例中既有普通意义的词语，也有凸显中国鲜明时代特征和话语特色的政治术语；既有双音节同形词，又有三字以上的复合同形词。从词性类别来看，名词或名词短语居多，动词次之，还有部分副词和形容词。在翻译上主要采用了"移植、逐词翻译、加译、移植+解说"等翻译方法。

    a. 移植——照搬套用同形词，如："迫切的要求"→「切迫した要求」

    b. 加译——添加词尾、助词、后缀、助动词等。

      如："集中统一"→「集中的・統一的」

    c. 逐词翻译，如："党内政治生活准则"→「党内の政治生活の準則」

    d. 移植+解说，如："国之大者"→「国之大者（国の大いなる者）（国家の大事）」

◆ 缩略语的翻译

"数字总结式"缩略语一般是顺应中国国情和国家政策应运而生的新词汇，属于政治术语，高度概括政治文化内涵，具有鲜明的中国特色和较强的时代性、政治性。翻译此类缩略语时，使用"直译+注释"翻译法进行翻译。如：

四个意识→四つの意識（政治意識、大局意識、核心意識、一致意識）

四个自信→四つの自信（道・理論・制度・文化への自信）

两个维护→二つの擁護（習近平総書記の党中央での核心、全党での核心的な地位を擁護し、党中央の権威と集中・統一指導を擁護する）

2.2 中国关键词与四字格词语的翻译

◆ 社会相关中国关键词之汉字词的翻译

部分汉字词，因其在汉日语境中意思不同或者是"我有你无、你有我无"等原因，翻译时需要改变为意思更为贴切的其他词语。如："科学"作名词时对应的译文是「科学」，但当其作形容词时，意为"符合科学的"，对应的译文是「科学的」。"全面"亦然。

    a. "科学"→「科学的」如：科学社会主义（「科学的社会主義」）

    b. "全面"→「全面的」如：党的全面领导（「党の全面的指導」）

◆ 四字格词语之成语的翻译

我们知道，日语中也有成语，叫「四字熟語」，多由汉语传来，如「一衣帯水」「四面楚歌」「人面桃花」等。日语的成语大致可以分为以下3类：

　　a. 和汉语完全一样，如：「四面楚歌」「人面桃花」「一衣帯水」

　　b. 和汉语部分一样，如：「竜頭蛇尾」（虎头蛇尾）、「異口同音」（异口同声）、「日進月歩」（日新月异）

　　c. 和汉语完全不一样，如：「無為無策」（束手无策）、「十人十色」（各有千秋）

汉译日时，如果汉语中的四字格词语是成语，我们先要考虑日语中是否有相对应的成语存在，如果有，再考虑翻译为哪种形式。

2.3 三字格词语与类词缀派生词的翻译

◆ 三字格词语的翻译

时政文献当中存在着大量的三字格词语，其韵律独特，形式多样，在本教材使用的文本当中出现的三字格词语，可以分为偏正结构、动补结构、动宾结构、主谓结构四种。在译为日语时，需要针对不同的结构，根据其内部逻辑关系采用不同的翻译策略。

　　a. 不同结构三字格词语，如：

　　　　偏正结构："不平衡" → 「不均衡」

　　　　动补结构："实现好" → 「しっかり実現する」

　　　　动宾结构："稳增长" → 「成長の安定」

　　　　主谓结构："心连心" → 「心をつなぐ」

　　b. 多个三字格词语构成的并列结构，如：

　　　　"管根本、管长远、管长远" → 「根本的・全局的・長期的」

◆ 类词缀派生词的翻译

类词缀是指介于词根和地道的词缀之间的语素。吕叔湘（1979）首次提出："说它们作为前缀和后缀还差点儿，还得加个'类'字，是因为它们在语义上还没有完全虚化，有时候还以词根的面貌出现。"类词缀派生词一般情况下采用"异化"翻译策略，如：

　　　　"幸福感" → 「幸福感」

　　　　"规范化" → 「規範化」

2.4 中国特色惯用表达与中国文化负载词的翻译

◆ 专有名词的翻译

时政文献中的中国特色惯用表达，比如专有名词，是我国政治思想高度凝练的表达。要思考如何准确且正确地译出原文的真正含义，还要注重解决跨文化交流中出现的由文化差异引起的理解不到位的问题。这一类惯用表达在翻译策略上多采用"直译"，不在译文中增加更多的注解和注释。

如：爱国统一战线 →愛国統一戦線　　政治生态→政治生態

◆ 有较强的新时代特色的惯用表达的翻译

针对具有较强政策性色彩的关键表述常采取附加文注的方式，即术语本身用汉字表记，文注用日本较为流行或具有一定专业性和普遍意义的外来语表记。

如：新常态　→新常態（ニューノーマル）
　　创新驱动　→革新駆動（イノベーション主導）

◆ 中国文化负载词的翻译

文化负载词是有别于其他民族的特有词汇，是跨文化交流中翻译的难点。像时政文献中出现的"天宫""蛟龙""悟空"等词汇，译文中如果不加上解释，容易使日本读者误以为说的是《西游记》的内容。所以需要适当"加译"。

如：天宫→宇宙実験室「天宮」
　　蛟龙→有人深海調査艇「蛟竜」
　　天眼→500メートル球面電波望遠鏡「天眼（FAST）」
　　悟空→暗黒物質粒子探査衛星「悟空」

2.5 明喻句与暗喻句的翻译

◆ 明喻句的翻译

明喻是比喻三大基本类型中最常见的一种，明喻直接指出了本体和喻体，降低了译者对原文理解的难度。当汉语原文中本体和喻体所代表的两种事物具有相似的特质、状态或程度，并且伴随特征明显的喻词的时候，通常可以判断其为汉语中的明喻，翻译为日语时，可以使用日语中的「～のような（に）」「～の如し」等比喻表达形式进行直接翻译。

例：要有坚如磐石的精神和信仰力量，也要有支撑这种精神和信仰的强大物质力量。

译文：強固な磐石のような精神と信仰の力を重んじるとともに、このような

精神と信仰を支える大きな物質的力が必要である。

◆ 暗喻句的翻译

暗喻是本体和喻体同时出现，多采用甲（本体）是（喻词）乙（喻体）的形式。因为中日两国在认知思维上有许多的共同之处，我们可以观察到，"保留喻体进行直译"的方法最为常用。

例：我们要加强生态文明建设，牢固树立<u>绿水青山就是金山银山</u>的理念，……

译文：われわれはエコ文明の建設を強化し、<u>緑の山河は金山銀山だ</u>という理念をしっかり樹立し…

2.6 并列表达的翻译

◆ 并列成分均为名词的并列表达的翻译

并列成分为名词时，为了体现时政文本的准确性及权威性，一般多用直译法进行翻译，有时也会使用"加译法"进行翻译。

例：要加强宪法和法律实施，维护社会主义法制的<u>统一、尊严、权威</u>，形成人们不愿违法、不能违法、不敢违法的法治环境，……

译文：<u>憲法</u>と法律の実施を強化し、社会主義法制の<u>統一、尊厳、権威</u>を維持し、人々が法に違反することを望まず、法に違反することができず、あえて法に違反しようとしない法治環境を形成し、……

◆ 并列成分为非名词的并列表达的翻译

当句子成分为非名词时，需要根据该短语表达的意义、在句子中的语法作用、与上下文的关系等进行翻译。可以使用"直译法、解释性翻译法"等。

例：只要我们切实<u>尊重和有效实施</u>宪法，人民当家作主就有保证，党和国家事业就能顺利发展。

译文：<u>憲法</u>を確実に<u>尊重</u>し、効果的に施行しさえすれば、人民の主人公の地位は確保でき、党と国家の事は順調に発展できるのである。

2.7 递进复句与层递修辞的翻译

◆ 递进复句的翻译

汉语递进复句的关联词大都出现在主句主语后面，而对应的日语译文的关联词多以副词或表示程度的形容词、形容动词等形式出现，且基本位于前一个分句句尾或后面分句句首，翻译时通常优先保持汉语语序。

例：在资源利用上线方面，<u>不仅要</u>考虑人类和当代的需要，<u>也要</u>考虑大自然和后人的需要，把握好自然资源开发利用的度，不要突破自然资源承载能力。

译文：資源利用の基準ラインに関しては、人類と現代の需要だけでなく、自然と後世の需要も考慮に入れなければならず、自然資源の開発・利用の限度を把握し、環境収容力を超えてはならない。

◆ **层递修辞的翻译**

　　层递修辞中语言一环扣一环，内容一步紧跟一步，步步推进，使人们的认识层层深入，印象逐渐深化。层递的翻译处理与递进复句一样，优先选择在形式、逻辑、语序上直接对应的翻译方法，如果与日语的表达句式、语言习惯不能直接匹配，则需要灵活地采用间接对应的翻译方法。

例：我们要积极回应人民群众<u>所想</u>、<u>所盼</u>、<u>所急</u>，大力推进生态文明建设，提供更多优质生态产品，不断满足人民日益增长的优美生态环境需要。

译文：われわれは人民大衆の<u>考えていること</u>、<u>望んでいること</u>、<u>急いでいること</u>に積極的に応じ、エコ文明建設を大いに推進し、より多くの優れた環境財を提供し、人民の日増しに高まる美しい生態環境に対する需要を絶えず満足させなければならない。

2.8 排比修辞的翻译

　　排比可分为句子排比和句子成分排比两大类。句子排比分为单句、复句、分句等结构，而句子成分排比则包括了主语的排比、谓语的排比、宾语的排比、定语的排比、补语的排比等多个方面。在时政文献类句子成分排比中多用"直译"法，偏重于依照原文字句来进行翻译。

例：地方各级党委和政府要关心支持国防和军队建设，加强国防教育，增强全民国防观念，使<u>关心国防</u>、<u>热爱国防</u>、<u>建设国防</u>、<u>保卫国防</u>成为全社会的思想共识和自觉行动。

译文：地方の各級の党委員会と政府は、国防と軍隊の建設に関心を寄せ、それをサポートし、国防教育を強化し、全国人民の国防意識を増強し、「<u>国防に関心を寄せ</u>、<u>国防を熱愛し</u>、<u>国防を建設し</u>、<u>国防を防衛する</u>」ことを全社会の共通認識と自発的行動にしていかなければならない。

例：在党的领导下，我军<u>从小到大</u>、<u>从弱到强</u>、<u>从胜利走向胜利</u>，一路走来，改

革创新步伐从来没有停止过。

译文：党の指導の下で、わが軍は<u>小から大へ、弱から強へ、勝利からまた勝利へと</u>歩んできており、これまで改革と革新の歩みを止めたことがなかった。

2.9 显性衔接句与隐性衔接句的翻译

◆ 显性衔接句的翻译

显性衔接句带有明显的形式标记，句与句之间语义关系明确。显性衔接以语法衔接和词汇衔接两种方式来实现。翻译显性衔接句时常用的语法衔接方法有照应、替代、省略和连接四种。

例：我在欣赏这些域外文物时，一直在思考<u>一个问题</u>，就是对待不同文明，不能只满足于欣赏它们产生的精美物件，更应该去领略其中包含的人文精神；不能只满足于领略它们对以往人们生活的艺术表现，更应该让其中蕴藏的精神鲜活起来。

译文：これらの域外の文物を鑑賞する際に、私はいつも<u>こういうこと</u>を考えている。つまり異なる文明に対して、ただそれらが<u>生み出した</u>精巧で美しい文物を鑑賞するだけに満足してはならず、さらにその中に含まれている人的・文化的精神を味わうべきである。

◆ 隐性衔接句的翻译

隐性衔接是语篇中深层次的连贯手段和实现条件，是隐含在说话者（讲述者）和听话者（读者）双方共有知识、共有文化背景或者话题语境中的意义。这种意义在语言表达形式上无法呈现，因此在语言形式上留下了空缺。弥补这些空缺需要听话者借助双方共有知识、共有文化背景或是话题语境等加以推测。

例："一花独放不是春，百花齐放春满园。"

译文：「花が一輪咲いても春とは言えず、百花が一斉に咲き誇ってはじめて春が来る。」

2.10 古典诗文的翻译

◆ 古典诗文的翻译

古典诗文的日译是时政文献日译的难点之一。要求我们要有深厚的中国古典文化素养，还要掌握日语"汉文训读体"和基础的文语（古语）相关知识。在漫长的中日文化

交流史上，诗歌一直是沟通交流的重要桥梁。中日两国恢复邦交以来，古典诗文依然发挥着重要的媒介作用。如何正确翻译时政文献中引用的古典诗文，是我们讲好中国故事的重要一环。

如：忠诚印寸心，浩然充两间 →忠誠を寸心に印し、浩然を両間に充たす

砍头不要紧，只要主义真 →頭を砍らるるとも緊を要せず、只主義の真なるを要す

见贤思齐，见不贤而内自省→賢を見ては斉しからんことを思い、不賢を見ては内に自ら省みる

法令既行，纪律自正，则无不治之国，无不化之民 →法令が滞りなく施行されれば、規律は自ずから正しくなる。そうなれば治めることのできない国はなく、頑固で分かってくれない民衆はいなくなる

◆ **古典诗文仿作的翻译**

古典诗文仿作翻译时的关键点，就是释意重于传形。如：

化风成俗 → 正しい気風が一つの風習になるようにする

功成不必在我 → 功成りても自分の手柄としなくてもよい

三、各单元学习内容板块简介

本书在编写上以思想性与学术性的融合为主导思想，注重理论学习与专业学习相结合，翻译能力提升与国际传播意识培养相结合，政策性与趣味性相结合。为加深学习者对时政文献主题思想、核心概念的理解，本教材的讲解由词汇到句式，再到语篇，逐步进阶，培养和提升学生思辨能力，提高学生用日语讲好中国故事的能力，加深中国和日本的友好交流。为此，我们在全教材各单元内容结构编排上进行了精心构思和设计，每单元主要分为以下几个部分：

◆ **核心概念解读**

对该单元学习的核心概念进行解读，介绍其思想内涵及翻译策略，以利于学习者理解和掌握。

◆ **关键语句理解与翻译**

介绍与该单元主题相关的关键语句及其思想、背景，赏析官方权威日语译文，从概念的形成、界定、厘清入手，分析权威译文，归纳翻译策略和技巧，助力学习者准确把握这些关键概念的日语表达。

◆ **重点段落分析与翻译**

解读分析本单元中给出的重点段落，讲解翻译策略和方法，对主要知识点进行总结。引导学习者理解、分析原文，关注该单元知识点，通过试译激发其翻译欲望。在对重点段落进行分析的基础上，重点通过"翻译策略与方法"和"注意点"等栏目，结合语言特点与文化背景的分析，深入讲解译文的翻译方法，以发挥学习者主观能动性，引导学习者总结归纳知识点及所学翻译策略和方法等。

◆ **实践演练**

围绕关键语句、译文鉴赏和该单元主要知识点设计各种练习，形式多样，灵活实用，力图提高学习者的思想认识，熟练掌握相关翻译策略，达到融会贯通、举一反三的目的。

◆ **译海学思专栏**

这一栏目为本书的特色之一。选择该单元中具有代表性的核心概念、词语、句子及外宣翻译上的注意点等，就其外译策略和方法等撰写具有启发性、深入浅出的短文，进行专题讲解。注重思想性、学术性、趣味性融为一体，易于学习者理解和掌握。

四、结语

中国外文出版发行事业局原副局长兼总编辑黄友义先生于2019年10月30日，就如何"让世界倾听更多的中国声音"问题答北京日报记者问时，作出了这样的阐述：

"随着中国国际影响力的日益增强，世界越来越需要中国，中国也离不开世界。尤其是中国经济规模持续增长，引起世界瞩目的当下，更需要我们向世界讲好自己的故事，帮助世界了解中国。

无论是在发达国家还是在发展中国家，都有许多人对中国在国际舞台上发挥自身作用、做出更大贡献寄予厚望。但同时，也有一些人对中国怀有偏见，对中国的发展存有质疑，而他们中有很大一部分是因为对中国缺乏真正的了解。因此，中国越是发展，国际影响力越是增强，越需要讲好自己的故事。只有把全面、立体、真实的情况介绍出去，才会产生共鸣，才会密切中国和各国的关系，才能更好地发挥中国作为一个大国的作用。

以前，中国在国际上的声音非常微弱。现在，中国需要向世界介绍新时代的中国，展现真实、立体、全面的中国，世界需要倾听中国的声音。作为世界第二大经济体，中国面临着对外讲好中国故事、传播中国理念、赢得国际社会理解的急迫任务，尤

其是要解决好‘会做不会说，说了人家也听不懂’的问题。"

　　作为编者，我们衷心希望各位学习者通过本书的学习，能够解决"会做不会说，说了人家也听不懂"的问题，对外可以用日语讲好中国故事、传播中国理念、赢得国际社会理解，在国际舞台上发挥作用，作出贡献，成为祖国发展和建设的栋梁之材！

第一单元

中国特色社会主义最本质的特征和中国特色社会主义制度的最大优势

中国特色社会主义最本质的特征是中国共产党领导，中国特色社会主义制度的最大优势是中国共产党领导，中国共产党是最高政治领导力量，全党必须增强"四个意识"、坚定"四个自信"、做到"两个维护"。本单元将结合中国特色社会主义最本质的特征和中国特色社会主义制度的最大优势的思想内容，系统介绍对相关理念与表述的理解和翻译策略。

一、核心概念解读

1. 领导核心
日语译文：指導的 中核/指導的 核心

中国共产党是中国特色社会主义事业的坚强领导核心。

日语中没有"领导"的同形词，可译为「指導」。"领导核心"为偏正短语，"领导"是"核心"的性质与范畴，翻译时需将名词「指導」转换为形容动词「指導的」。"领导核心"有两种译法，即「指導的中核」和「指導的核心」。「中核」和「核心」虽都含有"中心、核心"之意，但「中核」多以组织、单位等为对象，因此"领导核心"译为「指導的中核」更为贴切。

2. "四个意识"
日语译文：四つの意識（政治意識、大局 意識、核心意識、一致意識）

"四个意识"指全体党员要有政治意识、大局意识、核心意识、看齐意识。
- 政治意识就是从政治上看待、分析和处理问题，保持清醒的政治头脑，具有正确的政治思想、坚定的政治立场、先进的政治观点和敏锐的政治观察力、鉴别力。
- 大局意识就是要正确认识大局、自觉服从大局、坚决维护大局，始终在党和国家大局下想问题、作决策、办事情，勇于担当、敢于负责。
- 核心意识就是要坚持中国共产党的领导，坚决听从党中央的决策部署，与以习近平同志为核心的党中央保持高度一致，确立习近平同志党中央的核心、全党的核心地位。
- 看齐意识就是要自觉向党中央看齐，向党的理论和路线方针政策看齐，向党中央决策部署看齐。

"四个意识"是偏正短语，中心语"意识"指对重要精神或内容的理解和接受，可直接使用汉日同形词译为「四つの意識」。"政治意识""大局意识""核心意识"分别直译为「政治意識」「大局意識」「核心意識」。因日语中没有"看齐"的汉字词，根据词义译为「一致意識」。"四个意识"的翻译采用"异化"策略，在保留中国语言文化异质性的同时，也兼顾到目的语的表达习惯，将原文的思想内涵准确

完整地传达给日本受众。

3. "四个自信"
日语译文：四つの自信（道・理論・制度・文化への自信）

"四个自信"指中国特色社会主义道路自信、理论自信、制度自信、文化自信。

- 中国特色社会主义道路，指坚持以经济建设为中心，坚持四项基本原则，坚持改革开放；统筹推进经济建设、政治建设、文化建设、社会建设、生态文明建设"五位一体"总体布局，协调推进全面建设社会主义现代化国家、全面深化改革、全面依法治国、全面从严治党"四个全面"战略布局；不断解放和发展社会生产力，逐步实现全体人民共同富裕、促进人的全面发展。中国特色社会主义道路是创造人民美好生活、实现中华民族伟大复兴的康庄大道。是党和人民历经千辛万苦、付出巨大代价取得的根本成就。

- 中国特色社会主义理论，是党和人民实现中华民族伟大复兴的正确理论，是立于时代前沿、与时俱进的科学理论。习近平新时代中国特色社会主义思想，是对马克思列宁主义、毛泽东思想、邓小平理论、"三个代表"重要思想、科学发展观的继承和发展，实现了马克思主义中国化新的飞跃，是当代中国马克思主义、二十一世纪马克思主义，是中华文化和中国精神的时代精华，对新时代党和国家事业发展、对推进中华民族伟大复兴历史进程具有决定性意义。

- 中国特色社会主义制度，是当代中国发展进步的根本制度保障，是具有鲜明中国特色、明显制度优势、强大自我完善能力的先进制度。这一制度体现在经济、政治、文化、社会、生态文明各个方面，例如，人民代表大会制度的根本政治制度，中国共产党领导的多党合作和政治协商制度，公有制为主体、多种所有制经济共同发展的基本经济制度等。

- 中国特色社会主义文化，源自于中华民族5000多年文明历史所孕育的中华优秀传统文化，熔铸于党领导人民在革命、建设、改革中创造的革命文化和社会主义先进文化，植根于中国特色社会主义伟大实践，对汇聚实现中华民族伟大复兴的智慧和力量具有积极意义。

　　"四个自信"是缩略语，译文采用异化策略直译为「四つの自信」。"道路自信""理论自信""制度自信""文化自信"是四字格词语，如果照搬汉日同形词直译成「道路自信」「理論自信」「制度自信」「文化自信」，容易被误解为"道路""理论""制度""文化"是"自信"的主体。因为拥有"自信"的主体是

"人"，"道路·理论·制度·文化"为对象，所以译为「…への自信」或「…に対する自信」比较恰当。另外，日语的「道路」单指"交通通道"，而「道」除此之外，还指"抽象的道路"。"道路自信"的"道路"是指"中国特色社会主义道路"，为抽象概念，因而译为「道への自信」。"四个自信"的具体内容同时出现时，合译为「道·理論·制度·文化への自信」。

4. "两个维护"

日语译文： 二つの擁護（習近平総書記の党中央での核心、全党での核心的な地位を擁護し、党中央の権威と集中·統一指導を擁護する）

> "两个维护"指坚决维护习近平总书记党中央的核心、全党的核心地位，坚决维护党中央权威和集中统一领导。

首先，"维护"强调衷心拥护、高度统一，译为「擁護」比较贴切。"两个维护"表达凝练，读起来朗朗上口，采用异化策略直译为独立的政治术语「二つの擁護」，可充分体现其蕴含的精神实质和政治内涵。

其次，"坚决维护习近平总书记党中央的核心、全党的核心地位"和"坚决维护党中央权威和集中统一领导"均为动宾结构，语义清晰，用宾语＋他动词「擁護する」对应翻译。同时根据日语表达习惯增补「での」「の」「と」等助词，用来显化原文的逻辑关系。

最后，第一个"核心"是名词，直接套用同形词「核心」；而"核心地位"是偏正结构，译为「核心的な地位」。

5. 国之大者

日语译文： 国之大者（国家の大事）

> 要自觉讲政治，对国之大者要心中有数，关注党中央在关心什么、强调什么，深刻领会什么是党和国家最重要的利益、什么是最需要坚定维护的立场。

溯源历史，"国之大者"是中国古代政治家和思想家们总结提出的关于治国理政的标志性概念，出自《荀子·王霸》，原文为"国者，天下之大器也"。"国之大者"采用移植＋异化的方式译为「国之大者」，后面加译注「国家の大事」，既实现了与源语信息最贴切的自然对等的目的，又充分体现了中国传统语

言文化的博大精深。日语译文「国之大者（くにのおおいなるもの）」的书写使用移植法照搬汉语，读音采用"汉文训读法"读作「国の大いなる者（くにおおいなるもの）」。

6. "两个确立"

日语译文：二つの確立（習近平同志の党中央・全党の核心としての地位を確立し、習近平「新時代の中国の特色ある社会主義」思想の指導的地位を確立すること）

> 党确立习近平同志党中央的核心、全党的核心地位，确立习近平新时代中国特色社会主义思想的指导地位，反映了全党全军全国各族人民共同心愿，对新时代党和国家事业发展、对推进中华民族伟大复兴历史进程具有决定性意义。

"两个确立"是缩略语，其翻译策略与方法将在"重点段落分析与翻译"2.4的"缩略语的翻译策略与方法"处详细讲解。

二、关键语句理解与翻译

> 1. 中国共产党领导是中国特色社会主义最本质的特征，是中国特色社会主义制度的最大优势，党是最高政治领导力量。
> 中国共産党の指導は中国の特色ある社会主義の最も本質的な特徴であり、中国の特色ある社会主義制度の最大の優位性であり、中国共産党は最高の政治的指導勢力である。

"中国共产党领导"属于偏正短语，译为「中国共産党の指導」。"中国特色社会主义"的中心语是"社会主义（「社会主義」）"，"中国特色"有两层含义，一是"中国的特色「中国の特色」"，二是隐含义"有中国特色"，可使用带有连体词性质的「名詞＋ある（＋名詞）」结构译为「中国の特色ある社会主義」。译文句末使用书面判断词「である」，其中顿形式为「であり」。

> 2. 党政军民学，东西南北中，党是领导一切的。
> 党・政・軍・民・学の各方面、東・西・南・北・中の全国各地、党はそのすべてを指導するものだ。

本句的"党政军民学，东西南北中"采用移植＋加译的形式，既原汁原味呈现中国国情，又便于受众理解接受。另外，"党领导一切"是历史和人民的选择，也是实现中华民族伟大复兴的根本保证。所以，句末使用叙述真理、普遍性事物特性的句型「～ものだ」。

3. 坚持和加强党的全面领导，首先要维护党中央权威和集中统一领导。
党の全面的指導を堅持し強化するには、まず党中央の権威と集中・統一指導を守らなければならない。

本句前半部分表示目的，后半部分为实现该目的所必须采取的方法，可使用句型「～には～なければならない」表述。

4. 只有党中央有权威，才能把全党牢固凝聚起来，进而把全国各族人民紧密团结起来，形成万众一心、无坚不摧的磅礴力量。
党中央に権威があってはじめて、全党をしっかり結束させ、さらに全党と全国各民族人民を緊密に団結させることができる。これにより、心が一つになり、どのような困難にも打ち勝つことができる強大な力が形成される。

本句中的"只有……才……"表示条件关系，可使用句型「～てはじめて～」表达。"凝聚"和"团结"分别译为「結束」和「団結」。「結束」在表达"凝聚、团结"之意时，与「団結」一样均为自动词，故需使用使役态「結束させる」和「団結させる」来表述。成语"万众一心""无坚不摧"在日语中无对应的四字格词语，"万众一心"采用直译法，"无坚不摧"使用意译法。

5. 没有中国共产党，就没有新中国，就没有中华民族伟大复兴。
中国共産党がなければ、新中国はなく、中華民族の偉大な復興もなかったのである。

本句中的"没有……就没有……"是假设复句，可考虑使用句型「～なければ～ない」来显化逻辑关系。且句中内容为客观事实，所以句末使用「～なかったのである」进行强调。

汉日同形词和缩略语

首先，通读核心概念、关键语句的原文和日语译文，我们会发现有为数众多的汉日同形词，比如"党中央""权威""伟大复兴""紧密团结""优势"等。从词义和用法角度出发可将汉日同形词分为三类，即同形同义词（不包括语法功能）、同形异义词和同形类义词。汉日同形词的存在为时政文献翻译带来了便利，但有时也会因直接套用造成误译。因此，如何准确地翻译汉日同形词，成为时政文献翻译的重要课题之一。

此外，我们在通读中也会发现一些缩略语，比如"四个自信""四个意识"等。缩略语指为便利使用，由较长的语词缩短省略而成的语词，因其具有简明便捷、信息量大、专业性强、时代性突出、地域性明显等特点，许多缩略语作为重要表述被大量使用和广泛传播，成为热议的"关键词"。但是，缩略语对于外国读者来说却很陌生，容易导致受众理解错误或概念模糊。因此，如何将缩略语的含义完整准确地传达给外国读者也是时政文献翻译的重要一环。

找一找

（1）请找一找核心概念与关键语句中的汉日同形词都有哪些。
（2）请找一找核心概念与关键语句中的缩略语都有哪些。

想一想

（1）请想一想这些汉日同形词的日语译文分别是什么。
（2）请想一想这些缩略语的日语译文分别是什么。

说一说

（1）请和同学说一说这些汉日同形词和缩略语的日语译文有什么特点。
（2）请使用这些汉日同形词和缩略语的日语译文进行简单的日语会话。

三、重点段落分析与翻译

1. 请认真阅读以下材料，全面理解原文内容，深入领会原文思想，熟悉原文语言特色，并试译其中的汉日同形词和缩略语，可查阅和参考资料。

段落一

> 坚持党中央集中统一领导，确立和维护党的领导核心，是全党全国各族人民的共同愿望，是推进全面从严治党、提高党的创造力凝聚力战斗力的迫切要求，是保持党和国家事业发展正确方向的根本保证。

> ——2016年10月24日，习近平在中共十八届六中全会上所作的《关于〈关于新形势下党内政治生活的若干准则〉和〈中国共产党党内监督条例〉的说明》

汉日同形词

坚持（ ）	确立（ ）
推进（ ）	保持（ ）
战斗力（ ）	集中统一（ ）
共同愿望（ ）	迫切要求（ ）
根本保证（ ）	

段落二

> 古人云：令之不行，政之不立。党政军民学，东西南北中，党是领导一切的。党中央制定的理论和路线方针政策，是全党全国各族人民统一思想、统一意志、统一行动的依据和基础。只有党中央有权威，才能把全党牢固凝聚起来，进而把全国各族人民紧密团结起来，形成万众一心、无坚不摧的磅礴力量。如果党中央没有权威，党的理论和路线方针政策可以随意不执行，大家各自为政、各行其是，想干什么就干什么，想不干什么就不干什么，党就会变成一盘散沙，就会成为自行其是的"私人俱乐部"，党的领导就会成为一句空话。

> ——2017年2月13日，习近平在省部级主要领导干部学习贯彻党的十八届六中全会精神专题研讨班上的讲话

汉日同形词

依据（　　　）	权威（　　　　）
凝聚（　　　）	执行（　　　　）
大家（　　　）	紧密团结（　　　　）
路线方针政策（　　　　）	

段落三

　　中国共产党的领导，就是支持和保证人民实现当家作主。我们必须坚持党总揽全局、协调各方的领导核心作用，通过人民代表大会制度，保证党的路线方针政策和决策部署在国家工作中得到全面贯彻和有效执行。要支持和保证国家政权机关依照宪法法律积极主动、独立负责、协调一致开展工作。要不断加强和改善党的领导，善于使党的主张通过法定程序成为国家意志，善于使党组织推荐的人选通过法定程序成为国家政权机关的领导人员，善于通过国家政权机关实施党对国家和社会的领导，善于运用民主集中制原则维护党和国家权威、维护全党全国团结统一。

——2014年9月5日，习近平在庆祝全国人民代表大会成立60周年大会上的讲话

汉日同形词

支持（　　　）	必须（　　　　）
总揽（　　　）	协调（　　　　）
独立（　　　）	实施（　　　　）
全面贯彻（　　　　）	开展工作（　　　　）
中国共产党（　　　　）	民主集中制（　　　　）

段落四

　　中央委员会的每一位同志都要旗帜鲜明讲政治，自觉以马克思主义政治家的标准严格要求自己，找准政治站位，增强政治意识，强化政治担当。要注重提高政治能力，特别是把握方向、把握大势、把握全局的能力和保持政治定力、驾驭政治局面、防范政治风险的能力。谋划事业发展，制定政策措施，培养干部人才，推动工作落实，都要着眼于我们党执政地位巩固和增强，着眼于党和人民事业发展。要严格遵守政治纪律和政治规矩，全面执行党内政治生活准则，确保党中央政令畅通，确保局部

服从全局，确保各项工作坚持正确政治方向。

——2017年10月25日，习近平在中共十九届一中全会上的讲话

汉日同形词

同志（　　　）		政令（　　　　）	
干部（　　　）		自觉（　　　　）	
严格（　　　）		防范（　　　　）	
制定（　　　）		旗帜鲜明（　　　　）	
执政地位（　　　）		政治担当（　　　　）	
政治局面（　　　）		党内政治生活准则（　　　　）	

段落五

新的征程上，我们必须坚持党的全面领导，不断完善党的领导，增强"四个意识"、坚定"四个自信"、做到"两个维护"，牢记"国之大者"，不断提高党科学执政、民主执政、依法执政水平，充分发挥党总揽全局、协调各方的领导核心作用！

——《习近平在庆祝中国共产党成立100周年大会上的讲话》

缩略语

四个意识（　　　）		四个自信（　　　　）
两个维护（　　　）		

2. 翻译策略与方法

时政文献文本中的汉日同形词和缩略语翻译除了遵循"信、达、雅"标准以外，更需运用"外宣三贴近"原则。为了便于总结，我们将以上词汇分为"同形同义词""同形类义词""同形异义词"和"缩略语"四大类，观察分析不同种类词语的翻译策略与方法。

2.1 汉日同形同义词的翻译

政令 政令_{せいれい}		同志 同志_{どうし}	
权威 権威_{けんい}		干部 幹部_{かんぶ}	

确立	確立する	实施	実施される
制定	制定する	战斗力	戦闘力
严格	厳格に	旗帜鲜明	旗幟鮮明に
迫切要求	切迫した要求	紧密团结	緊密に団結させる
集中统一	集中的・統一的	全面贯彻	全面的に貫徹される
执政地位	執政地位	政治局面	政治的局面
中国共产党	中国共産党	国之大者	国之大者（国家の大事）
民主集中制	民主集中制	路线方针政策	路線・方針・政策
党内政治生活准则	党内の政治生活の準則		

汉日同形同义词的翻译策略与方法

翻译策略 | 以上词例中既有普通意义的词语，也有凸显中国鲜明时代特征和话语特色的政治术语；既有双音节同形词，又有三字以上的复合同形词。从词性类别来看，名词或名词短语居多，动词次之，还有部分副词和形容词。翻译此类同形词时多采用移植、加译、逐词翻译、移植＋解说等方法。

注意点①：移植——照搬套用同形词

在时政文献里的同形同义词中，关于政治、经济、文化、学术用语等概念化和抽象化名词居多，如"干部""政令""同志""权威""战斗力"等。还有如"中国共产党""民主集中制"等具有中国特色的专有名词。这些名词直接采用移植法照搬套用。部分词语可根据日语习惯调换字序或语序，如"迫切（「切迫」）""全体人民（「人民全体」或「全人民」）""团结一致（「一致団結」）"。《习近平谈治国理政》中多次出现"贯彻"一词，基本上都照搬直译为「貫徹」，也有几处被译为「徹底」。

注意点②：加译——添加词尾、助词、后缀、助动词等

因为有的汉日同形词直接对译容易产生歧义，所以需在忠实原文的基础上考虑受众的理解程度，根据日语语法结构和表达习惯进行适当的增译，使词语意思表述完整。日语译文为日语动词、形容词、形容动词等用言时，可根据其构词方式添加词尾，如「制定する」「厳格に」等；日语「集中」和「統一」是名词，"党中央集中统一领导"中的"集中统一"是定语，所以添加表示状态、性质的后缀「～的」将其转换为形容动词，译为「集中的・統一的」；动词"实施""团结"则分别增补助动词译为被动态「実施され

る」和使役态「団結させる」。

注意点③：逐词翻译

这种方法适用于三字以上的同形词翻译，如"不断改善""全面贯彻""路线方针政策""党内政治生活准则"等可进行逐字逐词对应处理。

注意点④：移植＋解说

这种方法采取异化策略，多用于翻译具有中国特色的政治术语。直接照搬套用，并在译词后加括号注释，既忠实于原文，又便于受众理解和接受，如「国之大者（国家の大事）」。

2.2 汉日同形类义词的翻译

坚持	堅持する	推进	推進する
支持	支持する	保持	維持する/保つ
依据	よりどころ	凝聚	結束させる
执行	実行する	独立	独自
总揽	統括する	大家	皆/皆さん/省略不译
自觉	自発的に	防范	防止する
协调	調整する/協力する	共同愿望	共通の願い
根本保证	根本的な保証	政治担当	政治的責任
开展工作	活動を展開する		

汉日同形类义词的翻译策略与方法

翻译策略 | 汉日同形类义词一般分为三种情况：①具有某些相同词义，日语词义范围大于汉语；②具有某些相同词义，汉语词义范围大于日语；③具有相同词义，同时各自具有独特的词义。翻译这类同形词时的重点和难点主要在于语义、褒贬色彩、习惯搭配、语感以及使用范围等方面的细微差异，如处理不当很容易掉入翻译陷阱。因此，翻译时既要忠实于原文，也要充分考虑日本受众的理解程度，从跨文化交际视角出发，考量同形词的中日意义差别，不能全都照搬套用。

注意点①：移植——照搬套用同形词

　　"坚持""推进""支持""开展"等都是汉日同形类义词，在汉语和日语中，既有相同词义，又各自有其他的用法。当汉日同形词表达的意思相同时，采用移植法直接照搬套用即可。

　　另外，日语中有很多词素相同但顺序相反的"同素逆序词"，如「習慣」与「慣習」、「命運」与「運命」等。汉译日时也常将双音节词译为日语的同素逆序词，如"开展工作"的"开展"就译为同素逆序词「展開する」。

注意点②：适应——译为其他"汉语词"或"非汉语词"

　　"保持""独立""工作""防范""担当""协调"等词在文本中所表达的意思并非同形类义词的相同词义，考虑到这些词在词义、搭配、语感、褒贬色彩、使用范围等方面的中日差异，在翻译时多可采用归化策略，根据文本的含义和受众的接受需要，选用日语受众容易理解的本土词语，尽可能消除文化隔阂，提高译文的可接受性。具体翻译策略与方法可参考表1。

表1　同形类义词翻译策略与方法一览表

同形词	词义、褒贬、词性、使用范围等差异	译文及解析
保持党和国家事业发展正确方向	原文"保持"表示"维持某种状态"，而日语「保持」指"把持权力或地位等"。	归化策略： 译为「維持する」「保つ」
防范政治风险	日语「防犯」是名词，不作动词使用，多用于「防犯ベル」「防犯システム」「防犯ボランティア」等复合名词中。	归化策略： 译为「防止する」
独立负责	原文中的"独立"是指"不依赖他人"，日语「独立」无此含义。	归化策略： 译为「独自」
协调	汉语"协调"表示"配合适当，步调一致；均衡性好；很好地调整"等含义，日语「協調」一般指"协调合作，同心协力完成某事"。	归化策略："协调"一词在文本中多次出现，根据语篇需要灵活处理，可译为「調整する」「協力する」「調和」「協調する」等。
开展**工作**	日语「工作」只有在表示"为了达到某种目的，事先与有关人员开展活动"的意思时，才和汉语的"事先做工作"有语义重合。其他词义和用法都有较大差异，不可照搬。	归化策略： 国家工作⇒「国家の活動」 开展工作⇒「活動を展開する」 起草工作⇒「起草作業」 工作制度⇒「執務制度」

（续表）

同形词	词义、褒贬、词性、使用范围等差异	译文及解析
知识**分子** 腐败**分子** 暴力恐怖**分子**	"分子"在汉语和日语中都可以指人，汉语的"分子"指"从属于一定阶级、阶层、集团或具有一定特性的人"，既可用作褒义词也可用作贬义词；而日语的「分子」一般用作贬义词，指"集团中提出异议唱反调的一部分人"。	归化策略： "知识分子"不含贬义，译为「知識<ruby>人<rt>じん</rt></ruby>」；"腐败分子""犯罪分子"等贬义词可直接用「<ruby>腐敗<rt>ふはい</rt></ruby><ruby>分子<rt>ぶんし</rt></ruby>」「<ruby>犯罪<rt>はんざい</rt></ruby><ruby>分子<rt>ぶんし</rt></ruby>」表述，"暴力恐怖分子"译为外来语「テロリスト」。
总揽全局	段落中的"总揽"指"全面掌握，协调各方"，而日语「<ruby>総攬<rt>そうらん</rt></ruby>」局限于"独揽大权"。	归化策略： 总揽全局⇒「<ruby>全体<rt>ぜんたい</rt></ruby>の<ruby>局面<rt>きょくめん</rt></ruby>を<ruby>統括<rt>とうかつ</rt></ruby>する」

2.3　汉日同形异义词的翻译

必须　<ruby>必<rt>かなら</rt></ruby>ず～なければならない　　　　　中国的事<u>情</u>　<ruby>中国<rt>ちゅうごく</rt></ruby>の<u>こと</u>

汉日同形异义词的翻译策略与方法

翻译策略 | "必须"与「<ruby>必須<rt>ひっす</rt></ruby>」、"事情"与「<ruby>事情<rt>じじょう</rt></ruby>」都属于同形异义词，汉语和日语的词义大相径庭，翻译时需慎重处理。这类词的翻译采用归化策略。

　　"必须坚持党的领导"的"必须"是副词，含有"一定要做到"之意，翻译时可使用句型「<ruby>必<rt>かなら</rt></ruby>ず～なければならない」，而日语的「<ruby>必須<rt>ひっす</rt></ruby>」是名词，表示"不可缺少"的意思，如「<ruby>必須<rt>ひっす</rt></ruby>の<ruby>条件<rt>じょうけん</rt></ruby>」译为"必需条件"。汉语的"事情"是指"要办的事或某件事"，日语的「<ruby>事情<rt>じじょう</rt></ruby>」则表示"事物发展过程或状态"以及"发生某事的原因"，所以"中国的事情"不可译为「<ruby>中国<rt>ちゅうごく</rt></ruby>の<ruby>事情<rt>じじょう</rt></ruby>」，应译为「<ruby>中国<rt>ちゅうごく</rt></ruby>のこと」。

2.4　缩略语的翻译

四个意识　<ruby>四<rt>よっ</rt></ruby>つの<ruby>意識<rt>いしき</rt></ruby>　　　　　　四个自信　<ruby>四<rt>よっ</rt></ruby>つの<ruby>自信<rt>じしん</rt></ruby>
两个维护　<ruby>二<rt>ふた</rt></ruby>つの<ruby>擁護<rt>ようご</rt></ruby>

缩略语的翻译策略与方法

翻译策略 | 以上缩略语为"数字总结式"缩略语，一般是顺应中国国情和国家政策而产生的新词汇，属于政治术语，高度地概括了政治文化内涵，具有鲜明的中国特色和较强的时代

性、政治性。翻译此类缩略语时，通常使用直译＋注释翻译法，将异化策略和归化策略有机结合，既忠实准确地传达了中国政策和中国国情，也兼顾了外国受众的理解习惯。表2汇总了部分"数字总结式"缩略语的日语译文，这类缩略语在译文中首次出现时添加注释，再次出现时直接使用缩略语译词表述。

表2 "数字总结式"缩略语一览表

汉语	日语译文（直译＋注释）
两个确立	二つの確立（習近平同志の党中央・全党の核心としての地位の確立、習近平「新時代の中国の特色ある社会主義」思想の指導的地位の確立）
两个毫不动摇	二つの揺るがない（公有制経済を揺るぐことなく強固にし発展させ、非公有制経済の発展を揺るぐことなく奨励、支持し導くこと） 二つの揺るぐことなく（①揺るぐことなく公有制経済をうち固めて発展させ、②揺るぐことなく非公有制経済の発展を奨励・支援・リードする）
四风	四つの風潮（形式主義・官僚主義・享楽主義・贅沢浪費の風潮） *《2022年政府工作报告》中译为「四つの悪風」
四个全面	四つの全面（社会主義現代化国家の全面的建設、改革の全面的深化、全面的な法に基づく国家統治、全面的な厳しい党内統治）
六稳	六つの安定（雇用・金融・貿易・外資・投資・期待の安定）
六保	六つの保障（雇用、基本的民生、市場主体、食糧・エネルギー安全保障、産業チェーン・サプライチェーンの安定、末端の行政運営の保障）

四、实践演练

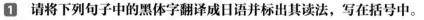

1 **请将下列句子中的黑体字翻译成日语并标出其读法，写在括号中。**

1. **坚持**（　　　　　　）中国共产党这一**坚强领导核心**（　　　　　　　），是中华民族的命运所系。

2. **保证**（　　　　　）**全党**（　　　　　）令行禁止，是党和国家**前途命运**（　　　　　　　）所

系，是全国各族人民**根本利益**（　　　　）所在。

3. **中国共产党的领导**（　　　　）是包括各民主党派、各团体、各民族、各阶层、各界人士在内的**全体中国人民**（　　　　）的**共同选择**（　　　　），是中国特色社会主义**最本质的特征**（　　　　），也是**人民政协事业**（　　　　）**发展进步**（　　　　）的根本保证。人民政协事业要沿着正确方向**发展**（　　　　），就必须毫不动摇坚持中国共产党的领导。

2 **请将画线部分的缩略语翻译成日语并标注读音。**

1. 坚持党的领导，最根本的是坚持党中央权威和集中统一领导。党章规定"四个服从"（　　　　），最根本的是全党各个组织和全体党员服从党的全国代表大会和中央委员会；党中央强调"四个意识"（　　　　），最根本的是坚决维护党中央权威和集中统一领导。

2. 我们必须统筹推进"五位一体"（　　　　）总体布局、协调推进"四个全面"（　　　　）战略布局，一心一意为实现"两个一百年"（　　　　）奋斗目标而努力工作，不断把完成总任务的历史进程推向前进。

3. 安不忘危，才是生存发展之道。我们党面临的"四大考验"（　　　　）、"四种危险"（　　　　）是长期的、复杂的、严峻的。要坚持党中央集中统一领导，在各级党组织和广大党员、干部中强化政治意识、大局意识、核心意识、看齐意识，确保在思想上政治上行动上始终同党中央保持高度一致。

3 **请使用括号中的关键词译文将下列句子翻译成日语。**

1. 党的领导制度是我国的根本领导制度。（党の指導制度）
2. 历史和人民选择了中国共产党。（選ぶ）
3. 中国共产党是中国特色社会主义事业的领导核心，……（指導的中核）
4. 中国有了中国共产党执政，是中国、中国人民、中华民族的一大幸事。（政権を握る・一大慶事）
5. 中国共产党领导是中国特色社会主义最本质的特征，是中国特色社会主义制度的最大优势，是党和国家的根本所在、命脉所在，是全国各族人民的利益所系、命运所系。（中国共産党の指導・中国の特色ある社会主義・最大の優位性）

4 **请将下文画线部分翻译为汉语。**

1. 党中央は、党の指導幹部が政治的判断力、政治的理解力、政治的執行力を高め、「国之大者（国家の大事）」を胸に刻み、党に忠誠を尽くし（　　　　）、党の

指揮に従い（　　　　　）、党のために職責を果たす（　　　　　　）よう要求した。
2. 中国共産党はわれわれの事業を指導する核心的な力（　　　　　）である。中国人民と中華民族が近代以降の歴史的運命を一変させ（　　　　　）、今日の偉大な成功（　　　　　）を収めることができた最も根本にあるのが中国共産党の力強い指導（　　　　　）である。いずれも歴史と現実が立証しているように、中国共産党がなければ、新中国はなく、中華民族の偉大な復興（　　　　　）もなかったのである。われわれのこの世界最大規模を誇る政党と最も人口の多い国家をしっかりと統治するには、党の全面的指導、とくに党中央の集中的・統一的な指導（　　　　　）を堅持し、民主集中制を堅持し、党が終始全局を統括し（　　　　　）各方面を調和させなければならない。われわれは党の全面的指導を揺るぐことなく堅持し、党の核心と党中央の権威を断固として擁護し（　　　　　）、党の指導という政治的優位性（　　　　　）を十分に発揮させて、党の指導を党と国家事業の各分野・各方面・各段階で徹底する（　　　　　）ことにより、必ずや全党・全軍・全国各民族人民が一致団結して前へ進むことができるであろう。

五、译海学思专栏

"一带一路"倡议

"一带一路"是"丝绸之路经济带（シルクロード経済ベルト）"和"21世纪海上丝绸之路（21世紀海上シルクロード）"的简称。2013年9月和10月，习近平在出访中亚和东南亚国家期间，先后提出共建"丝绸之路经济带"和"21世纪海上丝绸之路"的倡议。

"一带一路"倡议（一带一路イニシアティブ）传承"和平合作、开放包容、互学互鉴、互利互赢"的丝路精神（シルクロード精神），秉持"共商共建共享（共同協議、共同建設、共同享受）"原则，积极发展与沿线国家的经济合作伙伴关系，共同打造政治互信、经济融合、文化包容的利益共同体，命运共同体和责任共同体。截至2022年4月，中国已与149个国家和32个国际组织签署200余份共建"一带一路"合作文件。

中国政府最早对缩略语"一带一路"给出的英文官方译名是"One Belt One Road"，后又将其规范为"the Belt and Road"。因为中日两国都属于汉字文化圈，"一带一路"一词的日语表述采用异化策略和移植翻译法将其原样导入目的语译文中。另外，为了更准确地传达该政治术语的概念内涵，外宣媒体往往会对"一带一路"进行补充式解读。2017年之前人民网日文版的"一带一路"表述为「一带一路（1ベルト、1ロード）」，2017年之后由英文译释取而代之，先是「一带一路（one belt, one road）」，后来受到中国政府对政治术语翻译管理规范化的影响，「一带一路（the Belt and Road）」逐渐成为唯一的表述形式。

六、附录

重点段落译文

段落一

坚持党中央集中统一领导，确立和维护党的领导核心，是全党全国各族人民的共同愿望，是推进全面从严治党、提高党的创造力凝聚力战斗力的迫切要求，是保持党和国家事业发展正确方向的根本保证。

——2016年10月24日，习近平在中共十八届六中全会上所作的《关于〈关于新形势下党内政治生活的若干准则〉和〈中国共产党党内监督条例〉的说明》

党中央の集中的・統一的指導を堅持し、党の指導的核心を確立、擁護することは、全党、全国各民族人民の共通の願いであり、党内統治の全面的厳格化を推進し、党の創造力、結束力、戦闘力を高める切迫した要求であり、党と国家の事業発展の正しい方向を維持するための根本的な保証である。

——党の第十八期六中全会で行われた『「新情勢下の党内政治生活に関する若干の準則」と「中国共産党党内監督条例」についての説明』

段落二

古人云：令之不行，政之不立。党政军民学，东西南北中，党是领导一切的。党中央制定的理论和路线方针政策，是全党全国各族人民统一思想、统一意志、统一行动的依据和基础。只有党中央有权威，才能把全党牢固凝聚起来，进而把全国各族人民紧密团结起来，形成万众一心、无坚不摧的磅礴力量。如果

古人曰く、「令の行われざる、政の立たざる」。各級、各部門、各分野、各業界の人々、全国各地はすべて党の指導を受ける。党中央が定めた理論や路線・方針・政策は、全党と全国各民族人民が思想、意志、行動を統一するよりどころと基礎である。党中央に権威があってはじめて、全党をしっかり結束させ、さらに全党と全国各民族人民を緊密に団結させることができる。これにより、心が一つになり、どのような困難にも打ち勝つことができる強大な力が形

党中央没有权威，党的理论和路线方针政策可以随意不执行，大家各自为政、各行其是，想干什么就干什么，想不干什么就不干什么，党就会变成一盘散沙，就会成为自行其是的"私人俱乐部"，党的领导就会成为一句空话。

——2017年2月13日，习近平在省部级主要领导干部学习贯彻党的十八届六中全会精神专题研讨班上的讲话

成される。党中央に権威がなければ、党の理論や路線・方針・政策が勝手に実行しなくてもよいことになり、各々好き勝手に振る舞って、各人が思い思いのことをするようになり、やりたいことをやり、やりたくないことはやらないことになる。その結果、党はばらばらの砂、自分勝手な「個人クラブ」になり、党の指導は空論になってしまう。

——党の第十八期六中全会精神の学習・貫徹をテーマとした省・部レベル主要指導幹部セミナーにおける談話

段落三

中国共产党的领导，就是支持和保证人民实现当家作主。我们必须坚持党总揽全局、协调各方的领导核心作用，通过人民代表大会制度，保证党的路线方针政策和决策部署在国家工作中得到全面贯彻和有效执行。要支持和保证国家政权机关依照宪法法律积极主动、独立负责、协调一致开展工作。要不断加强和改善党的领导，善于使党的主张通过法定程序成为国家意志，善于使党组织推荐的人选通过法定程序成为国家政权机关的领导人员，善于通过国家政权机关实施党对国家和社会的领导，善于运用民主集中制原则维护党和国家权

中国共産党の指導とは、人民が主人公となることを支持し保証するものである。われわれは、必ず党が全体の局面を統括し、各方面を調整する核心的な役割を堅持し、人民代表大会制度を通じて、党の路線、方針、政策と政策決定・布石が国家の活動において全面的に貫徹され、効果的に実行されるよう保証しなければならない。国家の政権機関が憲法・法律によって積極的かつ主導的に、独自に責任を持って、一致協力して活動を展開することを支持・保証しなければならない。党の指導を不断に強化・改善し、党の主張を法定の手続きを踏んで国家の意志とすること、党組織の推薦する者を国家の政権機関の指導者とすること、国家の政権機関を通じて国家と社会に対する党の指導を行うことに秀でるようにし、党の指導が国家の政権機関を通じて国や社会に実施されるように努め、

威、维护全党全国团结统一。

——2014年9月5日，习近平在庆祝全国人民代表大会成立60周年大会上的讲话

民主集中制の原則をうまく運用して党と国の権威を擁護し、全党・全国の団結・統一を擁護するように努めなければならない。

——全国人民代表大会成立六十周年祝賀大会における談話

段落四

中央委员会的每一位同志都要旗帜鲜明讲政治，自觉以马克思主义政治家的标准严格要求自己，找准政治站位，增强政治意识，强化政治担当。要注重提高政治能力，特别是把握方向、把握大势、把握全局的能力和保持政治定力、驾驭政治局面、防范政治风险的能力。谋划事业发展，制定政策措施，培养干部人才，推动工作落实，都要着眼于我们党执政地位巩固和增强，着眼于党和人民事业发展。要严格遵守政治纪律和政治规矩，全面执行党内政治生活准则，确保党中央政令畅通，确保局部服从全局，确保各项工作坚持正确政治方向。

——2017年10月25日，习近平在中共十九届一中全会上的讲话

中央委員会の一人一人の同志は旗幟鮮明に政治を重んじ、自発的にマルクス主義政治家の基準で自らに厳しく要求し、政治的立ち位置を正しくとらえ、政治意識を強め、政治的責任を強化しなければならない。政治能力、特に方向・大勢・大局を把握する能力と政治的不動心を保ち、政治的局面を制御し、政治的リスクを防止する能力の向上を重視しなければならない。事業発展を計画し、政策・措置を制定し、幹部人材を育成し、活動の実行を推進するには、すべてわが党の執政地位を強固にし、増強することに着目し、党と人民の事業を発展させることに着目しなければならない。政治規律と政治規則を厳格に順守し、党内の政治生活の準則を全面的に執行し、党中央の政令が滞りなく行き渡るよう確実に保証し、局部が全局に従うよう確実に保証し、各活動において正しい政治方向を堅持するよう確実に保証しなければならない。

——中国共産党第十九期一中全会における談話

段落五

新的征程上，我们必须坚持党的全面领导，不断完善党的领导，增强"四个意识"、坚定"四个自信"、做到"两个维护"，牢记"国之大者"，不断提高党科学执政、民主执政、依法执政水平，充分发挥党总揽全局、协调各方的领导核心作用！

——《习近平在庆祝中国共产党成立100周年大会上的讲话》

私たちは新たな道のりにおいて、党の全面的指導を堅持し、党の指導を不断に充実させ、「四つの意識」を強め、「四つの自信」を固め、「二つの擁護」を徹底し、「国之大者（国家の大事）」を銘記し、党の科学的な執政、民主的な執政、法に基づく執政のレベルを不断に高め、全局を統括し各方面を調和させる指導的核心としての党の役割を十分に発揮させなければいけません。

——『中国共産党創立100周年祝賀大会における演説』

第二单元

坚持和发展
中国特色社会主义
总任务

坚持和发展中国特色社会主义，总任务是实现社会主义现代化和中华民族伟大复兴，在全面建成小康社会的基础上，分两步走在本世纪中叶建成富强民主文明和谐美丽的社会主义现代化强国，以中国式现代化推进中华民族伟大复兴。本单元将结合坚持和发展中国特色社会主义的思想内容，系统介绍对相关理念与表述的理解和翻译策略。

一、核心概念解读

1. 中国特色社会主义进入新时代

日语译文： 中国の特色ある社会主義が新時代に入った

改革开放之初，中国共产党发出了走自己的路、建设中国特色社会主义的伟大号召。经过长期努力，中国特色社会主义进入了新时代，这是我国发展新的历史方位。党的十九大作出这个重大政治判断，是一项关系全局的战略考量。中国特色社会主义进入新时代，意味着近代以来久经磨难的中华民族迎来了从站起来、富起来到强起来的伟大飞跃，迎来了实现中华民族伟大复兴的光明前景；意味着科学社会主义在二十一世纪的中国焕发出强大生机活力，在世界上高高举起了中国特色社会主义伟大旗帜；意味着中国特色社会主义道路、理论、制度、文化不断发展，拓展了发展中国家走向现代化的途径，给世界上那些既希望加快发展又希望保持自身独立性的国家和民族提供了全新选择，为解决人类问题贡献了中国智慧和中国方案。

这个新时代，是承前启后、继往开来、在新的历史条件下继续夺取中国特色社会主义伟大胜利的时代，是决胜全面建成小康社会、进而全面建设社会主义现代化强国的时代，是全国各族人民团结奋斗、不断创造美好生活、逐步实现全体人民共同富裕的时代，是全体中华儿女勠力同心、奋力实现中华民族伟大复兴中国梦的时代，是我国不断为人类作出更大贡献的时代。

从结构上看，"新时代"属于偏正结构的短语，可以译为「新しい時代」。但是，当代中国语境中的"新时代"是专有名词，特指党的十八大以来中国特色社会主义进入新时代，因而为表郑重与强调，日语译为「新時代」较为贴切。

2. "两个一百年"奋斗目标

日语译文： 「二つの百周年」の奮闘目標

党的十八大描绘了全面建成小康社会、加快推进社会主义现代化的宏伟蓝图，提出了"两个一百年"的奋斗目标：到2021年中国共产党成立一百年时全面建成小康社会，国内生产总值和城乡居民人均收入比2010年翻一番；到2049年中华人民共和国成立一百年时建成富强民主文明和谐的社会主义现代化国家，达到中等发达国

家水平。"两个一百年"奋斗目标，将中国梦的蓝图和光明前景具体化，成为实现中国梦的基础。

"两个一百年"是缩略语。"两个一百年"奋斗目标，是建设中国特色社会主义的奋斗目标。2012年11月，党的十八大提出，在中国共产党成立100年（「中国共産党創立百周年」）时全面建成小康社会，在中华人民共和国成立100年（「中華人民共和国成立百周年」）时建成富强民主文明和谐的社会主义现代化国家。注意，"……成立100年"日语译文为「～創立（成立）百周年」，故而"两个一百年"翻译为「二つの百周年」。

3. 中国梦
日语译文：中国の夢

实现中华民族伟大复兴，是近代以来中国人民最伟大的梦想，我们称之为"中国梦"，基本内涵是实现国家富强、民族振兴、人民幸福。

"中国梦"的翻译要准确体现原文的思想内涵，便于译文读者准确理解。中国梦的内涵是实现中华民族伟大复兴，所以翻译时不能模仿强调个人奋斗行为的"American Dream"，用外来语将其表述为「チャニーズ・ドリーム」。此外，中国梦也不宜直译为「中国夢」。因为虽然中日两种语言中都使用汉字，这样的译文某种程度也能表达一定的意思，但却无法反映出「中国」和「夢」之间的准确关系。原文中的"中国"和"梦"之间是偏正关系，也就是说前者修饰后者，所以要译为「中国の夢」，这样更为贴切。

4. 社会主义现代化强国
日语译文：社会主義現代化強国

从二〇三五年到本世纪中叶，在基本实现现代化的基础上，再奋斗十五年，把我国建成富强民主文明和谐美丽的社会主义现代化强国。到那时，我国物质文明、政治文明、精神文明、社会文明、生态文明将全面提升，实现国家治理体系和治理能力现代化，成为综合国力和国际影响力领先的国家，全体人民共同富裕基本实现，我国人民将享有更加幸福安康的生活，中华民族将以更加昂扬的姿态屹立于世界民族之林。

此句中的"现代化"是专有名词，译为「現代化」；"社会主义现代化强国"本身是核心概念，具有唯一性，翻译时"社会主义"和"现代化强国"间不使用连体修饰语「の」。

5. 中国式现代化道路
日语译文： 中国独自の現代化の道

中国式现代化，是人口规模巨大的现代化，是全体人民共同富裕的现代化，是物质文明和精神文明相协调的现代化，是人与自然和谐共生的现代化，是走和平发展道路的现代化。

"现代化"常常被译为「近代化」，但"中国式现代化"中的"现代化"有专门的内涵，属于专有名词，所以一般翻译为「現代化」，此核心概念整体译为「中国独自の現代化の道」。《在庆祝中国共产党成立100周年大会上的讲话》中，习近平使用了"中国式现代化新道路"的说法，可以译为「中国式現代化の新たな道」。

二、关键语句理解与翻译

1. 实现中国梦，必须坚持中国特色社会主义道路。
   中国の夢を実現するには、中国の特色ある社会主義の道を堅持しなければならない。

本句前半部分表示目标，后半部分为实现目标的方法。日语中常用复合格助词「Vには」表示目标，句型「Vには～なければならない」表示为实现该目标必须采取的方法。

2. 我们坚持和发展中国特色社会主义，推动物质文明、政治文明、精神文明、社会文明、生态文明协调发展，创造了中国式现代化新道路，创造了人类文明新形态。

私たちは、中国の特色ある社会主義を堅持し発展させ、物質文明、政治文明、精神文明、社会文明、生態文明の調和のとれた発展を促し、中国式現代化の新たな道を開拓し、人類文明の新たな形を創造してきました。

本句中我们要注意汉日同形词"发展"与「発展」。汉语中该词是及物动词，如"发展经济"，但日语中的「発展」是自动词（相当于汉语的不及物动词），可以说「経済が発展した」，但不能说「経済を発展した」。此外还需要注意，「発展」的他动词形式（相当于汉语的及物动词）是其使役态。所以，"坚持和发展中国特色社会主义"要译为「中国の特色ある社会主義を堅持し発展させる」。

3. 中国特色社会主义是适合中国国情、符合中国特点、顺应时代发展要求的理论和实践，所以才能取得成功，并将继续取得成功。

中国の特色ある社会主義は中国の国情に適し、中国の特徴に合致し、時代の発展の要請に適応した理論と実践である。だからこそ、成功を収めることができ、今後も引き続き成功を収めていく。

本句中的"适合……，符合……，顺应……"构成并列关系，这种并列可考虑用动词中顿形式来表达。

4. 中国特色社会主义是不是好，要看事实，要看中国人民的判断，而不是看那些戴着有色眼镜的人的主观臆断。

中国の特色ある社会主義がよいかどうかは、事実と中国人民の判断を見るべきであり、色眼鏡をかけた人たちの独りよがりの憶測を見ることではない。

本句虽然较长，但分析就会发现，句子结构较为简单。日语表达可以简化为判断句「Nは～であり、～ではない」。"要看事实"和"要看中国人民的判断"结构相同，为了简洁，可合译在一起。

5. 中国特色社会主义是前无古人的伟大事业，改革开放和社会主义现代化建设还有很长的路要走。

中国の特色ある社会主義は未曾有の偉大な事業であり、改革開放と社会主義建設にはまだ長い道のりを歩まなければならない。

　　本句前半部分为"NP＋是＋NP"式判断句，结构简单，翻译起来也不难。后半部分"路"的准确含义需要好好斟酌，该词不是"路"（「道」）或者"道路"（「道路」）的意思，而是"路程"的意思，日语要译为「道のり」。

6. 社会主义并没有定于一尊、一成不变的套路，只有把科学社会主义基本原则同本国具体实际、历史文化传统、时代要求紧密结合起来，在实践中不断探索总结，才能把蓝图变为美好现实。

社会主義には、絶対的な一人の権威者や、不変のやり方があるわけではなく、科学的社会主義の基本原則を自国の具体的な実情、歴史・文化・伝統、時代の要求と緊密に結びつけ、実践の中で絶えず模索し総括してこそ、はじめてビジョンを素晴らしい現実に変えることができる。

　　本句是一个由关联词"只有……才……"构成的条件关系复句，翻译为日语时可考虑使用「～してこそ初めて～」句型。另外，本句中的"定于一尊"是一个成语，指"思想、学术、道德等以一个最高权威的人作为唯一标准"。

7. 中国共产党和中国人民将在自己选择的道路上昂首阔步走下去，把中国发展进步的命运牢牢掌握在自己手中！

中国共産党と中国人民は、自ら選んだ道を胸を張って歩み続け、中国の発展・進歩の運命を自らの手にしっかりと握りしめていきます。

　　本句的难点在于复合动词的翻译。动词＋趋向动词（"V＋下去"），很多时候翻译为动词＋补助动词（「V＋ていく」）的形式，但本句中"走下去"意为"持续走、一直走"，故而翻译为复合动词「歩み続ける」比较贴切。下半句中的"掌握在自己手中"意为"一直握在手"，同理，使用复合动词「握りしめる」能表达出这种细微的语义。

中国关键词

通读核心概念、关键语句的原文和日语译文，我们会发现中国特色政治术语的日译是难点之一。中国特色政治术语，属于"中国关键词"的一部分。

日语中常用外来语「キーワード」来表示关键词（keyword），此词本来指信息检索时使用的核心词汇，现多指理解和解决问题时使用的核心词汇。中国关键词是理解当代中国政治、经济、社会、文化时的核心词汇、高频词汇。例如，"中国梦""中国特色社会主义"等就是我们耳熟能详的中国关键词。准确理解和翻译好中国关键词是讲好中国故事的重要一环。翻译这些词语，首先要准确理解原文，然后再采用恰当的策略和方法译出。具体翻译策略和方法我们将在下个部分中讲到。

找一找

（1）请找一找关键语句中的中国关键词都有哪些。
（2）请找一找关键语句中的四字格词语都有哪些。

想一想

（1）请想一想这些中国关键词的日语译文分别是什么。
（2）请想一想这些四字格词语的日语译文分别是什么。

说一说

（1）请和同学说一说这些中国关键词的日语译文有什么特点。
（2）请使用这些中国关键词的日语译文进行简单的日语会话。

三、重点段落分析与翻译

1. 请认真阅读以下材料，全面理解原文内容，深入领会原文思想，熟悉原文语言特色，并试译其中的中国关键词和四字格词语，可查阅和参考资料。

段落一

中国特色社会主义，是科学社会主义理论逻辑和中国社会发展历史逻辑的辩证统一，是根植于中国大地、反映中国人民意愿、适应中国和时代发展进步要求的科学社会主义，是全面建成小康社会、加快推进社会主义现代化、实现中华民族伟大复兴的必由之路。

——2013年1月5日，习近平在新进中央委员会的委员、候补委员学习贯彻党的十八大精神研讨班上的讲话

中国关键词

中国特色社会主义（　　　　　）　　　　科学社会主义（　　　　　）

小康社会（　　　　　）　　　　社会主义现代化（　　　　　）

中华民族（　　　　　）

段落二

党的十八大以来，中国特色社会主义进入新时代，我们坚持和加强党的全面领导，统筹推进"五位一体"总体布局、协调推进"四个全面"战略布局，坚持和完善中国特色社会主义制度、推进国家治理体系和治理能力现代化，坚持依规治党、形成比较完善的党内法规体系，战胜一系列重大风险挑战，实现第一个百年奋斗目标，明确实现第二个百年奋斗目标的战略安排，党和国家事业取得历史性成就、发生历史性变革，为实现中华民族伟大复兴提供了更为完善的制度保证、更为坚实的物质基础、更为主动的精神力量。

——《习近平在庆祝中国共产党成立100周年大会上的讲话》

中国关键词

党的十八大（　　　　　）　　　　党的全面领导（　　　　　）

"五位一体"（　　　　）	"四个全面"（　　　　　）
依规治党（　　　　）	百年奋斗目标（　　　　　）
精神力量（　　　　）	

段落三

　　实现中国梦必须走中国道路。这就是中国特色社会主义道路。这条道路来之不易，它是在改革开放30多年的伟大实践中走出来的，是在中华人民共和国成立60多年的持续探索中走出来的，是在对近代以来170多年中华民族发展历程的深刻总结中走出来的，是在对中华民族5000多年悠久文明的传承中走出来的，具有深厚的历史渊源和广泛的现实基础。中华民族是具有非凡创造力的民族，我们创造了伟大的中华文明，我们也能够继续拓展和走好适合中国国情的发展道路。全国各族人民一定要增强对中国特色社会主义的道路自信、理论自信、制度自信，坚定不移沿着正确的中国道路奋勇前进。

——2013年3月17日，习近平在第十二届全国人民代表大会第一次会议上的讲话

中国关键词

中国梦（　　　　）	中国道路（　　　　）
改革开放（　　　　）	中华文明（　　　　）
中国国情（　　　　）	道路自信（　　　　）
理论自信（　　　　）	制度自信（　　　　）

段落四

　　党的百年奋斗开辟了实现中华民族伟大复兴的正确道路。近代以后，创造了灿烂文明的中华民族遭遇到文明难以赓续的深重危机，呈现在世界面前的是一派衰败凋零的景象。一百年来，党领导人民不懈奋斗、不断进取，成功开辟了实现中华民族伟大复兴的正确道路。中国从四分五裂、一盘散沙到高度统一、民族团结，从积贫积弱、一穷二白到全面小康、繁荣富强，从被动挨打、饱受欺凌到独立自主、坚定自信，仅用几十年时间就走完发达国家几百年走过的工业化历程，创造了经济快速发展和社会长期稳定两大奇迹。今天，中华民族向世界展现的是一派欣欣向荣的气象，巍然屹立于世界东方。

——《中共中央关于党的百年奋斗重大成就和历史经验的决议》

四字格词语

伟大复兴（　　）		灿烂文明（　　）	
衰败凋零（　　）		不懈奋斗（　　）	
不断进取（　　）		四分五裂（　　）	
一盘散沙（　　）		高度统一（　　）	
民族团结（　　）		积贫积弱（　　）	
一穷二白（　　）		全面小康（　　）	
繁荣富强（　　）		被动挨打（　　）	
饱受欺凌（　　）		独立自主（　　）	
坚定自信（　　）		欣欣向荣（　　）	
巍然屹立（　　）			

2. 翻译策略与方法

　　观察以上试译词语，我们可以发现其涉及政治、社会、文化等多个领域，为了便于总结，我们把以上词语分为"政治相关中国关键词""社会相关中国关键词""四字格词语"三大类，观察分析不同种类词语的翻译策略和技巧。

2.1 政治相关中国关键词的翻译

中国特色社会主义　中国の特色ある社会主義

科学社会主义　科学的社会主義

党的十八大　第十八回党大会（中国共産党第十八回全国代表大会）

党的全面领导　党の全面的指導　　"五位一体"「五位一体」

"四个全面"「四つの全面」　　依规治党　党内法規に基づく党内統治

百年奋斗目标　百周年の奮闘目標　　中国道路　中国の道

中国国情　中国の国情　　改革开放　改革開放

道路自信　道への自信　　理论自信　理論への自信

制度自信　制度への自信

（政治相关中国关键词的翻译策略与方法）

翻译策略 | 政治相关中国关键词融思想性和时代性于一体，有鲜明的中国特色。要求译文具有准确性、严肃性和权威性。需要译者有极高的政治素质和政治敏感性，翻译时要充分把

握词语内涵，重视传达文意。因为日语中也使用汉字，而日语汉字词多具有郑重性和严肃性的特点，所以此类关键词翻译时多采用异化翻译策略。也就是说，时政文献中的汉字词译为日语时亦多采用日语同形词来表述。

注意点①：数量词的翻译

对于同一种计量对象，中日两种语言中常用不同的量词。如"会议"，中文中量词用"次"或"届"，但日语用「回」。故而"十八大"译为「第十八回党大会」。

在"N1（数量词、序数词）+N2（人、物、时间、场所、组织、抽象名词）"结构中，中文一般不加"的"，但翻译为日语时必须加「の」，如「一枚のCD」「二つの部屋」。故而，前文中的"四个全面"要翻译为「四つの全面」。那么，"十八大"为什么不翻译为「第十八回の党大会」，而要翻译为「第十八回党大会」呢？这是因为"十八大"为专有名词。

注意点②：汉字词的变化

部分汉字词，因为在汉日语境中意思不同或者是我有你无、你有我无等原因，翻译时需要改变为意思更为贴切的其他词语。如："科学"作名词时对应的译文是「科学」，但作形容词时，意为"符合科学的"，对应的译文是「科学的」；"全面"亦然。

"科学"→「科学的」例：科学社会主义（「科学的社会主義」）
"全面"→「全面的」例：党的全面领导（「党の全面的指導」）

2.2 社会相关中国关键词的翻译

小康社会	小康社会	中国梦	中国の夢
中华民族	中華民族	中华文明	中華文明
伟大复兴	偉大な復興	全面小康	全面的小康
民族团结	民族の団結		

社会相关中国关键词的翻译策略与方法

翻译策略 | 社会相关中国关键词多为表示中国社会构成、组织、现象等的词语。和政治相关中国关键词一样，翻译时多采用异化翻译策略。如：专有名词"小康社会"译为「小康社会」、"中华民族"译为「中華民族」、"中华文明"译为「中華文明」等。需要注意的是，「小康社会」中的「小康」并非日语，而是汉语。用将汉字音读的方法表现，可以理

解为采取了直译的策略，具体请参照本单元的"译海学思专栏"。

注意点：偏正结构短语的翻译

在核心概念解读部分，我们通过"中国梦"的翻译初步学习了偏正结构短语的翻译方法。本节中的"伟大复兴""全面小康"也是偏正结构的短语，和"中国梦"一样，都是定语＋名词的形式，分别译为「偉大な復興」「全面的小康」。此外，还有一种常见形式是状语＋动词的形式，如文本四中的"不懈奋斗""不断进取"，分别译为「たゆまず奮闘する」「常に邁進する」。

2.3 四字格词语的翻译

重点段落四中集中出现了大量四字格词语，我们讨论一下四字格词语的翻译。

灿烂文明　輝かしい文明	衰败凋零　衰退し零落（する）
不懈奋斗　たゆまず奮闘（する）	不断进取　常に邁進（する）
四分五裂　四分五裂	积贫积弱　窮乏衰退
一穷二白　貧しく遅れた（状態）	繁荣富强　繁栄かつ富強
被动挨打　叩かれる	饱受欺凌　散々に虐げられた（状態）
独立自主　独立自主	坚定自信　確固たる自信
欣欣向荣　活気溢れる	巍然屹立　毅然とそびえ立つ

四字格词语的翻译策略与方法

翻译策略｜ 翻译好四字格词语是讲好中国故事的一项重要课题。四字格词语多为成语，但不全是成语，如"灿烂文明""不断进取"等就属于非成语的四字格词语。我们把四字格词语分为成语和非成语来讨论翻译策略与方法。

成语的翻译

我们知道，日语中也有成语，叫「四字熟語」，多由汉语传来，如「一衣帯水」「四面楚歌」「人面桃花」等。日语的成语大致可以分为以下3类。

和汉语完全一样，如：「四面楚歌」「人面桃花」「一衣帯水」

和汉语部分一样，如：「竜頭蛇尾」（虎头蛇尾）、「異口同音」（异口同声）、「日進月歩」（日新月异）

和汉语完全不一样，如：「無為無策」（束手无策）、「十人十色」（各有千秋）

汉译日时，如果汉语中的四字格词语是成语，我们先要考虑日语中是否有相对应的成语存在，如果有，再考虑翻译为哪种形式。

■ 非成语的翻译

非成语的四字格词语翻译为日语时，一般很难翻译为「四字熟語（よじじゅくご）」，多翻译为解释性话语。要翻译好非成语四字格词语，我们必须懂得这些词语的结构，然后根据其内部的逻辑关系确定翻译策略。

我们知道，中文短语的结构主要有"并列（联合）结构""偏正结构""动宾结构""主谓结构""动补结构"等五大类。四字格词语中的非成语词语多为短语，也呈现出这样的特征。

并列结构：繁荣富强、衰败凋零

偏正结构：精神力量、巍然屹立

主谓结构：民族团结、山河破碎

动宾结构：解放思想、关爱他人

动补结构：对立起来、打扫干净

注意点①：不同结构四字格词语的翻译方法

1）并列结构短语可采取中间添加「や」「と」「かつ」或者「・」等形式进行翻译，如"调查研究"译为「調査（ちょうさ）と研究（けんきゅう）」，"繁荣富强"译为「繁栄（はんえい）かつ富強（ふきょう）」。

2）偏正结构短语中，如为定语＋名词的形式，可依据连体修饰规则翻译。如"精神力量"可译为「精神的（せいしんてき）（な）力（ちから）」。如为状语＋动词的形式，则要依据连用修饰规则翻译。如"巍然屹立"可译为「毅然（きぜん）とそびえ立（た）つ」。

3）主谓结构短语多为名词＋动词的形式，翻译时可用格助词「が」提示主语，如"山河破碎"翻译为「山河（さんが）が荒（あ）れ果（は）てる」。同理，"民族团结"可译为「民族（みんぞく）が団結（だんけつ）する（こと）」，但该主谓结构如果在句中充当从属子句，根据具体语境可译为「民族（みんぞく）の団結（だんけつ）」。重点段落四中"中国从四分五裂、一盘散沙到高度统一、民族团结……"可译为「中国（ちゅうごく）は四分五裂（しぶんごれつ）の状態（じょうたい）から高度（こうど）の統一（とういつ）と民族（みんぞく）の団結（だんけつ）へ…」。

4）动宾结构短语可将宾语用「を」或「に」来引导，如"解放思想"可译为「思想（しそう）を解放（かいほう）する」，"关爱他人"可译为「他人（たにん）に関心（かんしん）を寄（よ）せる」。

5）动补结构短语由动词＋补语构成，后一部分补充说明前一部分。"对立起来"中趋向动词"起来"充当补语，译为「対立（たいりつ）させよう（とする）」。"打扫干净"则译为「きれいに掃除（そうじ）する」。

注意点②：照搬式直译和变通式直译

　　四字格词语多采用直译的策略，可分为"照搬式直译"和"变通式直译"两种方法。如"改革开放「改革開放<ruby>かいかくかいほう</ruby>」""共同富裕「共同富裕<ruby>きょうどうふゆう</ruby>」"就是照搬式直译；而"道路自信「道<ruby>みち</ruby>への自信<ruby>じしん</ruby>」""制度自信「制度<ruby>せいど</ruby>への自信<ruby>じしん</ruby>」""理论自信「理論<ruby>りろん</ruby>への自信<ruby>じしん</ruby>」"则采取的是变通式直译方法。使用照搬式还是变通式的方法除考虑忠实原文外，还要考虑日本受众是否能够无障碍地接受译文。如"改革开放"实际上是并列结构的短语，可翻译为「改革<ruby>かいかく</ruby>と開放<ruby>かいほう</ruby>」或「改革<ruby>かいかく</ruby>・解放<ruby>かいほう</ruby>」，但由于该词是高频词、关键词，同「小康社会<ruby>しょうこうしゃかい</ruby>」一样，已经为日本受众所熟悉和接受，所以直译为「改革開放<ruby>かいかくかいほう</ruby>」。

四、实践演练

1 **请将下列句子中的黑体字翻译成日语并标出其读法，写在括号中。**

1. 中国特色社会主义道路，是实现我国**社会主义现代化**（　　　　　）的必由之路，是创造人民**美好生活**（　　　　　）的必由之路。

2. 中国特色社会主义是**社会主义**（　　　　　）而不是其他什么主义，**科学社会主义**（　　　　　）基本原则不能丢，丢了就不是社会主义。

3. 中国特色社会主义是**前无古人**（　　　　　）的**伟大事业**（　　　　　），**改革开放**（　　　　　）和**社会主义现代化建设**（　　　　　）还有很长的路要走。

2 **请将画线部分的关键词翻译成日语，写在括号中。**

1. 中国特色社会主义（　　　　　）是改革开放新时期开创的，也是建立在我们党长期奋斗基础上的，是由我们党的几代中央领导集体团结带领全党全国人民历尽千辛万苦、付出各种代价、接力探索取得的。

2. 我国仍处于并将长期处于社会主义初级阶段（　　　　　），实现中国梦（　　　　　），创造全体人民更加美好的生活，任重而道远，需要我们每一个人继续付出辛勤劳动和艰苦努力。

3. 我说过，当代中国的伟大社会变革（　　　　　），不是简单延续我国历史文化的母版，不是简单套用马克思主义（　　　　　）经典作家设想的模板，不是其他国家社会主义实践（　　　　　）的再版，也不是国外现代化发展的翻版。

3 **请使用括号中的关键词译文将下列句子翻译成日语。**

1. 经过长期努力，中国特色社会主义进入了新时代，这是我国发展新的历史方位。
   （新時代・歴史の方向性）

2. 中国特色社会主义是中国共产党和中国人民团结的旗帜、奋进的旗帜、胜利的旗帜。（団結の旗印・邁進の旗印・勝利の旗印）

3. 历史和现实都告诉我们，只有社会主义才能救中国，只有中国特色社会主义才能发展中国，这是历史的结论、人民的选择。（救う・発展させる）

4. 历史和现实都证明，没有中国共产党，就没有新中国，就没有中华民族伟大复兴。
   （～なければ～ない）

5. 中国特色社会主义道路是创造人民美好生活、实现中华民族伟大复兴的康庄大道。
   （広大な道）

4 **请将下文画线部分翻译成中文四字格词语。**

1. 九百六十万平方キロの<u>広い大地</u>（　　　　　　）を踏みしめ、中華民族の長期にわたる奮闘によって蓄積された文化的養分を吸い、十三億の中国人民が結集した<u>気勢盛んな力</u>（　　　　　）を擁して、われわれが自らの道を歩むのは、<u>この上なく広い</u>（　　　　　）前途があり、この上なく深い<u>歴史の底力</u>（　　　　　）があり、この上なく強大な<u>前進する定力</u>（　　　　　）を備えている。

2. 中国の特色ある社会主義は何世代もの中国共産党員の理想と模索を背負い、無数の<u>愛国の志士</u>（　　　　　）の願いと期待が寄せられ、億万の人民の奮闘と犠牲が凝縮されている。それは近代以降の中国社会が発展するための必然的な選択だ。われわれは<u>道への自信</u>（　　　　　）、<u>理論への自信</u>（　　　　　）、<u>制度への自信</u>（　　　　　）、<u>文化への自信</u>（　　　　　）を揺るぎないものにすることを強調するが、それは<u>古い殻に閉じこもって</u>（　　　　　）<u>進歩を求めない</u>（　　　　　）のではなく、われわれは絶えず少しでも、発見し、発明し、創造し、前進し、中国の特色ある社会主義を永遠に盛んな生気と活力に満ちたものにさせなければならない。同時に、われわれは、われわれが行っているすべての整備と改善はすべて<u>既定の方向</u>（　　　　　）に沿った継続的な前進であり、方向の転換ではなく、ましてやわが党、国、人民の<u>安心立命</u>（　　　　　）の根本を捨て去るものではない、ということを永遠に覚えておく必要がある。

五、译海学思专栏

从「いくらかゆとりのある社会」到「小康社会」

　　"小康社会"这个构想是1979年12月邓小平在会见日本时任首相大平正芳时提出的。当时我国设定的目标是到20世纪末，人均国民生产总值达到1,000美元，也就是达到第三世界中比较富裕的国家的水平。2012年在党的十八大报告中全面建成小康社会的目标首次被正式提出，2017年在党的十九大报告中又提出决胜全面建成小康社会、开启全面建设社会主义现代化国家新征程的目标。2021年7月1日，习近平在庆祝中国共产党成立100周年大会上庄严宣告，我们在中华大地上全面建成了小康社会。

　　"小康"这个词，日语中也有，但却是"病情好转、小愈"的意思，和汉语意思大相径庭。所以，我们可以说"小康社会"是典型的中国关键词。起初在翻译这个词时日语界采用了意译法，即「いくらかゆとりのある社会」或者「ややゆとりのある社会」，这个译法较好地阐释了该词刚被提出来时的意思（人均国民生产总值达到1,000美元）。但实际上我国的发展速度很快，2021年宣布全面建成小康社会时，人均国民生产总值已经连续两年突破了10,000美元，再用「いくらかゆとりのある社会」或者「ややゆとりのある社会」已不能准确阐释我国社会经济发展的实际情况，加之"小康社会"的说法经过40余年的不断宣传，很多日本人已经理解了该词在现代中文语境中的意思，所以采用直译方法，译为了「小康社会」。

六、附录

重点段落译文

段落一

中国特色社会主义，是科学社会主义理论逻辑和中国社会发展历史逻辑的辩证统一，是根植于中国大地、反映中国人民意愿、适应中国和时代发展进步要求的科学社会主义，是全面建成小康社会、加快推进社会主义现代化、实现中华民族伟大复兴的必由之路。

——2013年1月5日，习近平在新进中央委员会的委员、候补委员学习贯彻党的十八大精神研讨班上的讲话

中国の特色ある社会主義は科学的社会主義の理論を貫く論理と中国の社会発展の歴史を貫く論理の弁証法的統一であり、中国の大地に根ざし、中国人民の意思を反映し、中国の発展と時代の進歩の要請にふさわしい科学的社会主義であり、それは小康社会を全面的に達成し、社会主義現代化のテンポを速め、中華民族の偉大な復興を実現する上で必ず通らなければならない道である。

——中央委員会の新人委員・委員候補を対象とした第十八回党大会精神の学習・貫徹セミナーにおける談話

段落二

党的十八大以来，中国特色社会主义进入新时代，我们坚持和加强党的全面领导，统筹推进"五位一体"总体布局、协调推进"四个全面"战略布局，坚持和完善中国特色社会主义制度、推进国家治理体系和治理能力现代化，坚持依规治党、形成比较完善的党内法规体系，战胜一系列重大风险挑战，实现第一个百

中国共産党第十八回全国代表大会以降、中国の特色ある社会主義は新時代に入りました。私たちは、党の全面的指導を堅持・強化し、「五位一体」の総体的配置の統一的推進と「四つの全面」の戦略的配置の調和的推進をはかり、中国の特色ある社会主義制度の堅持・整備、国家統治体系・統治能力の現代化推進に努め、党内法規に基づく党内統治の堅持、比較的完全な党内法規体系の整備に努め、一連の重大なリスクや課題にうち勝ち、一つ目の百周年の奮闘目標

年奋斗目标，明确实现第二个百年奋斗目标的战略安排，党和国家事业取得历史性成就、发生历史性变革，为实现中华民族伟大复兴提供了更为完善的制度保证、更为坚实的物质基础、更为主动的精神力量。

——《习近平在庆祝中国共产党成立100周年大会上的讲话》

を達成し、二つ目の百周年の奮闘目標の達成に向けた戦略的段取りを明確にしました。これにより、党と国家の事業に歴史的成功と歴史的変革があり、中華民族の偉大な復興の実現に向けたより完全な制度的保証、より強固な物的基盤、より主体的な精神的力がもたらされました。

——『中国共産党創立100周年祝賀大会における演説』

段落三

实现中国梦必须走中国道路。这就是中国特色社会主义道路。这条道路来之不易，它是在改革开放30多年的伟大实践中走出来的，是在中华人民共和国成立60多年的持续探索中走出来的，是在对近代以来170多年中华民族发展历程的深刻总结中走出来的，是在对中华民族5000多年悠久文明的传承中走出来的，具有深厚的历史渊源和广泛的现实基础。中华民族是具有非凡创造力的民族，我们创造了伟大的中华文明，我们也能够继续拓展和走好适合中国国情的发展道路。全国各族人民一定要增强对中国特色社会主义的道路自信、理论自信、制度自信，坚定不移沿着正确的中国道路奋勇前进。

中国の夢を実現するには、中国の道を歩まなければならない。中国の道とは、中国の特色ある社会主義の道にほかならない。この道にたどりつくのは生易しいことではなかった。それは、三十年以上にわたる改革開放の偉大な実践の中で導き出された道であり、中華人民共和国成立以来六十年以上にわたる模索の積み重ねの中で導き出された道であり、近代以来百七十年以上にわたる中華民族の発展の歴程を徹底的に総括する中で導き出された道であり、中華民族の五千年以上にわたる悠久の文明を伝承する中で導き出された道であり、そこには奥深い歴史的根源と広範な現実的基盤がある。中華民族は非凡な創造力を持つ民族である。偉大な中華文明を創造してきたわれわれは、これからも中国の国情にふさわしい発展の道を切り開いてしっかりと歩んでいくことができるだろう。全国各民族の人民は、中国の特色ある社会主義の道・理論・制度への自信を強め、正しい中国の道にしっかりと沿って邁進していかなければな

——2013年3月17日，习近平在第十二届全国人民代表大会第一次会议上的讲话

らない。

——第十二期全国人民代表大会第一回会議における演説

段落四

党的百年奋斗开辟了实现中华民族伟大复兴的正确道路。近代以后，创造了灿烂文明的中华民族遭遇到文明难以赓续的深重危机，呈现在世界面前的是一派衰败凋零的景象。一百年来，党领导人民不懈奋斗、不断进取，成功开辟了实现中华民族伟大复兴的正确道路。中国从四分五裂、一盘散沙到高度统一、民族团结，从积贫积弱、一穷二白到全面小康、繁荣富强，从被动挨打、饱受欺凌到独立自主、坚定自信，仅用几十年时间就走完发达国家几百年走过的工业化历程，创造了经济快速发展和社会长期稳定两大奇迹。今天，中华民族向世界展现的是一派欣欣向荣的气象，巍然屹立于世界东方。

——《中共中央关于党的百年奋斗重大成就和历史经验的决议》

党の百年奮闘が中華民族の偉大な復興の実現に向けた正しい道を切り開いた。近代以降、輝かしい文明を生み出した中華民族は文明の断絶という深刻な危機に見舞われ、世界の目に映っていたのは、衰退し零落していく姿であった。この百年、党は人民を率いてたゆまず奮闘し、常に邁進し、中華民族の偉大な復興の実現に向けた正しい道を成功裏に切り開いた。中国は四分五裂の状態から高度の統一と民族の団結へ、窮乏衰退で貧しく遅れた状態から全面的小康・繁栄かつ富強へ、叩かれるだけで散々に虐げられた状態から独立自主・確固たる自信への転換が実現し、先進諸国が数百年かけて歩んだ工業化の道のりをわずか数十年で駆け抜けて、経済の急速な発展と社会の長期的な安定という二つの奇跡を成し遂げた。いまや中華民族は、世界に対して活気溢れる姿を見せながら、毅然と世界の東方にそびえ立っている。

——『党の百年奮闘の重要な成果と歴史的経験に関する中共中央の決議』

第三单元

坚持以人民为中心的发展思想

新时代我国社会主要矛盾是人民日益增长的美好生活需要和不平衡不充分的发展之间的矛盾，必须坚持以人民为中心的发展思想，发展全过程人民民主，推动人的全面发展、全体人民共同富裕取得更为明显的实质性进展。本单元将结合新时代我国社会主要矛盾的思想内容，系统介绍对相关理念与表述的理解和翻译策略。

一、核心概念解读

1. 我国社会主要矛盾

日语译文： わが国の主要な社会矛盾／わが国の主な社会矛盾

社会主要矛盾是处于支配地位，在社会发展过程一定阶段上起主导作用的矛盾。社会主要矛盾的存在和发展，规定或影响着社会非主要矛盾的存在和发展。社会主要矛盾不是一成不变的，他在一定条件下会发生转化。新时代我国社会主要矛盾是人民日益增长的美好生活需要和不平衡不充分的发展之间的矛盾。

从结构上看，"社会主要矛盾"是一个偏正结构的短语，由修饰语和中心语组成，构成修饰与被修饰的关系。因此，很容易译为「社会の主要な矛盾」。但是，从党的十九大报告中的相关内容可以看出，此短语要强调的部分是"社会矛盾"，而并非其他矛盾。根据日语的表述习惯，修饰语和被修饰语通常先后依次出现，形成修饰与被修饰关系，因此，在这里译为「主要な社会矛盾」，这样既可以凸显修饰语和被修饰语之间的关系，也符合日语的行文规则，更加有利于政治理念在日本的传播。

2. 以人民为中心

日语译文： 人民を中心とする

以人民为中心是我们党立党为公、执政为民的生动体现，是全心全意为人民服务根本宗旨的时代彰显。人民性是马克思主义最鲜明的品格，人民立场是马克思主义政党的根本政治立场。我们党自成立之日起，就把"人民"二字铭刻在心，把坚持人民利益高于一切鲜明地写在自己的旗帜上。党的十八大以来，以习近平同志为核心的党中央团结带领全国人民坚决打赢脱贫攻坚战，彻底解决绝对贫困问题，创造了人类减贫史上的奇迹；决胜全面建成小康社会，使中华民族千年夙愿梦想成真；奋力推进全面深化改革，让发展成果更多更公平地惠及全体人民…… 这些成就的取得，归根结底就在于我们党始终把人民放在心中最高位置，把人民幸福镌刻在通向民族伟大复兴的里程碑上。

"以……为……"是古汉语中的凝固结构，即固定句式。可以根据后面接续

的是动词谓语句还是名词，直译为「…を…として」或「…を…とする」。单看"以人民为中心"，可译为「人民を中心として」，后接日语动词谓语句；如果作修饰语修饰名词，也可以译为「人民を中心とする」，如《习近平谈治国理政》第二、第三卷出现了"以人民为中心的发展思想"，对应译文为「人民を中心とする発展思想」。

3. 全过程人民民主
日语译文：全過程の人民民主

> 全过程人民民主，实现了过程民主和成果民主、程序民主和实质民主、直接民主和间接民主、人民民主和国家意志相统一，是全链条、全方位、全覆盖的民主，是最广泛、最真实、最管用的社会主义民主。

在翻译关键概念时，不仅要充分把握词语内涵，也要重视准确传达文意。汉字词在日语中具有郑重性和严肃性，因此，翻译关键概念时多采用异化翻译策略。也就是说，时政文献中的词汇译为日语时多采用日语同形词来进行表述，因此"全过程"译为「全過程」，"人民民主"译为「人民民主」。

同时，"全过程人民民主"从结构上来看，是一个定中结构的偏正短语，由于二者皆为名词，因此使用连体修饰语「の」来连接，其日语译文为「全過程の人民民主」。

4. 全体人民共同富裕
日语译文：全人民の共同富裕

> 我们说的共同富裕是全体人民共同富裕，是人民群众物质生活和精神生活都富裕，不是少数人的富裕，也不是整齐划一的平均主义。

"全体人民共同富裕"是一个偏正短语，"全体人民"修饰"共同富裕"，由于"全体人民"和"共同富裕"都是名词短语，因此两者之间使用连体修饰语「の」来连接。需要注意的是，"共同富裕"可以看作专有名词，采用异化策略，使用日语同形词进行表述，即「共同富裕」。而"全体人民"则需要译为「全人民」，并非「全体人民」，这是因为日语「全体」作为名词使用时，有两个含义：①事、物的全部；②全身。因此，"全体人民"不能生硬地直译为「全

体人民」，这样会导致词不达意、生硬难懂，而要使用归化策略，使读者能够轻松读懂。综上所述，"全体人民共同富裕"这个偏正短语，采用了归化＋异化的翻译策略，两者之间使用连体修饰语「の」连接，其日语译文为「全人民の共同富裕」。

二、关键语句理解与翻译

1. 爱祖国、爱人民，是最深沉、最有力量的情感，是博大之爱。
   祖国を愛し、人民を愛することは、最も深く最も力のある気持ちであり、広く大きな愛である。

　　译文从结构上来说属于名词谓语句。前半部分"爱祖国、爱人民"为主题，翻译时使用「こと」使其名词化。使用「～は～である」句型，可以体现出时政文献的郑重性、严肃性。

2. 人民立场是中国共产党的根本政治立场，是马克思主义政党区别于其他政党的显著标志。
   人民の立場は中国共産党の根本的な政治的立場であり、マルクス主義政党がその他の政党と区別される顕著な標識である。

　　本句由两个并列"名词短语＋是＋名词短语"式判断句构成，翻译时中间使用中顿形「であり」连接，结构较为简单。前句中"政治立场"属于偏正结构短语，译为「政治的立場」，较之「政治的な立場」更为正式，行文更为简洁，符合文献翻译凝练、简洁的语言特点。"马克思主义政党"为专有名词，译为「マルクス主義政党」。"区别于……"采用被动态进行翻译，可译为「～と区別される」，后接被修饰语"显著标志"。被修饰语"显著标志"属于偏正结构，由"显著"修饰"标志"，译为「顕著な標識」。

3. 中国特色社会主义进入新时代，我国社会主要矛盾已经转化为人民日益增长的
   美好生活需要和不平衡不充分的发展之间的矛盾。
   中国の特色ある社会主義が新時代に入り、わが国の主要な社会矛盾はすで
   に、人民の日ごとに増大する素晴らしい生活への需要と不均衡・不十分な
   発展との間の矛盾へと変化している。

　　本句中"中国特色社会主义"和"新时代"均为专有名词，在第一、二单元已经
学过，分别译为「中国の特色ある社会主義」和「新時代」。"社会主要矛盾"在
"核心概念解读"部分作过分析，译为「主要な社会矛盾」。"不平衡"和"不充
分"均为状中式偏正短语，但在这里，"不平衡"和"不充分"并列在一起构成并列
短语。因此，日语译为「不均衡・不十分」，并加「な」修饰后面的名词「発展」。

4. 我国社会主要矛盾的变化，没有改变我们对我国社会主义所处历史阶段的判
   断，我国仍处于并将长期处于社会主义初级阶段的基本国情没有变，我国是世
   界最大发展中国家的国际地位没有变。
   わが国の主要な社会矛盾は変わったが、わが国の社会主義が位置する歴史的
   段階についてのわれわれの判断は変わっておらず、わが国が今もなお、そし
   てこれからも長期にわたって社会主義の初級段階にあるという基本的国情
   は変わっておらず、世界最大の発展途上国としてのわが国の国際的地位は変
   わっていないという点である。

　　翻译本句时，很容易把"我国社会主要矛盾的变化"这样一个偏正结构短语
当作主语处理，这样一来，与后面的"我国仍处于……"以及"我国是世界最
大……"的连接就会不自然。因此，在这里依据奈达的功能对等翻译理论，将
"我国社会主要矛盾的变化"当作动词句处理，译为「わが国の主要な社会矛盾
は変わった」，并在后面加上表示转折的接续助词「が」来连接后文内容，这样
可以使译文逻辑连贯，表达自然流畅，符合目的语的表达习惯。

5. 坚持以人民为中心的发展思想，努力抓好保障和改善民生各项工作，不断增强
   人民的获得感、幸福感、安全感，不断推进全体人民共同富裕。
   人民を中心とする発展思想を堅持し、民生保障・改善の各事業をしっかり
   と遂行すべく努力し、人民の獲得感、幸福感、安心感を高め続け、全人民の
   共同富裕を推し進め続ける。

本句中的"坚持……，努力……，不断增强……，不断推进……"构成并列关系，可以使用动词中顿形连接。需要注意的是，日语译文将"保障"和"改善"作为名词处理，这样可以使表达更加简洁。并且，在这里采用了增译的翻译策略，增加了表示目的的「べく」，凸显了努力的目的，使表达更为凝练、准确。

6. 想问题、作决策、办事情都要站在群众的立场上。
   問題を考え、政策決定を行い、事を運ぶには、いずれも大衆の立場に立たなければならない。

本句前半部分表示目标，后半部分表示实现目标的方法。日语中常用动词＋复合格助词「Vには」表示目标，"想问题""作决策""办事情"为三个并列关系的动宾短语，使用动词中顿形式表达。

7. 中国人民相信，山再高，往上攀，总能登顶；路再长，走下去，定能到达。
   中国人民は、山はどんなに高くても上に向かって登ればいずれ頂上に着くことができ、道はどんなに遠くても歩み続ければきっと終点に着くことができると信じている。

本句为并列句，中间用分号隔开。本句中"山再高，往上攀，总能登顶"和"路再长，走下去，定能到达"结构一致、字数相同、节奏明快。"山再高"和"路再长"表示让步，可以使用「～ても」句型，分别译为「山はどんなに高くても」和「道はどんなに遠くても」。"往上攀"和"走下去"表示假定，分别译为「上に向かって登れば」和「歩み続ければ」。"总能登顶"和"定能到达"均表示"能够、可以"，可译为「頂上に着くことができる」和「終点に着くことができる」，用中顿形连接。这样前后两部分形式一致、韵律相同，能够增强气势。

三字格词语和类词缀派生词

通读以上关键语句的中文和日语译文，我们发现，文本中存在数量相当多的三字格词语，如"爱祖国""爱人民""不平衡""不充分""想问题""作决策""办事情"等，同时也存在部分类词缀派生词，如"获得感""幸福感""安全感"。本单元对文本中出现的三字格词语和类词缀派生词进行了分类与分析，将文本中出现的三字格词语分为

偏正结构、动补结构、动宾结构和主谓结构四种类型，将类词缀派生词分为类前缀派生词和类后缀派生词。如何准确理解并恰如其分地翻译好三字格词语和类词缀派生词，是讲好中国故事、翻译时政文献的重要课题之一。

找一找

请找一找关键语句中的三字格词语都有哪些。

想一想

请想一想这些三字格词语的日语译文分别是什么。

说一说

请和同学说一说这些三字格词语的日语译文有什么特点。

三、重点段落分析与翻译

1. 请认真阅读以下材料，全面理解原文内容，深入领会原文思想，熟悉原文语言特色，并试译其中的三字格词语和类词缀派生词，可查阅和参考资料。

段落一

> 人民群众对我们拥护不拥护、支持不支持、满意不满意，不仅要看我们是怎么说的，更要看我们是怎么做的。实干方能兴邦、实干方能强国、实干方能富民。一切不思进取、庸政怠政、明哲保身、得过且过的思想和行为都是同人民群众期盼、同新时代新要求格格不入的。要教育和激励广大党员、干部锐意进取、奋发有为，把精力和心思用在稳增长、促改革、调结构、惠民生、防风险上，用在破难题、克难关、着力解决人民群众最关心最直接最现实的利益问题上。
>
> ——2018年6月29日，习近平在主持中共十九届中央政治局第六次集体学习时的讲话

三字格词语

稳增长（　　　）	促改革（　　　　）
调结构（　　　）	惠民生（　　　　）
防风险（　　　）	破难题（　　　　）
克难关（　　　）	

段落二

　　要抓住人民最关心最直接最现实的利益问题，把人民群众的小事当作我们的大事，从人民群众关心的事情做起，从让人民满意的事情抓起，加强全方位就业服务，高度重视困难群众帮扶救助工作，加快建成多层次社会保障体系，加强社区治理体系建设，坚持精准扶贫精准脱贫，推进民生保障精准化精细化。

——2018年4月24日—28日，习近平在湖北考察时的讲话

类词缀派生词

| 精准化（　　　） | 精细化（　　　　） |

段落三

　　人民是我们党执政的最大底气，是我们共和国的坚实根基，是我们强党兴国的根本所在。我们党来自于人民，为人民而生，因人民而兴，必须始终与人民心心相印、与人民同甘共苦、与人民团结奋斗。每个共产党员都要弄明白，党除了人民利益之外没有自己的特殊利益，党的一切工作都是为了实现好、维护好、发展好最广大人民根本利益；人民是历史的创造者、人民是真正的英雄，必须相信人民、依靠人民；我们永远是劳动人民的普通一员，必须保持同人民群众的血肉联系。

——2019年5月31日，习近平在"不忘初心、牢记使命"主题教育工作会议上的讲话

类词缀派生词

| 实现好（　　　） | 维护好（　　　） |
| 发展好（　　　） | |

段落四

　　不忘初心、牢记使命，说到底是为什么人、靠什么人的问题。以百姓心为心，与人民同呼吸、共命运、心连心，是党的初心，也是党的恒心。想问题、作决策、办事情都要站在群众的立场上，通过各种途径了解群众的意见和要求、批评和建议，真抓实干解民忧、纾民怨、暖民心，让人民群众获得感、幸福感、安全感更加充实、更有保障、更可持续。

——2019年12月26日—27日，习近平在主持中共中央政治局"不忘初心、牢记使命"专题民主生活会时的讲话

三字格词语

同呼吸（　　　　）		共命运（　　　　　　）	
心连心（　　　　）		解民忧（　　　　　　）	
纾民怨（　　　　）		暖民心（　　　　　　）	

类词缀派生词

获得感（　　　　）		幸福感（　　　　　　）	
安全感（　　　　）			

段落五

　　人民群众是社会主义协商民主的重点。涉及人民群众利益的大量决策和工作，主要发生在基层。要按照协商于民、协商为民的要求，大力发展基层协商民主，重点在基层群众中开展协商。凡是涉及群众切身利益的决策都要充分听取群众意见，通过各种方式、在各个层级、各个方面同群众进行协商。要完善基层组织联系群众制度，加强议事协商，做好上情下达、下情上传工作，保证人民依法管理好自己的事务。要推进权力运行公开化、规范化，完善党务公开、政务公开、司法公开和各领域办事公开制度，让人民监督权力，让权力在阳光下运行。

——2014年9月21日，习近平在庆祝中国人民政治协商会议成立65周年大会上的讲话

类词缀派生词

公开化（　　　　）		规范化（　　　　）

段落六

　　新的征程上，我们必须紧紧依靠人民创造历史，坚持全心全意为人民服务的根本宗旨，站稳人民立场，贯彻党的群众路线，尊重人民首创精神，践行以人民为中心的发展思想，发展全过程人民民主，维护社会公平正义，着力解决发展不平衡不充分问题和人民群众急难愁盼问题，推动人的全面发展、全体人民共同富裕取得更为明显的实质性进展！

——2021年7月1日，习近平在庆祝中国共产党成立100周年大会上的讲话

三字格词语

不平衡（　　　　　）　　　　　不充分（　　　　　　　）

类词缀派生词

实质性（　　　　　）

段落七

　　以什么样的思路来谋划和推进中国社会主义民主政治建设，在国家政治生活中具有管根本、管全局、管长远的作用。古今中外，由于政治发展道路选择错误而导致社会动荡、国家分裂、人亡政息的例子比比皆是。中国是一个发展中大国，坚持正确的政治发展道路更是关系根本、关系全局的重大问题。

——2014年9月5日，习近平在庆祝全国人民代表大会成立60周年大会上的讲话

三字格词语

管根本（　　　　　）　　　　　管全局（　　　　　　　）

管长远（　　　　　）

段落八

　　协商就要真协商，真协商就要协商于决策之前和决策之中，根据各方面的意见和建议来决定和调整我们的决策和工作，从制度上保障协商成果落地，使我们的决策和工作更好顺乎民意、合乎实际。要通过各种途径、各种渠道、各种方式就改革发展稳定重大问题特别是事关人民群众切身利益的问题进行广泛协商，既尊重多数人的意愿，

又照顾少数人的合理要求，广纳群言、广集民智，增进共识、增强合力。要拓宽中国共产党、人民代表大会、人民政府、人民政协、民主党派、人民团体、基层组织、企事业单位、社会组织、各类智库等的协商渠道，深入开展政治协商、立法协商、行政协商、民主协商、社会协商、基层协商等多种协商，建立健全提案、会议、座谈、论证、听证、公示、评估、咨询、网络等多种协商方式，不断提高协商民主的科学性和实效性。

——2014年9月21日，习近平在庆祝中国人民政治协商会议成立65周年大会上的讲话

三字格词语

| 真协商（　　　　） |

类词缀派生词

| 科学性（　　　　） | 实效性（　　　　） |

2. 翻译策略与方法

通过观察以上文本中出现的三字格词语和类词缀派生词，我们可以看出，文本中出现的三字格词语大体可以分为偏正结构、动补结构、动宾结构、主谓结构四种类型，类词缀派生词可以分为类前缀派生词和类后缀派生词。

接下来，我们将以上词语分为三字格词语和类词缀派生词两大类，观察并分析不同种类的翻译策略与方法。

2.1 三字格词语的翻译

文本中出现了为数不少的三字格词语，我们讨论一下三字格词语的翻译。

实现好	しっかり実現する	解民忧	人民の憂いを取り除く
维护好	しっかり守る	纾民怨	人民の怨みを和らげる
发展好	しっかり発展させる	暖民心	民心を温める
惠民生	人々の生活に資すること	不平衡	不均衡
防风险	リスクの防止	不充分	不十分
破难题	難題の解決	管根本	根本的
克难关	難関の克服	管全局	全局的
同呼吸	息を通わせる	管长远	長期的
共命运	運命を共にする	真协商	本格的な協商
心连心	心をつなぐ		

三字格词语的翻译策略与方法

翻译策略 | 时政文献中存在着大量的三字格词语，其韵律独特，形式多样，主要包括偏正结构、动宾结构、主谓结构、动补结构、并列结构等五大类。而在本单元使用的文本当中出现的三字格词语，可以分为偏正结构、动补结构、动宾结构、主谓结构四种。在译为日语时，需要针对不同的结构，根据其内部逻辑关系采用不同的翻译策略与方法。

　　偏正结构：不平衡、不充分、真协商

　　动补结构：实现好、维护好、发展好

　　动宾结构：促改革、调结构、惠民生、防风险、破难题、克难关、同呼吸、共命运、
　　　　　　　解民忧、纾民怨、暖民心、管根本、管全局、管长远

　　主谓结构：心连心

注意点①：不同结构三字格词语的翻译技巧

　　1）偏正结构，可分为定中结构和状中结构两种形式，其中，定中结构为定语＋名词的形式，例如"真协商"。状中结构为状语＋动词的形式，例如"不平衡""不充分"。此类三字格词语有两种翻译方法，一种是直译，如"真协商"译为「本格的な協商」，"不平衡"译为「不均衡」，"不充分"译为「不十分」。另一种是意译，如《在庆祝中国共产党成立100周年大会上的讲话》中出现的"不变色"译为「変節しない」，"不变味"译为「堕落しない」。对外传播中的翻译，尤其是汉译日时不可一味照搬原文进行"自娱自乐"式的硬译，而是要尽可能贴合外国受众的语言表达及思维习惯。日语当中「変色」一词一般只是表示物品等的颜色变了，与汉语时政文献中特指政治立场变化时的"变色"一词之间存在语义差异，因此译为「変節」，这样既能够做到与源语言信息结构一致，也可以做到韵律、语义一致。"变味"意译为「堕落」，也是出于同样原因，既兼顾了源语言"偏离原义，脱离轨道"的含义，也做到了结构和韵律的一致。

　　2）动补结构，由动词＋补语构成，后一部分补充说明前一部分。"实现好""维护好""发展好"三组词均为此种结构，"好"是程度副词，在这里作补语。这三组词可分别译为「しっかり実現する」「しっかり守る」「しっかり発展させる」。

　　3）动宾结构，可用助词「を」或「に」来引导，如"解民忧"可译为「人民の憂いを取り除く」，"纾民怨"可译为「人民の怨みを和らげる」，"暖民心"可译为「民心を温める」。需要注意的是，如果动宾结构短语充当从属句的成分，则需要进行词性转译。汉日、日汉翻译方法可以归类为七种，包括增译法、减译法、正反译法、转译法、倒译法、分译法、合译法。重点段落中出现的一部分动宾结构短语要根据语境进行词性转译，如"稳增长"可译为「成長の安定」，"促改革"可译为「改革の促進」，"调结构"可

译为「構造の調整」，"惠民生"可译为「人々の生活に資すること」，"防风险"可译为「リスクの防止」，"破难题"可译为「難題の解決」，"克难关"可译为「難関の克服」，这样可以删繁就简，避免句式复杂、表达冗余。重点段落一中"把精力和心思用在稳增长、促改革、调结构、惠民生、防风险上，用在破难题、克难关、着力解决人民群众最关心最直接最现实的利益问题上"可译为「精力と心を成長の安定、改革の促進、構造の調整、人々の生活に資すること、リスクの防止に用い、難題の解決、難関の克服、人民大衆の最も関心を寄せていること、最も直接的で最も現実的な利益問題の解決に力を入れるようにしなければならない」。

4）主谓结构，多为名词＋动词的形式，翻译时可以用「が」提示主语，但重点段落三中的"心连心"，如果译为「心が心をつなぐ」则会成为不自然的表达方式，因此要采取变通式直译的策略，译为「心をつなぐ」。

注意点②：由多个偏正式三字格词语或动补式三字格词语构成的并列结构

"管根本""管全局""管长远"分开来看是三组动宾关系的三字格词语，但是当连在一起的时候，构成了并列结构，译文使用二类形容词中顿连接，可译为「根本的、全局的、長期的」。而"实现好、维护好、发展好"分开来看是三组动补结构短语，但是当三组短语连在一起的时候，构成了并列结构，可译为「しっかり実現し、しっかり守り、しっかり発展させる」，「しっかり」分别与动词「実現する」「守る」「発展させる」搭配使用，可以起到加强语气的作用。

2.2 类词缀派生词的翻译

重点段落中出现了一些类词缀派生词。类词缀是指介于词根和地道的词缀之间的语素，1979年吕叔湘首次提出"类词缀"概念，指出："说它们作为前缀和后缀还差点儿，还得加个'类'字，是因为它们在语义上还没有完全虚化，有时候还以词根的面貌出现。"我们讨论一下类词缀派生词的翻译。

精准化	的確性	**公开化**	公開化
精细化	精緻化	**规范化**	規範化
获得感	獲得感	**实质性**	具体的/実質的
幸福感	幸福感	**科学性**	科学性
安全感	安心感	**实效性**	実効性

类词缀派生词的翻译策略与方法

翻译策略 | 时政文献可谓外宣类文本中最为正式的文体，其用语具有独特的内涵，既郑重又严谨。类词缀派生词大量存在于时政文献当中，此类词能产性较强，同一类词缀可以与大量的词根附加构成新的派生词。类词缀派生词译为日语时多采用异化翻译策略。

注意点①：类词缀派生词一般情况下采用异化翻译策略，使用日语同形词来表述。如"幸福感"译为「幸福感」，"规范化"译为「規範化」，"先进性"译为「先進性」。但是，并非所有的类词缀派生词都适合使用日语同形词来表述。时政文献必须坚持翻译的原则，即忠实于原文，但不是要忠实于中日文同形的同形词，而是要忠实于原文的内容和信息。翻译同形词时要充分考虑日本受众的理解程度，从跨文化交际视角出发，考量同形词的中日意义差别，不能简单地套用。如"安全感"，需要采取变通式直译的策略，译为「安心感」。"精细化"同样要采取变通式直译的策略，译为「精緻化」。而"精准化"则要译为「的確性」，这是因为汉语的"精准"在日语中对应的就是「的確」，如"精准脱贫"译为「的確な貧困脱却」，如果译为「的確化」，就会成为一个不自然的表达方式。

注意点②：以"～性""～化"为类后缀的派生词，作为名词使用时，可以采用异化翻译策略，使用日语同形词翻译，如"科学性"译为「科学性」、"实效性"译为「実効性」。但是，当以"～性""～化"为类后缀的派生词作为修饰语修饰名词时，就需要进行词性转译，如"实质性"要译为「具体的」或「実質的」，以二类形容词（形容动词）的形式修饰名词。比如重点段落六中"推动人的全面发展、全体人民共同富裕取得更为明显的实质性进展"译为「個々人の全面的な発展と全人民の共同富裕によりはっきりとした具体的進展があるようにしなければいけません」。再比如"评价一个国家政治制度是不是民主的、有效的，主要看……国家决策能否实现科学化、民主化，……"译为「一国の政治制度が民主的かつ効果的であるか否かを評価するためには、…国の政策決定を科学的、民主的なものにすることができるかどうか、…」。

四、实践演练

1 **请将下列句子中的黑体字翻译成日语，写在括号中。**

1. 中国共产党一经诞生，就把为中国人民**谋幸福**（　　　　　　）、为中华民族**谋复兴**（　　　　　　）确立为自己的初心使命。一百年来，中国共产党团结带领中国人民进行的一切奋斗、一切牺牲、一切创造，归结起来就是一个主题：实现中华民族伟大复兴。

2. 党的十八大以来，中国特色社会主义进入新时代，我们坚持和加强党的全面领导，统筹推进"五位一体"总体布局、协调推进"四个全面"战略布局，坚持和完善中国特色社会主义制度、推进国家治理体系和治理能力**现代化**（　　　　　　），坚持依规治党、形成比较完善的党内法规体系，战胜一系列重大风险挑战，实现第一个百年奋斗目标，明确实现第二个百年奋斗目标的战略安排，党和国家事业取得历史性成就、发生**历史性**（　　　　　　）变革，为实现中华民族伟大复兴提供了更为完善的制度保证、更为坚实的物质基础、更为主动的精神力量。

3. "天视自我民视，天听自我民听。"要坚持把实现好、维护好、发展好最广大人民根本利益作为一切工作的出发点和落脚点，我们的重大工作和重大决策必须**识民情**（　　　　　　）、**接地气**（　　　　　　）。

2 **请将画线部分的类词缀派生词翻译成日语，写在括号中。**

1. 必须坚持党的领导、人民当家作主、依法治国有机统一，积极发展全过程人民民主，健全全面、广泛、有机衔接的人民当家作主制度体系，构建多样、畅通、有序的民主渠道，丰富民主形式，从各<u>层次</u>（　　　　　　）各<u>领域</u>（　　　　　　）扩大人民有序政治参与，使各方面制度和国家治理更好体现人民意志、保障人民权益、激发人民创造。必须警惕和防范西方所谓"宪政"、多党轮流执政、"三权鼎立"等政治思潮的侵蚀影响。

2. 中国共产党关注人类前途命运，同世界上一切进步力量携手前进，中国始终是世界和平的<u>建设者</u>（　　　　　　）、全球发展的<u>贡献者</u>（　　　　　　）、国际秩序的<u>维护者</u>（　　　　　　）！

3. 评价一个国家政治制度是不是民主的、有效的，主要看国家领导层能否依法有序更替，全体人民能否依法管理国家事务和社会事务、管理经济和文化事业，人民群众能否畅通表达利益要求，社会各方面能否有效参与国家政治生活，国家决策能否实现<u>科学化</u>（　　　　　　）、<u>民主化</u>（　　　　　　），各方面人才能否通过公平竞争进入

国家领导和管理体系，执政党能否依照宪法法律规定实现对国家事务的领导，权力运用能否得到有效制约和监督。

3 **请使用括号中的关键词译文将下列句子翻译成日语。**

1. 以前我们要解决"有没有"的问题，现在则要解决"好不好"的问题。（あるかないか・良いか悪いか）

2. 我们坚持发展最广泛的爱国统一战线，发展独具特色的社会主义协商民主，有效凝聚了各党派、各团体、各民族、各阶层、各界人士的智慧和力量。我们努力建设了解民情、反映民意、集中民智、珍惜民力的决策机制，增强决策透明度和公众参与度，保证了决策符合人民利益和愿望。（各党派、各団体、各民族、各階層、各界の人々）

3. 我们建立健全多层次监督体系，完善各类公开办事制度，保证党和国家领导机关和人员按照法定权限和程序行使权力。（多層的・法定の権限と手続きによって）

4. 我国稳定解决了十几亿人的温饱问题，总体上实现小康，不久将全面建成小康社会，人民美好生活需要日益广泛，不仅对物质文化生活提出了更高要求，而且在民主、法治、公平、正义、安全、环境等方面的要求日益增长。（衣食の問題・全般的に・より高いものになってきている）

5. 1840年鸦片战争以后，中国逐步成为半殖民地半封建社会，国家蒙辱、人民蒙难、文明蒙尘，中华民族遭受了前所未有的劫难。从那时起，实现中华民族伟大复兴，就成为中国人民和中华民族最伟大的梦想。（半植民地・半封建社会・かつてない災禍）

4 **请将下文画线部分翻译成中文。**

1. 初心を忘れず、使命を銘記するとは結局のところ、誰のために、誰をよりどころにするかという問題である。人民の心を心とし、人民と息を通わせ（　　　　）、運命を共にし（　　　　）、心をつなぐ（　　　　）ことは、党の初心であり、党の恒心でもある。問題を考え（　　　　）、政策決定を行い（　　　　）、事を運ぶ（　　　　）には、いずれも大衆の立場に立ち、さまざまなルートを通して大衆の意見と要求、批判と提言を知り、人民の憂いを取り除き（　　　　）、人民の怨みを和らげ（　　　　）、民心を温める（　　　　）よう堅実に取り組み、人民大衆の獲得感（　　　　）、幸福感（　　　　）、安心感（　　　　）がより充実し、より保障され、より持続可能なものになるようにしなければならない。

2. 広範な党員・幹部が鋭意向上しようと努力し、発奮して意気込むように教育、激

励し、精力と心を成長の安定（　　　　　）、改革の促進（　　　　　）、構造の調整（　　　　　）、人々の生活に資すること（　　　　　）、リスクの防止（　　　　　）ということに用い、難題の解決（　　　　　）、難関の克服（　　　　　）、人民大衆の最も関心を寄せていること、最も直接的で最も現実的な利益問題の解決に力を入れるようにしなければならない。

五、译海学思专栏

中国梦

　　中国梦，是中国共产党第十八次全国代表大会召开以来，习近平所提出的重要指导思想和重要执政理念。2012年11月29日，习近平在中国国家博物馆参观《复兴之路》展览时，首次提出这个概念并加以阐释："实现中华民族伟大复兴，就是中华民族近代以来最伟大的梦想。""中国梦"的基本内涵是国家富强、民族振兴、人民幸福，它是整个中华民族不断追求的梦想，是亿万人民世代相传的夙愿。

　　"中国梦"一词的翻译，既要精准体现出其思想内涵，又要贴近中国发展的实际，贴近国外受众对中国信息的需求，贴近国外受众的思维习惯。"中国梦"一词出现伊始，因为「アメリカン・ドリーム」（American Dream）一词早已为人所熟知，所以有部分日本媒体将其翻译为「チャイナ・ドリーム」或「チャイニーズ・ドリーム」。但是，「アメリカン・ドリーム」（American Dream）强调的是个人的奋斗行为，而"中国梦"的内涵，则决定了要实现这一伟大愿望，必须由全体中国人民共同参与，这是亿万人民世代相传的美好夙愿。此外，在日语中，表示外来语的片假名词汇与一般日语词汇相比，从语感上来说显得不正式，因此，无论是「チャイナ・ドリーム」抑或「チャイニーズ・ドリーム」，都不能充分展现"中国梦"的深刻内涵。

　　从词义上来看，汉语的"梦"和日语的「夢」，都有"理想、希望、愿望"的含义。另外，从结构上来分析，"中国梦"是一个定中式的偏正短语，即定语＋名词的结构。因此，可以采取直译的翻译策略，以「N1＋の＋N2」的形式，译为「中国の夢」。

六、附录

重点段落译文

段落一

人民群众对我们拥护不拥护、支持不支持、满意不满意，不仅要看我们是怎么说的，更要看我们是怎么做的。实干方能兴邦、实干方能强国、实干方能富民。一切不思进取、庸政怠政、明哲保身、得过且过的思想和行为都是同人民群众期盼、同新时代新要求格格不入的。要教育和激励广大党员、干部锐意进取、奋发有为，把精力和心思用在稳增长、促改革、调结构、惠民生、防风险上，用在破难题、克难关、着力解决人民群众最关心最直接最现实的利益问题上。

——2018年6月29日，习近平在主持中共十九届中央政治局第六次集体学习时的讲话

人民大衆がわれわれを擁護するかどうか、支持するかどうか、われわれに満足するかどうかは、われわれがどう言うかを聞くだけではなく、それにも増してわれわれがどのようにやるかを見るのである。着実に行うことによってはじめて国に興隆をもたらし、国を強くし、人民を富ますことができる。向上しようと考えず、凡庸で消極的で、こざかしく保身ばかりを考え、行き当たりばったりで過ごすような考え方と行動はすべて人民大衆の期待、新時代・新要求とまったく相容れない。広範な党員・幹部が鋭意向上しようと努力し、発奮して意気込むように教育、激励し、精力と心を成長の安定、改革の促進、構造の調整、人々の生活に資すること、リスクの防止ということに用い、難題の解決、難関の克服、人民大衆の最も関心を寄せていること、最も直接的で最も現実的な利益問題の解決に力を入れるようにしなければならない。

——中国共産党第十九期中央政治局第六回グループ学習会を主宰した際の談話

段落二

要抓住人民最关心最直接最现实的利益问题，把人民群众的小事当作我们的大事，从人民群众关心的事情做起，从让人民满意的事情抓起，加强全方位就业服务，高度重视困难群众帮扶救助工作，加快建成多层次社会保障体系，加强社区治理体系建设，坚持精准扶贫精准脱贫，推进民生保障精准化精细化。

——2018年4月24日—28日，习近平在湖北考察时的讲话

人民が最も関心を寄せる最も直接的で最も現実的な利益問題にしっかりと取り組み、人民大衆の小事をわれわれの大事として扱い、人民大衆が関心を寄せる事からやり始め、人民を満足させる事から取り組み、全面的な雇用サービスを強化し、生活が困難な大衆に対する支援・救済を高度に重視し、多層的社会保障システムの構築を加速させ、コミュニティーガバナンス体系の整備を強化し、的確な貧困救済と貧困脱却を堅持し、民生保障の的確性、精緻化を推進しなければならない。

——湖北省で実地調査を行った際の談話

段落三

人民是我们党执政的最大底气，是我们共和国的坚实根基，是我们强党兴国的根本所在。我们党来自于人民，为人民而生，因人民而兴，必须始终与人民心心相印、与人民同甘共苦、与人民团结奋斗。每个共产党员都要弄明白，党除了人民利益之外没有自己的特殊利益，党的一切工作都是为了实现好、维护好、发展好最广大人民根本利益；人民是历史的创造者、人民是真正的英雄，必须相信人民、依靠人民；我们永远是劳动人民的普通一员，必须保持同人民群众的血肉联系。

人民はわが党の執政における最大の底力であり、わが共和国の強固な基盤であり、われわれが党を強くし国を振興させる根本的なよりどころだ。わが党は人民に由来し、人民のために生まれ、人民によって興るものであり、終始人民と心を通じ合わせ、人民と苦楽を共にし、人民と団結し奮闘しなければならない。すべての共産党員は、党には人民の利益の他に自らの特殊利益はなく、党のあらゆる活動は最も広範な人民の根本的利益をしっかり実現し、しっかり守り、しっかり発展させることだということを理解しなければならない。人民は歴史の創造者であり、人民は真の英雄であり、人民を信じ人民をよりどころにしなければならない。われわれは永遠に勤労者の普通の一員であり、人民大衆との血肉のつながりを保っていなければならない。

——2019年5月31日，习近平在"不忘初心、牢记使命"主题教育工作会议上的讲话

——「初心を忘れず、使命を銘記する」テーマ教育工作会議における談話

段落四

不忘初心、牢记使命，说到底是为什么人、靠什么人的问题。以百姓心为心，与人民同呼吸、共命运、心连心，是党的初心，也是党的恒心。想问题、作决策、办事情都要站在群众的立场上，通过各种途径了解群众的意见和要求、批评和建议，真抓实干解民忧、纾民怨、暖民心，让人民群众获得感、幸福感、安全感更加充实、更有保障、更可持续。

——2019年12月26日—27日，习近平在主持中共中央政治局"不忘初心、牢记使命"专题民主生活会时的讲话

初心を忘れず、使命を銘記するとは結局のところ、誰のために、誰をよりどころにするかという問題である。人民の心を心とし、人民と息を通わせ、運命を共にし、心をつなぐことは、党の初心であり、党の恒心でもある。問題を考え、政策決定を行い、事を運ぶには、いずれも大衆の立場に立ち、さまざまなルートを通して大衆の意見と要求、批判と提言を知り、人民の憂いを取り除き、人民の怨みを和らげ、民心を温めるよう堅実に取り組み、人民大衆の獲得感、幸福感、安心感がより充実し、より保障され、より持続可能なものになるようにしなければならない。

——中国共産党中央政治局の「初心を忘れず、使命を銘記する」テーマ民主生活会を主宰した際の談話

段落五

人民群众是社会主义协商民主的重点。涉及人民群众利益的大量决策和工作，主要发生在基层。要按照协商于民、协商为民的要求，大力发展基层协商民主，重点在基层群众中开展协商。凡是涉及群众切身利益的决

人民大衆は社会主義協商民主の最も重要な対象である。人民大衆の利益に関わる政策決定と活動の多くは、主として末端で進められている。それゆえ、大衆と協商し、大衆のために協商するという要請に従って、末端の協商民主を大いに発展させ、末端大衆との協商を重点に置く必要がある。大衆の切実な利益に関わる政策

策都要充分听取群众意见，通过各种方式、在各个层级、各个方面同群众进行协商。要完善基层组织联系群众制度，加强议事协商，做好上情下达、下情上传工作，保证人民依法管理好自己的事务。要推进权力运行公开化、规范化，完善党务公开、政务公开、司法公开和各领域办事公开制度，让人民监督权力，让权力在阳光下运行。

——2014年9月21日，习近平在庆祝中国人民政治协商会议成立65周年大会上的讲话

決定はすべて大衆の意見を十分に聞き取り、さまざまな方式を通じて各レベルで各方面から大衆と協議しなければならない。末端組織が大衆と結びつく制度を充実させ、議事の協商を強化し、上層部の意向が大衆に伝わり、大衆の意見と状況が上層部に反映されるようしっかり取り組み、人民が法に基づき自らの事柄を管理するのを保証する。権力行使の公開化・規範化を推進し、党務公開・政務公開・司法公開と各分野における業務公開の制度を完全なものにし、人民が権力を監督することができ、権力が白日の下で行使されるようにしなければならない。

——中国人民政治協商会議成立六十五周年祝賀大会におけるスピーチ

段落六

　　新的征程上，我们必须紧紧依靠人民创造历史，坚持全心全意为人民服务的根本宗旨，站稳人民立场，贯彻党的群众路线，尊重人民首创精神，践行以人民为中心的发展思想，发展全过程人民民主，维护社会公平正义，着力解决发展不平衡不充分问题和人民群众急难愁盼问题，推动人的全面发展、全体人民共同富裕取得更为明显的实质性进展！

——《习近平在庆祝中国共产党成立100周年大会上的讲话》

　　私たちは新たな道のりにおいて、人民にしっかりと依拠して歴史をつくり、「誠心誠意人民に奉仕する」という根本的な趣旨を堅持し、人民の立場にしっかりと立ち、党の大衆路線を貫徹し、人民の創造性を尊重し、人民を中心とする発展思想を貫き、全過程の人民民主を発展させ、社会の公平と正義を守り、発展の不均衡・不十分という問題と人民大衆の切迫した切実な問題の解決に努め、個々人の全面的な発展と全人民の共同富裕によりはっきりとした具体的進展があるようにしなければいけません。

——『中国共産党創立100周年祝賀大会における演説』

段落七

以什么样的思路来谋划和推进中国社会主义民主政治建设，在国家政治生活中具有管根本、管全局、管长远的作用。古今中外，由于政治发展道路选择错误而导致社会动荡、国家分裂、人亡政息的例子比比皆是。中国是一个发展中大国，坚持正确的政治发展道路更是关系根本、关系全局的重大问题。

——2014年9月5日，习近平在庆祝全国人民代表大会成立60周年大会上的讲话

中国の社会主義民主政治の建設をどのような考えに基づき計画、推進するかという問題は、国の政治活動において根本的、全局的、長期的な役割を有している。古今東西、政治発展の道の選択を誤ったために社会不安、国家分裂、人が去れば政策も終わるという状況を招いた例は枚挙に暇がない。中国は発展途上の大国であり、正しい政治発展の道を堅持することは、国の根幹そして全局面に関わる重大な問題である。

——全国人民代表大会成立六十周年祝賀大会におけるスピーチ

段落八

协商就要真协商，真协商就要协商于决策之前和决策之中，根据各方面的意见和建议来决定和调整我们的决策和工作，从制度上保障协商成果落地，使我们的决策和工作更好顺乎民意、合乎实际。要通过各种途径、各种渠道、各种方式就改革发展稳定重大问题特别是事关人民群众切身利益的问题进行广泛协商，既尊重多数人的意愿，又照顾少数人的合理要求，广纳群言、广集民智，增进共识、增强合力。要拓宽中国共产党、人民代表大

協商は本格的な協商でなければならない。本格的な協商を実現するには、政策決定の前と策定中に各方面の意見や提案に従ってわれわれの政策決定と活動を確定し、調整し、協商の成果を確実に実行に移すよう制度面から保障し、われわれの政策決定と活動がより良く人民の意思に沿い、実際に合致できるようにする必要がある。また、さまざまなルートや手段、方式を講じて改革・発展・安定をめぐる重要な問題、とりわけ人民大衆の切実な利益に関わる問題について幅広く協議し、しかもこの過程で大多数の意思を尊重しつつ少数の人々の合理的な要請にも配慮して、大衆の意見を多く取り入れ、衆知を集め、共通認識を深めて、相乗効果を強める

会、人民政府、人民政协、民主党派、人民团体、基层组织、企事业单位、社会组织、各类智库等的协商渠道，深入开展政治协商、立法协商、行政协商、民主协商、社会协商、基层协商等多种协商，建立健全提案、会议、座谈、论证、听证、公示、评估、咨询、网络等多种协商方式，不断提高协商民主的科学性和实效性。

——2014年9月21日，习近平在庆祝中国人民政治协商会议成立65周年大会上的讲话

必要がある。そして、中国共産党、人民代表大会、人民政府、人民政治協商会議、民主党派、人民団体、末端組織、企業・事業体、社会組織、各種シンクタンクなど協商のチャンネルをいっそう広げ、政治協商、立法協商、行政協商、民主協商、社会協商、末端協商など多様な協商を深く繰り広げ、提案、会議、座談、論証、公聴、公示、評価、諮問、インターネット利用など多種の協商方式を導入し、充実させ、絶えず協商民主の科学性と実効性を高める必要がある。

——中国人民政治協商会議成立六十五周年祝賀大会におけるスピーチ

第四单元

中国特色社会主义事业总体布局和战略布局

中国特色社会主义事业总体布局是经济建设、政治建设、文化建设、社会建设、生态文明建设五位一体，战略布局是全面建设社会主义现代化国家、全面深化改革、全面依法治国、全面从严治党四个全面。本单元将结合"五位一体"总体布局和"四个全面"战略布局的主要内容，系统介绍对相关理念与表述的理解和翻译策略。

一、核心概念解读

1. 统筹推进"五位一体"总体布局

日语译文：「五位一体」の全体配置の統一的推進／「五位一体」全体配置の統一的な計画・推進（「五位一体」の全体配置とは中国の特色ある社会主義事業の全体配置を指し、経済建設、政治建設、文化建設、社会建設、エコ文明建設が含まれる）

　　"五位一体"总体布局指中国特色社会主义事业总体布局，包括经济建设、政治建设、文化建设、社会建设、生态文明建设。

　　党的十八大将生态文明建设提升到总体布局中来，在"四位一体"的基础上形成了"五位一体"的建设中国特色社会主义总体布局。要求在坚持以经济建设为中心的同时，全面推进经济建设、政治建设、文化建设、社会建设、生态文明建设，促进现代化建设各个环节、各个方面协调发展。在推动经济发展的基础上，建设社会主义市场经济、民主政治、先进文化、和谐社会、生态文明，协同推进人民富裕、国家强盛、中国美丽。"五位一体"总体布局的提出，体现了中国共产党对协调发展认识的不断深化，对中国特色社会主义规律认识的不断深化。党的十九大，站在新时代的历史方位，对我国社会主义现代化建设作出新的战略部署，进一步明确以"五位一体"的总体布局推进中国特色社会主义事业，是新时代推进中国特色社会主义事业的路线图，是更好推动人的全面发展、社会全面进步的任务书。

　　"五位一体"是富含中国特色政治术语特点的缩略语，在了解了其深刻内涵之后，翻译时可按照异化原则，直译为「五位一体」，但一定要加以解释，否则对于日语读者来说恐怕很难理解。而且要注意"五位一体"一定与"总体布局"紧密相连。"总体布局"属于偏正短语，可翻译为「全体配置」。"统筹推进"为状语＋动词的结构，中文的"统筹"是动词，在本句中作"推进"的状语，"统筹"的日语翻译为「統一」，在这里作为修饰"推进"的状语，所以选择与其意义基本相同的「統一的」（形容动词/二类形容词）。在一般情况下，日语的形容动词修饰动词时，通常会采用「〜的に＋動詞」（即「統一的に推進する」）的形式，但是作为关键词语的名词短语或是文章题目呈现时，为使其结构更加紧凑明了，一般会将「に」改为「な」或者直接省略「に」「な」。

2. 协调推进"四个全面"战略布局

日语译文：「四つの全面」戦略配置の協調的な推進（「四つの全面」の戦略配置とは中国の特色ある社会主義事業の戦略配置を指し、社会主義現代化国家の全面的建設、改革の全面的深化、国家統治の全面的法治化、党内統治の全面的厳格化が含まれる）

> "四个全面"战略布局指中国特色社会主义事业战略布局，包括全面建设社会主义现代化国家、全面深化改革、全面依法治国、全面从严治党。这四项工作是紧密联系在一起的：全面建设社会主义现代化国家是全面建成小康社会，实现第一个百年奋斗目标之后，党的十九届五中全会提出要乘势而上开启全面建设社会主义现代化国家新征程、向第二个百年奋斗目标进军，这标志着我国进入了一个新发展阶段。全面深化改革与全面推进依法治国则如鸟之两翼，车之两轮，共同推动全面建设社会主义现代化国家奋斗目标顺利实现。全面从严治党则是各项工作顺利推进、各项目标顺利实现的根本保证。协调推进全面建设社会主义现代化国家、全面深化改革、全面依法治国、全面从严治党，赋予了中国特色社会主义"四个全面"战略布局新的内涵。

了解了协调推进"四个全面"的战略布局的内涵之后，再来看如何翻译。"四个全面"是典型的"数字＋关键词"的具有中国特色的政治术语的缩略语，可直接翻译为「四つの全面」，但后面需要添加注释进行进一步的解释。缩略语中的"全面"是名词，包含了"全面建设社会主义现代化国家、全面深化改革、全面依法治国、全面从严治党"的深刻内涵，而如"全面建设社会主义现代化国家"等句中的"全面"是副词作状语，所以可翻译为「社会主義現代化国家の全面的建設」。"战略布局"可译为「戦略配置」，"协调推进"可译为「協調的推進」。这两个短语的翻译原理与上一个核心概念中的"统筹推进"译法相同。

二、关键语句理解与翻译

1. 强调总布局，是因为中国特色社会主义是全面发展的社会主义。
   総配置を強調するのは、中国の特色ある社会主義が全面的に発展する社会主義だからである。

中文中出现"……是……"的句型时，日语通常翻译为「～は～である」。本文中出现了两个"是"，第一个"是因为……"，通常会使用「～は～からである」的句型。"强调总布局"是这一句的主题，连接「は」时，要先将其名词化。即「強調するのは～」。第二个"是"的主语是"中国特色社会主义"，用「が」提示。

2. "四个全面"战略布局，既有战略目标，也有战略举措，每一个"全面"都具有重大战略意义，是我们党在新形势下治国理政的总方略，是事关党和国家长远发展的总战略。
   「四つの全面」戦略配置には、戦略目標もあれば、戦略措置もある。いずれの「全面」にも重大な戦略的意義があり、わが党の新たな情勢下における国政運営の総合的な方策であり、党と国家の長期的発展に関わる総合的戦略である。

本句中需要注意的是，"战略布局""战略目标""战略举措"以及"战略意义"的翻译。前三者都采用了移植的翻译策略，将这三者作为专有名词短语译成「戦略配置」「戦略目標」「戦略措置」。

3. 全面建成小康社会，强调的不仅是"小康"，而且更重要的也是更难做到的是"全面"。"小康"讲的是发展水平，"全面"讲的是发展的平衡性、协调性、可持续性。
   小康社会の全面的達成は「小康」だけを強調するのではなく、より重要でより難しいのは「全面」ということだ。「小康」は発展の水準を意味し、「全面」は発展の均衡性、協調性、持続可能性を意味している。

"小康"作为中国关键词已经在前文多次出现，"全面"是中国特色表达的

缩略语，两个词在这里可直译为「小康」「全面」。

---

4. 我们要立下愚公移山志，咬定目标、苦干实干，坚决打赢脱贫攻坚战，确保到
2020年所有贫困地区和贫困人口一道迈入全面小康社会。

われわれは愚公山を移すという志を立てて、目標をつかんで放さず、懸
命に着実に努力し、断固として貧困脱却の難関攻略戦に勝利し、二〇二
〇年までにあらゆる貧困地区・貧困人口が全面的な小康社会に入ることを
確実に保証しなければならない。

"愚公移山"来自中国的传统典故，翻译时可采用日语训读法「愚公山を移
す」。"脱贫"一词是典型的中国特色惯用表达，翻译时采用了异化策略，但同
时遵循了日语语序，译为「貧困脱却」。

---

5. 到2020年稳定实现农村贫困人口不愁吃、不愁穿，义务教育、基本医疗、住房
安全有保障，是贫困人口脱贫的基本要求和核心指标，直接关系攻坚战质量。

二〇二〇年までに農村貧困層の食に困らず、衣に困らず、義務教育、基本
医療と住居の安全を保障するのを着実に実現することは、貧困層が貧困
から脱却する基本要請であり核心的な指標でもあり、難関攻略戦の質と
直接関係している。

本句中的"农村贫困人口"中的"人口"代表的是这部分人群的整体，并不
完全是指单纯的人口数量，但是日语中的「人口」的意思更多的是指「一国また
は一定地域内の人の総数」，和本句汉语原文意思不太相同，所以这里虽然字形
相同，却不能直接移植过来，用日语的「～層」更接近中文原文意思。

---

6. 当前，中国正在协调推进全面建成小康社会、全面深化改革、全面依法治国、
全面从严治党，规划了在新形势下治国理政的战略目标和战略举措。

現在、中国は小康社会の全面的達成、改革の全面的深化、国家統治の全面
的法治化、党内統治の全面的厳格化を協調的に推し進めており、新たな情
勢下における国政運営の戦略目標と戦略措置を定めている。

本句中的"协调推进"作为谓语，在翻译时，不能只是按照名词短语的形式
「協調的推進」来翻译，文中译为「協調的に推し進める」，针对"推进"一

词，虽然「和語」的「押し進める」的意思和「推進する」一样，但后者更为郑重。

中国特色惯用表达与中国文化负载词

文化负载词是指标志某种文化中特有事物的词、词组和习语，这些词汇反映了特定民族在漫长的历史进程中逐渐积累的、有别于其他民族的、独特的思维、行为方式。《习近平谈治国理政》具有鲜明的中国特色，其中的中国特色惯用表达在时政文献中是高频使用的表达，其中的文化负载词也承载了不同时代的文化内涵，具有鲜明的特色。这两种类型的词语是跨文化交流翻译中的难点。为了将富有中国特色的惯用表达、中国文化负载词准确地传达给目的语受众，通常会采用异化、直译、移植、增译的翻译策略。一方面要深刻理解其内涵并思考如何准确地将原文的意思用简明的日语表达出来，另一方面要注意符合日语的表达习惯。

找一找

（1）请找一找关键语句中的中国特色惯用表达有哪些。
（2）请找一找关键语句中的中国文化负载词有哪些。

想一想

（1）请想一想关键语句中的中国特色惯用表达的日语译文分别是什么。
（2）请想一想关键语句中的中国文化负载词的日语译文分别是什么。

说一说

（1）请和同学说一说这些中国特色惯用表达以及中国文化负载词的日语译文有什么特点。
（2）请使用这些表达的日语译文进行简单的日语会话。

三、重点段落分析与翻译

1. 请认真阅读以下材料，全面理解原文内容，深入领会原文思想，熟悉原文语言特色，并试译其中的中国特色惯用表达和中国文化负载词，可查阅和参考资料。

段落一

　　强调总布局，是因为中国特色社会主义是全面发展的社会主义。我们要牢牢抓好党执政兴国的第一要务，始终代表中国先进生产力的发展要求，坚持以经济建设为中心，在经济不断发展的基础上，协调推进政治建设、文化建设、社会建设、生态文明建设以及其他各方面建设。随着我国经济社会发展不断深入，生态文明建设地位和作用日益凸显。党的十八大把生态文明建设纳入中国特色社会主义事业总体布局，使生态文明建设的战略地位更加明确，有利于把生态文明建设融入经济建设、政治建设、文化建设、社会建设各方面和全过程。这是我们党对社会主义建设规律在实践和认识上不断深化的重要成果。我们要按照这个总布局，促进现代化建设各方面相协调，促进生产关系与生产力、上层建筑与经济基础相协调。

　　　　　　　　——2012年11月17日，习近平在主持十八届中央政治局第一次集体学习时的讲话

中国特色惯用表达

全面发展的社会主义（　　　）	牢牢抓好党执政兴国的第一要务（　　　）
政治建设　（　　　）	经济建设（　　　）
生态文明建设（　　　）	总体布局（　　　）
社会主义建设规律（　　　）	

段落二

　　我们要坚持发展是硬道理的战略思想，坚持以经济建设为中心，全面推进社会主义经济建设、政治建设、文化建设、社会建设、生态文明建设，深化改革开放，推动科学发展，不断夯实实现中国梦的物质文化基础。

　　　　　　　　——2013年3月17日，习近平在第十二届全国人民代表大会第一次会议上的讲话

中国特色惯用表达

发展是硬道理（　　　）	以经济建设为中心（　　　）
深化改革开放（　　　）	推动科学发展（　　　）
实现中国梦（　　　）	

段落三

　　党的十八大以来，我们提出要协调推进全面建成小康社会、全面深化改革、全面依法治国、全面从严治党，这"四个全面"是当前党和国家事业发展中必须解决好的主要矛盾。在推进这"四个全面"过程中，我们既要注重总体谋划，又要注重牵住"牛鼻子"。比如，我们既对全面建成小康社会作出全面部署，又强调"小康不小康，关键看老乡"；既对全面深化改革作出顶层设计，又强调突出抓好重要领域和关键环节的改革；既对全面推进依法治国作出系统部署，又强调以中国特色社会主义法治体系为总目标和总抓手；既对全面从严治党提出系列要求，又把党风廉政建设作为突破口，着力解决人民群众反映强烈的"四风"问题，着力解决不敢腐、不能腐、不想腐的问题。在任何工作中，我们既要讲两点论，又要讲重点论，没有主次，不加区别，眉毛胡子一把抓，是做不好工作的。

——2015年1月23日，习近平在主持中共十八届中央政治局第二十次集体学习时的讲话

中国特色惯用表达

四个全面（　　　）	党风廉政建设（　　　）
中国特色社会主义法治体系（　　　）	"四风"问题（　　　）
不敢腐（　　　）	不能腐（　　　）
不想腐（　　　）	"小康不小康，关键看老乡"（　　　）

段落四

　　区域发展协调性增强，"一带一路"建设、京津冀协同发展、长江经济带发展成效显著。创新驱动发展战略大力实施，创新型国家建设成果丰硕，天宫、蛟龙、天眼、悟空、墨子、大飞机等重大科技成果相继问世。南海岛礁建设积极推进。开放型经济新体制逐步健全，对外贸易、对外投资、外汇储备稳居世界前列。

——2017年10月18日，习近平在中国共产党第十九次全国代表大会上的报告

中国特色惯用表达

区域发展协调性（　　　）	创新驱动（　　　）
创新型国家（　　　）	

中国文化负载词

"一带一路"建设（　　　）	京津冀协同发展（　　　）
长江经济带（　　　）	天宫（　　　）
蛟龙（　　　）	天眼（　　　）
悟空（　　　）	墨子（　　　）

段落五

　　为了实现我们的奋斗目标，必须全面深化改革，推进国家治理体系和治理能力现代化，现在改革正在稳步向前推进。深化改革必然进一步促进对外开放，为外资进入中国提供更为开放、宽松、透明的环境，为我们同包括美国在内的世界各国开展合作开辟更广阔的空间。同时，我们正在全面推进依法治国，让它同全面深化改革一起构成全面建成小康社会的两个翅膀、两个轮子。中国共产党是全心全意为人民服务的政党，必须始终保持同人民群众的血肉联系，所以治国必先治党、治党务必从严。对党内的不正之风和腐败现象，必须坚决处理，坚持"老虎"、"苍蝇"一起打，受到人民群众欢迎。我们将继续加强依法反腐、制度反腐，大力营造不敢腐、不能腐、不想腐的法治环境和政治氛围。

　　　　　　——2015年9月23日，习近平在美国西雅图出席侨界举行的欢迎招待会时的讲话

中国特色惯用表达

全心全意为人民服务（　　　）	同人民群众的血肉联系（　　　）
治国必先治党（　　　）	治党务必从严（　　　）

段落六

　　加快推进深度贫困地区脱贫攻坚，要按照党中央统一部署，坚持精准扶贫精准脱贫基本方略，坚持中央统筹、省负总责、市县抓落实的管理体制，坚持党政一把手负总责的工作责任制，坚持专项扶贫、行业扶贫、社会扶贫等多方力量、多种举措有机结合和互为支撑的"三位一体"大扶贫格局，以解决突出制约问题为重点，以重大扶

贫工程和到村到户帮扶措施为抓手，以补短板为突破口，强化支撑保障体系，加大政策倾斜力度，集中力量攻关，万众一心克难，确保深度贫困地区和贫困群众同全国人民一道进入全面小康社会。

——2017年6月23日，习近平在深度贫困地区脱贫攻坚座谈会上的讲话

中国特色惯用表达

精准扶贫（　　　　）	精准脱贫（　　　　　）
党政一把手（　　　　）	专项扶贫（　　　　）
行业扶贫（　　　　）	社会扶贫（　　　　）
"三位一体"大扶贫格局（　　　　）	补短板（　　　　）
集中力量攻关（　　　　）	万众一心克难（　　　　　）

2. 翻译策略与方法

2.1 中国特色惯用表达的翻译

零容忍　ゼロ容認

关键少数　カギとなる少数（指導幹部）

人民当家作主　人民主体

社会主义核心价值观　社会主義の中核的価値観

中华民族伟大复兴　中華民族の偉大な復興

国家文化软实力　国の文化的ソフトパワー

全心全意为人民服务　誠心誠意人民に奉仕する

人民日益增长的美好生活需要　人民の日ごとに増大する素晴らしい生活への需要

人民是历史的创造者　人民は歴史の創造者

中国特色惯用表达的翻译策略与方法

翻译策略 | 时政文献中的中国特色惯用表达，是我国政治思想高度凝练的表达，不仅需要在翻译过程中思考如何准确且正确地译出原文的真正含义，还需要在外宣的过程中注重解决跨文化交流过程中出现的文化不同所带来的理解不到位的问题。所以这一类惯用表达在翻译策略上多采用异化方法的同时，还要挖掘原文背后的深意，找出最适合的表达方式。

注意点①：专有名词的翻译

在翻译时政文献术语中的专有名词时，经常会用到"复写"的方法，也就是将中文汉字短语直接转变为日语汉字，读法为日语的音读或者训读。比如：

人民代表大会制度　人民代表大会制度（じんみんだいひょうたいかいせいど）　　政治协商制度　政治協商制度（せいじきょうしょうせいど）

毛泽东思想　毛沢東思想（もうたくとうしそう）　　邓小平理论　鄧小平理論（とうしょうへいりろん）

爱国统一战线　愛国統一戦線（あいこくとういつせんせん）　　政治生态　政治生態（せいじせいたい）

以上这些词汇多见于我国的各种时政文献中，在使用翻译策略外译时，通常使用更接近源文化的异化翻译策略，在翻译中保持原文的风格与语言，不在词汇中增加更多的注解和注释。

注意点②：有较强的新时代特色的惯用表达的翻译

针对具有较强的政策性色彩的关键表述常采取附加文注的方式，即术语本身用汉字表记，文注用日本较为流行或具有一定专业性和普遍意义的外来语表记的方式。如此一来，既实现了中日文形式上和意义上的忠实统一，又为译文赋予了时代性和先进性，更为准确易懂。

新常态　新常態（ニューノーマル）（しんじょうたい）

创新驱动　革新駆動（イノベーション主導）（かくしんくどう／しゅどう）

注意点③：归化策略的使用

翻译时要根据原文的词义选择合适的日语表达，不能所有的词语都采用直译或复写的方法。为了更贴近目的语文化，可在保证准确再现原文含义的前提下使用归化策略。归化策略在外宣翻译中使用的较少，一般在无法保留源语言文化的情况下，可以适当地使用归化的策略。比如：

中华儿女　中華民族のすべての人々（ちゅうかみんぞく／ひとびと）

2.2 文化负载词的翻译

天宫　宇宙実験室「天宮」

蛟龙　有人深海調査艇「蛟竜」

天眼　500メートル球面電波望遠鏡「天眼（FAST）」

悟空　暗黒物質粒子探査衛星「悟空」

愚公移山　愚公山を移す

（　文化负载词的翻译策略与方法　）

翻译策略｜ 文化负载词是指标志某种文化中特有事物的词、词组和习语，这些词汇反映了特定民族在漫长的历史进程中逐渐积累的、有别于其他民族的、独特的思维、行为方式。有学者认为在语言系统中，最能体现语言承载的文化信息、反映人类的社会生活的词汇就是文化负载词，它最能体现语言中浓厚的民族色彩和鲜明的文化个性。

　　翻译文化负载词是跨文化翻译的难点，需要下一番功夫。

注意点①：凸显中国文化特色的翻译技巧

　　为了突出源文化，通常采用异化的翻译策略，即，使用相应的日语表达，并根据原文适当地增译或加入解释性（释义式）翻译的方法。比如在重点段落中出现的"天宫""蛟龙""悟空"等词汇，如果不加上解释，恐怕熟悉中国古典文化的外国读者会立刻联想到中国古代四大名著之一的《西游记》，但其实这些词并不是在说《西游记》，而是在介绍我国科技领域最尖端的科技成果，彰显我国近年来取得的成绩。"天宫""蛟龙""天眼""悟空""墨子"等这些特殊词汇如何日译是一个难点，也是需要学生掌握的中国科技领域的关键词。除此之外，近几年出现的"'一带一路'倡议""京津冀协同发展""长江经济带"等蕴含着中国最新发展政策的词汇或短句如何日译，也是学习中的重点。

　　在目的语后面增加补充说明也是一种常用策略，如："关键少数"的译文是「カギとなる少数（指導幹部）」，如果仅用「カギとなる少数」的话，目的语读者恐怕很难理解其真正含义。「指導幹部」是译者在理解了原文的基础上加上的解释性词语。

注意点②：在日语中无法找到对应的表达时，可采用翻译核心语义的方法

　　比如，"咬定目标、苦干实干，坚决打赢脱贫攻坚战"的译文是：「目標をつかんで放さず、懸命に着実に努力し、断固として貧困脱却の難関攻略戦に勝利する」。

四、实践演练

① 请将下列句子中的黑体字翻译成日语，写在括号中。

1. **"四个全面"的战略布局**（　　　　）是从我国发展现实需要中得出来的，从**人民群众**（　　　　）的**热切期待**（　　　　）中得出来的，也是为推动解决我们面临的**突出矛盾和问题**（　　　　）提出来的。

2. **全面建成小康社会**（　　　　），是我们奋斗目标的第一步，也是**关键一步**（　　　　）。

3. 党的十八大以来，党中央从全面建成小康社会要求出发，把**扶贫开发**（　　　　）工作纳入**"五位一体"总体布局**（　　　　）、**"四个全面"战略布局**（　　　　），作为实现第一个百年奋斗目标的**重点任务**（　　　　），作出一系列**重大部署和安排**（　　　　），全面**打响脱贫攻坚战**（　　　　）。

② 请将画线部分的中文翻译成日语，写在括号中。

1. 推进"十三五"时期（　　　　）经济社会发展，一定要紧紧扭住全面建成小康社会这个战略目标不动摇（　　　　），紧紧扭住全面深化改革、全面依法治国（　　　　）、全面从严治党（　　　　）三个战略举措不放松，努力做到"四个全面"（　　　　）相辅相成、相互促进、相得益彰。

2. 提高国家文化软实力（　　　　），要努力传播当代中国价值观念（　　　　）。当代中国价值观念，就是中国特色社会主义价值观念，代表了中国先进文化的前进方向。

3. 从这个战略布局（　　　　）看，做好全面依法治国（　　　　）各项工作意义十分重大。没有全面依法治国，我们就治不好国、理不好政，我们的战略布局就会落空。

③ 请使用括号中的关键词译文将下列句子翻译成日语。

1. 两年多来，我们立足中国发展实际，坚持问题导向，逐步形成并积极推进全面建成小康社会、全面深化改革、全面依法治国、全面从严治党的战略布局。（小康社会の全面的達成、改革の全面的深化、国家統治の全面的法治化、党内統治の全面的厳格化）

2. 全面建成小康社会是我们现阶段战略目标，也是实现中华民族伟大复兴中国梦关键一步。（戦略目標、中華民族の偉大な復興）

3. 2020年，我们将全面建成小康社会。全面建成小康社会，一个也不能少；共同富裕路上，一个也不能掉队。（共同富裕の道）

4. 四是坚持社会动员，凝聚各方力量。脱贫攻坚，各方参与是合力。（結束させる、相乗効果）

5. 六是坚持群众主体，激发内生动力。脱贫攻坚，群众动力是基础。（大衆主体、貧困脱却難関攻略）

4 **请将画线部分翻译成中文。**

1. 私たちは新たな道のり（　　　　　）において、党の基本理論（　　　　　）・基本路線（　　　　　）・基本方針（　　　　　）を堅持し、「五位一体」の総体的配置の統一的推進（　　　　　）と「四つの全面」の戦略的配置の調和的推進（　　　　　）をはかり、改革開放を全面的に深化させ（　　　　　）、新たな発展段階に立脚し、新たな発展理念を完全に、正確に、全面的に貫徹し、新たな発展の形を構築し、質の高い発展を推し進め、科学技術の自立自強を推進し、人民主体（　　　　　）を保証し、法に基づく国家統治（　　　　　）を堅持し、社会主義の核心的価値体系を堅持し（　　　　　）、発展の中での民生の保障・改善を堅持し、人と自然の調和的共生（　　　　　）を堅持し、バランスをとりながら人民を豊かに（　　　　　）、国家を強く（　　　　　）、中国を美しく（　　　　　）しなければいけません。

2. 改革開放後、わが党はわが国の社会主義現代化建設（　　　　　）について戦略的配置を行い、「三歩走」の戦略目標（　　　　　）を打ち出した。人民の衣食の問題を解決する（　　　　　）、人民の生活を全般的に小康レベルに到達させる（　　　　　）、という二つの目標はすでに予定より早く達成されている。これを踏まえて、わが党は次のような目標を打ち出した。それは、中国共産党創立百周年（　　　　　）までに、経済がいっそう発展し、民主がいっそう充実し（　　　　　）、科学・教育がいっそう進歩し（　　　　　）、文化がいっそう繁栄し（　　　　　）、社会がいっそう調和的になり（　　　　　）、人民の生活がいっそう豊かになる小康社会を築き上げ、その上で、さらに三十年奮闘して、新中国成立百周年（　　　　　）までに、現代化をほぼ実現し（　　　　　）、わが国を社会主義現代化国家に築き上げる、という目標である。

五、译海学思专栏

从"全心全意为人民服务"的
翻译方法看汉字词汇的副词化路径

"全心全意为人民服务"是中国共产党始终坚持的根本宗旨。中国共产党从成立之初就担负起了为中国人民谋幸福、为中华民族谋复兴的历史使命。

"全心全意为人民服务"日语译作「誠心誠意人民に奉仕する」。同学们经常会问,为什么不能翻译为「誠心誠意に人民に奉仕する」?

的确,"全心全意为人民服务"结构中"全心全意"作状语修饰动词"服务"。我们知道,日语中汉字词作状语(连用修饰成分)修饰动词时,一般多需要加「に」或「と」的形式,如「唐突に口を開いた」「悠々と暮らしている」等。那么这里的「誠心誠意」后边为什么不加「に」或「と」呢?要讲清楚这一点,我们就得提及日语中汉字词的副词化过程。

众所周知,日语中的汉字词来自汉语,这些汉字词进入日语后,为了适应日语语法需要,形式上会或多或少发生嬗变。其中,汉字词在其副词化演变过程中,形成了两大路径:①添加「に」或「と」等词缀,形成副词;②保留原有的形态,直接变成副词。

(1)同时保留两种路径的词:如「一生懸命」「特別」等。

　　　一生懸命:一生懸命に働く/一生懸命勉強する

　　　特別:特別に用意した/特別気にしていない

(2)只保留路径①的词,如「完全に」「呆然と」等。

　　　完全に:誤りを完全に除く

　　　呆然と:呆然と彼の顔を見詰める

(3)只保留路径②的词,如「全然」「再三」等。

　　　全然:意味が全然分からない

　　　再三:再三注意する

「誠心誠意」属于第(3)类,也就是只保留了路径②的词,其作副词,也就是连用修饰成分修饰动词时,不能加「に」或「と」。所以,"全心全意为人民服务"的日语译文是「誠心誠意人民に奉仕する」。同样,日语中还有「誠心誠意患者に尽くす」(全心全意为患者奉献)等说法。

六、附录

重点段落译文

段落一

　　强调总布局，是因为中国特色社会主义是全面发展的社会主义。我们要牢牢抓好党执政兴国的第一要务，始终代表中国先进生产力的发展要求，坚持以经济建设为中心，在经济不断发展的基础上，协调推进政治建设、文化建设、社会建设、生态文明建设以及其他各方面建设。随着我国经济社会发展不断深入，生态文明建设地位和作用日益凸显。党的十八大把生态文明建设纳入中国特色社会主义事业总体布局，使生态文明建设的战略地位更加明确，有利于把生态文明建设融入经济建设、政治建设、文化建设、社会建设各方面和全过程。这是我们党对社会主义建设规律在实践和认识上不断深化的重要成果。我们要按照这个总布局，促进现代化建设各方面相协调，促进生产关系与生产力、上层建筑与经济基础相协调。

——2012年11月17日，习近平在主持十八届中央政治局第一次集体学习时的讲话

　　総配置を強調するのは、中国の特色ある社会主義が全面的に発展する社会主義だからである。われわれは党の執政と興国における第一の重要任務をしっかりと堅持し、あくまでも中国の先進的な生産力の発展要求を代表し、経済建設を中心とすることを堅持し、経済が成長していく上で、政治建設、文化建設、社会建設、エコ文明建設やその他各方面の建設を協調的に推進する。わが国の経済・社会の発展が深化するにつれ、エコ文明建設の地位と役割が浮き彫りになってきた。第十八回党大会がエコ文明の建設を中国の特色ある社会主義事業全体の配置に組み入れたことによって、エコ文明建設の戦略的地位がより明確になり、エコ文明建設が経済建設、政治建設、文化建設、社会建設の各方面や全過程に融合するのに役立った。これはわが党が社会主義建設の法則について実践と認識を絶えず深化させた重要な成果である。われわれはこの総配置に基づき、現代化建設の各方面の協調、生産関係と生産力、上部構造と経済的土台の協調を促進しなければならない。

——第十八期中央政治局第一回グループ学習会における談話

段落二

我们要坚持发展是硬道理的战略思想，坚持以经济建设为中心，全面推进社会主义经济建设、政治建设、文化建设、社会建设、生态文明建设，深化改革开放，推动科学发展，不断夯实实现中国梦的物质文化基础。

——2013年3月17日，习近平在第十二届全国人民代表大会第一次会议上的讲话

われわれは発展こそ絶対の原理であるという戦略的思想を堅持しなければならない。あくまでも経済建設を中心として堅持し、社会主義経済建設、政治建設、文化建設、社会建設、エコ文明建設を全面的に推進し、改革開放を深め、科学的発展を促し、中国の夢の実現を支える物資的・文化的基盤を絶えず固めていく必要がある。

——第十二期全国人民代表大会第一回会議における演説

段落三

党的十八大以来，我们提出要协调推进全面建成小康社会、全面深化改革、全面依法治国、全面从严治党，这"四个全面"是当前党和国家事业发展中必须解决好的主要矛盾。在推进这"四个全面"过程中，我们既要注重总体谋划，又要注重牵住"牛鼻子"。比如，我们既对全面建成小康社会作出全面部署，又强调"小康不小康，关键看老乡"；既对全面深化改革作出顶层设计，又强调突出抓好重要领域和关键环节的改革；既对全面推进依法治国作出系统部署，又强调以中国特色社会主义法治体系为总目标和总抓手；既对全面从严治党提出系列要求，又把党

第十八回党大会以降、われわれは小康社会の全面的達成、改革の全面的深化、国家統治の全面的法治化、党内統治の全面的厳格化を協調的に推進することを提起しているが、この「四つの全面」は目下の党と国家の事業発展のなかで必ず適切に解決しなければならない主要な矛盾である。この「四つの全面」を推進する過程において、われわれは全体的な計画を重視すると同時に、「牛の鼻（キーポイント）」を引っ張ることにも特に力を入れなければならない。例えば、われわれは小康社会の全面的達成のために全面的布石を打つと同時に、「小康に達したかどうか、肝心なのは民衆の声を聞くことだ」と強調している。改革の全面的深化のためにトップダウン設計を打ち出すと同時に、重要分野と肝心部分における改革を特にしっかりやるよう強調している。国家統治の全面的法治化に対して系統的な配置を行うと同時に、中国の特

风廉政建设作为突破口，着力解决人民群众反映强烈的"四风"问题，着力解决不敢腐、不能腐、不想腐的问题。在任何工作中，我们既要讲两点论，又要讲重点论，没有主次，不加区别，眉毛胡子一把抓，是做不好工作的。

——2015年1月23日，习近平在主持中共十八届中央政治局第二十次集体学习时的讲话

色ある社会主義法治体系を総目標と重点にすることを強調している。党内統治の全面的厳格化に対して一連の要求を提起すると同時に、党風・廉潔政治の建設を突破口とし、人民大衆の不満が募る「四つの風潮」問題の解決に力を入れ、腐敗する勇気がもてない、腐敗できない、腐敗したいと思わないようにすることに力を注ぐ。いかなる活動においても、われわれは二面論を重んじると同時に、重点論も重んじなければならない。主要なものと副次的なものというのがなく、区別せず、十把一絡げにするのでは、仕事をちゃんとやることはできない。

——中国共産党第十八期中央政治局第二十回グループ学習会を主宰した際の談話

段落四

区域发展协调性增强，"一带一路"建设、京津冀协同发展、长江经济带发展成效显著。创新驱动发展战略大力实施，创新型国家建设成果丰硕，天宫、蛟龙、天眼、悟空、墨子、大飞机等重大科技成果相继问世。南海岛礁建设积极推进。开放型经济新体制逐步健全，对外贸易、对外投资、外汇储备稳居世界前列。

——2017年10月18日，习近平在中国共产党第十九次全国代表大会上的报告

地域間の発展の調和性が増し、「一帯一路」建設、京津冀（北京・天津・河北）協同発展、長江経済ベルト発展に著しい成果があった。革新駆動（イノベーション主導）型発展戦略が強力に実施され、革新型国家の建設が多大な成果を挙げ、宇宙実験室「天宮」、有人深海調査艇「蛟竜」、五百メートル球面電波望遠鏡「天眼（FAST）」、暗黒物質粒子探査衛星「悟空」、量子科学実験衛星「墨子」、大型旅客機など大きな科学技術の成果が相次いでデビューを飾った。南中国海の島嶼建設が積極的に推し進められた。開放型経済の新体制が次第に整い、対外貿易・対外投資・外貨準備の面で世界の上位をキープした。

——中国共産党第十九回全国代表大会における報告

段落五

为了实现我们的奋斗目标，必须全面深化改革，推进国家治理体系和治理能力现代化，现在改革正在稳步向前推进。深化改革必然进一步促进对外开放，为外资进入中国提供更为开放、宽松、透明的环境，为我们同包括美国在内的世界各国开展合作开辟更广阔的空间。同时，我们正在全面推进依法治国，让它同全面深化改革一起构成全面建成小康社会的两个翅膀、两个轮子。中国共产党是全心全意为人民服务的政党，必须始终保持同人民群众的血肉联系，所以治国必先治党、治党务必从严。对党内的不正之风和腐败现象，必须坚决处理，坚持"老虎"、"苍蝇"一起打，受到人民群众欢迎。我们将继续加强依法反腐、制度反腐，大力营造不敢腐、不能腐、不想腐的法治环境和政治氛围。

——2015年9月23日，习近平在美国西雅图出席侨界举行的欢迎招待会时的讲话

われわれの奮闘目標を実現するには、改革を全面的に深化させ、国家のガバナンス体系とガバナンス能力の現代化を推進しなければならない。現在、改革は着実に前進している。改革の深化は、必然的に対外開放をいっそう促進し、外資が中国に進出するのに、より開放された、緩和的で透明度の高い環境を提供し、米国を含む世界各国との協力展開に、より広大な空間を切り開くことになる。同時に、われわれは国家統治の全面的法治化を推進しており、それを改革の全面的深化と共に、小康社会を全面的に達成するための二つの翼、二つの車輪としている。中国共産党は誠心誠意人民に奉仕する政党であり、人民大衆との血肉のつながりを終始保っていなければならず、国を治めるにはまず党を厳しく治めなければならない。党内の不正の気風や腐敗現象に対して断固として処理し、「トラ（大物腐敗官僚）」も「ハエ（小物腐敗官僚）」も同時にたたき、人民大衆に歓迎されるようにしなければならない。われわれは引き続き法による腐敗撲滅と制度による腐敗撲滅を強化し、腐敗する勇気がもてない、腐敗できない、腐敗したいと思わないようにする法治環境と政治的雰囲気を作り出す。

——米国・シアトルで華僑が開催した歓迎レセプションでの談話

段落六

　　加快推进深度贫困地区脱贫攻坚，要按照党中央统一部署，坚持精准扶贫精准脱贫基本方略，坚持中央统筹、省负总责、市县抓落实的管理体制，坚持党政一把手负总责的工作责任制，坚持专项扶贫、行业扶贫、社会扶贫等多方力量、多种举措有机结合和互为支撑的"三位一体"大扶贫格局，以解决突出制约问题为重点，以重大扶贫工程和到村到户帮扶措施为抓手，以补短板为突破口，强化支撑保障体系，加大政策倾斜力度，集中力量攻关，万众一心克难，确保深度贫困地区和贫困群众同全国人民一道进入全面小康社会。

　　——2017年6月23日，习近平在深度贫困地区脱贫攻坚座谈会上的讲话

　　極貧地区の貧困脱却難関攻略の推進を加速するには、党中央の統一配置に基づき、的確な貧困扶助・的確な貧困脱却の基本的な方策を堅持し、中央が統一的に計画し、省が全体的責任を持ち、市と県がしっかり実施するという管理体制を堅持し、党と政府のトップ責任者が全体的責任を持つという活動責任制を堅持する必要がある。特別貧困扶助、業界による貧困扶助、社会による貧困扶助など多方面の力・多種類の措置を有機的に結合し、互いに支え合う「三位一体」の大規模な貧困扶助の枠組みを堅持し、際立った制約問題の解決を重点とし、重大な貧困扶助プロジェクトと村・世帯別援助措置を手がかりとし、脆弱部分の補強を突破口とし、サポート・保障システムを強化し、政策支援にさらに力を入れ、難関攻略に力を集中し、人々が心を一つにして困難を克服し、極貧地区と貧困人口が全国人民といっしょに全面的な小康社会に入るよう確保しなければならない。

　　——極貧地区の貧困脱却難関攻略座談会における談話

第五单元

全面深化改革
总目标

全面深化改革总目标是完善和发展中国特色社会主义制度、推进国家治理体系和治理能力现代化。本单元将结合全面深化改革的思想内容，系统介绍对相关理念与表述的理解和翻译策略。

一、核心概念解读

1. 全面深化改革
日语译文： 改革の全面的深化

> 全面深化改革的总目标是完善和发展中国特色社会主义制度，推进国家治理体系和治理能力现代化。必须更加注重改革的系统性、整体性、协同性，加快发展社会主义市场经济、民主政治、先进文化、和谐社会、生态文明，让一切劳动、知识、技术、管理、资本的活力竞相迸发，让一切创造社会财富的源泉充分涌流，让发展成果更多更公平惠及全体人民。

时政文献中，"全面深化改革"常见的两种翻译方法，一种是「改革の全面的深化」，另一种是「改革を全面的に深化させる」，具体采用哪一种翻译方法需要根据上下文来决定。作为概念或者作为标题来使用时，「名詞止め」（名词结尾）形式的翻译方法更为贴切。由此，此核心概念译为了「改革の全面的深化」。

2. 实现社会公平正义
日语译文： 社会の公平と正義の実現

> 党的十八大明确提出，公平正义是中国特色社会主义的内在要求；要在全体人民共同奋斗、经济社会发展的基础上，加紧建设对保障社会公平正义具有重大作用的制度，逐步建立以权利公平、机会公平、规则公平为主要内容的社会公平保障体系，努力营造公平的社会环境，保证人民平等参与、平等发展权利。十九大报告指出，人民在民主、法治、公平、正义、安全、环境等方面的要求日益增长。
>
> 全面深化改革必须以促进社会公平正义、增进人民福祉为出发点和落脚点。这是坚持我们党全心全意为人民服务根本宗旨的必然要求。全面深化改革必须着眼创造更加公平正义的社会环境，不断克服各种有违公平正义的现象，使改革发展成果更多更公平惠及全体人民。

汉语中，"公平正义"是并列短语，汉译日时可以使用表示并列关系的助词「と」，译作「公平と正義」。而"实现社会公平正义"本身虽然是动宾结构，

但作为概念性的表述，比起动宾结构，用名词化的结构来翻译更能体现概念的属性，因此译为「社会の公平と正義の実現」。

3. 促进社会和谐稳定
日语译文： 社会の調和と安定の促進

必须以保障和改善民生为重点加强社会建设，尽力而为、量力而行，一件事情接着一件事情办，一年接着一年干，在幼有所育、学有所教、劳有所得、病有所医、老有所养、住有所居、弱有所扶上持续用力，加强和创新社会治理，使人民获得感、幸福感、安全感更加充实、更有保障、更可持续。

"促进社会和谐稳定"的翻译首先需要考虑的还是选词。"和谐""稳定"在日语中没有汉日同形词，所以必须使用语义对应的「調和」「安定」来表述。确定了选词之后，对"促进社会和谐稳定"的翻译处理与前文的"实现社会公平正义"一样，可作名词化处理，翻译为「社会の調和と安定の促進」。

4. 完善和发展中国特色社会主义制度
日语译文： 中国の特色ある社会主義制度の整備と発展／中国の特色ある社会主義制度を充実、発展させる

中国特色社会主义制度和国家治理体系是以马克思主义为指导、植根中国大地、具有深厚中华文化根基、深得人民拥护的制度和治理体系，是具有强大生命力和巨大优越性的制度和治理体系，是能够持续推动拥有近十四亿人口大国进步和发展、确保拥有五千多年文明史的中华民族实现"两个一百年"奋斗目标进而实现伟大复兴的制度和治理体系。坚持和完善中国特色社会主义制度、推进国家治理体系和治理能力现代化的总体目标是，到我们党成立一百年时，在各方面制度更加成熟更加定型上取得明显成效；到二〇三五年，各方面制度更加完善，基本实现国家治理体系和治理能力现代化；到新中国成立一百年时，全面实现国家治理体系和治理能力现代化，使中国特色社会主义制度更加巩固、优越性充分展现。

从结构而言，"完善和发展中国特色社会主义制度"与前面两个核心概念一样，可以用名词化方法来进行翻译，即"中国特色社会主义制度的完善和发展"；另一方面，"中国特色社会主义制度"是具有中国特色的政治概念，翻译

时可使用对应的日语汉字词，译为「中国の特色ある社会主義制度」。此外，日语中没有与"完善"相对应的同形汉字词，需要用「整備」来对应"完善"的语义进行翻译。在确定了选词后，将整体概念作名词化处理，将"中国特色社会主义制度的完善和发展"译为「中国の特色ある社会主義制度の整備と発展」。

5. 推进国家治理体系和治理能力现代化

日语译文： 国家統治体系・統治能力の現代化の推進/国家ガバナンス体系とガバナンス能力の現代化を推し進める

> "国家治理体系和治理能力现代化"是全面深化改革的总目标之一。国家治理体系就是在党领导下管理国家的制度体系，包括经济、政治、文化、社会、生态文明和党的建设等各领域体制机制、法律法规安排，是一整套紧密相连、相互协调的国家制度。国家治理能力就是运用国家制度管理社会各方面事务的能力，包括改革发展稳定、内政外交国防、治党治国治军等各个方面。

首先，对于"国家治理体系和治理能力"，时政文献中常见的翻译方法有两种。《中国关键词（第一辑）》中给出的译文是「国家統治体系・統治能力」，使用的是对应的日语汉字词直译。其中使用日语标点「・」来表示体言的并列。另一方面，《习近平谈治国理政》第三卷的日文版则将"国家治理体系和治理能力"翻译为「国家ガバナンス体系とガバナンス能力」，采用的是汉字＋片假名相结合的方式。「ガバナンス」一词源自英语"governance"，表示「統治・支配・管理」的意思。除此之外，整体短语结构的翻译处理依然采用名词化结构来凸显概念的特性，即「～の現代化の推進」，整体翻译为「国家統治体系・統治能力の現代化の推進」。

二、关键语句理解与翻译

1. 中国改革经过30多年，已进入深水区，可以说，容易的、皆大欢喜的改革已经完成了，好吃的肉都吃掉了，剩下的都是难啃的硬骨头。

中国の改革はすでに三十年以上を経て、すでに「深水区」に入っている。つまり、簡単な、みなが喜ぶような改革はすでに完了し、おいしい肉は食べ終わっており、残っているのは噛むのに力を要する硬い骨ばかりであると言える。

　　改革进入"深水区"是指改革已经进入到难题多、风险大的领域或阶段，但日语翻译并没有将这个意思直接加译出来，而是采用了将「深水区」加上引号的处理方式，以此说明是对原文的直接照搬。"好吃的肉"指容易改革的部分，"硬骨头"则指极难解决的问题。鉴于这两种比喻来源于日常生活，读者稍微想象一下就能够理解其要表达的意思，因此译文采取了直译的方法。

2. 要继续高举改革旗帜，站在更高起点谋划和推进改革，坚定改革定力，增强改革勇气，总结运用好党的十八大以来形成的改革新经验，再接再厉，久久为功，坚定不移将改革进行到底。

引き続き改革の旗印を高く掲げ、より高い出発点から改革を計画、推進し、改革への不動心を固め、改革への勇気を強め、中国共産党第十八回全国代表大会以降の改革の新しい経験を総括、活用し、たゆまず努力し、長く根気よく続けていき、断固として改革を徹底的に行わなければならない。

　　"要继续高举改革旗帜"属于比喻修辞中的借喻，日语译文是「引き続き改革の旗印を高く掲げ」。其中"旗帜"译成为「旗印」，这是因为「旗印」一词有「行動の目標として掲げる主義・主張」之义，与"旗帜"所比喻的有代表性或号召力的思想有相通之处。

3. 要在坚持全国一盘棋的前提下，确定好改革重点、路径、次序、方法，创造性落实好中央精神，使改革更加精准地对接发展所需、基层所盼、民心所向。

全国が一体となって連動するという前提の下で、改革の重点、道筋、手順、方法を確定し、中央の精神を実際の行動に創造的に具現化し、改革が

より的確に発展のニーズ、末端の期待、民心の目指す方向と結びつくようにしなければならない。

上文中的"要在坚持全国一盘棋的前提下"也是属于比喻修辞中的借喻，主要指集中力量办大事。日语译文没有采取直译的方法，而是将其喻义解释性翻译为「全国が一体となって連動するという前提の下で」。

4. 要吃透中央制定的重点改革方案，同时完善落实机制，从实际出发、从具体问题入手，见物见人，什么问题突出就着重解决什么问题，使改革落地生根。
中央が制定した重点改革プランをしっかりと理解するとともに、実施メカニズムを整備し、実情から出発し、具体的な問題から着手し、物的条件も人の能動性も活用し、際立つ問題を重点的に解決し、改革が定着するようにしなければならない。

"落地生根"一词可以比喻长期安家落户或切切实实、一心一意地做好所从事的工作。因此，"使改革落地生根"译成了「改革が定着するようにしなければならない」。《广辞苑》（第五版）对「定着」的释义有一条是「意見・学説などの正当性が多くの人に認められ定まったものとなること」，与"落地生根"要表达的意思有相似之处。这种翻译方法属于解释性翻译。

5. 继续推进改革，要把更多精力聚焦到重点难点问题上来，集中力量打攻坚战，激发制度活力，激活基层经验，激励干部作为，扎扎实实把全面深化改革推向深入。
改革を引き続き推進するには、重点的な問題、困難な問題に焦点を当てより多くの精力を注ぎ、力を集中して難関攻略戦を行い、制度の活力を引き出し、末端の経験を生かし、幹部の職務遂行を励まし、改革の全面的深化を着実に掘り下げて推進しなければならない。

"集中力量打攻坚战"属于比喻修辞中的借喻。"攻坚"比喻努力解决某项任务中最困难的问题。日语译文将其喻义解释性翻译为「力を集中して難関攻略戦を行い」，可以说很好地再现了原文的主要意思。

比喻修辞

　　《习近平谈治国理政》作为当代中国重要的时政文献，最大的语言特色之一就是运用了大量的比喻。这些比喻的运用，使得抽象的时政文献语言更加形象生动、更加平易近人，也更易于民众的理解。

　　比喻是指在描写事物或说明道理时，用跟它有相似点但本质上又不同的别的事物或道理来打比方。比喻有三个构成要素，即本体、喻体和喻词。本体是指被比喻的事物，喻体是指用来比喻的事物，喻词是连接本体和喻体的词语。根据本体、喻体和喻词运用情况的不同，比喻可以分为明喻、暗喻和借喻三种常见的类型。明喻的主要特征是主体、喻体都出现，喻词常以"像、好像、如、如同、犹如、似、恰似、好似、若、仿佛"等词语体现；暗喻也叫隐喻，本体、喻体也都同样出现，但喻词通常以"是、就是、为、成为、变成、等于、当做"等词语体现；借喻则本体不出现，也不用喻词，而直接用喻体代替本体。

　　文化含义丰富的比喻的翻译可谓是时政文献外译中的难点之一。在翻译的过程中，因文化背景不同，比喻产生的视角也不同，如何准确理解和翻译好这些辞格也是"讲好中国故事"的重要一环。

找一找

请找一找以上关键语句中的比喻都有哪些。

想一想

请想一想这些比喻句的日语译文是什么。

说一说

（1）请和同学说一说这些比喻句的日语译文有什么特点。

（2）请使用日语的比喻表达形式「～のような」「～みたいな（に）」进行简单的日语会话。

三、重点段落分析与翻译

1. 请认真阅读以下材料，全面理解原文内容，深入领会原文思想，熟悉原文语言特色，并试译其中的比喻表达，可查阅和参考资料。

段落一

改革开放以来历次三中全会都研究讨论深化改革问题，都是在释放一个重要信号，就是我们党将坚定不移高举改革开放的旗帜，坚定不移坚持党的十一届三中全会以来的理论和路线方针政策。说到底，就是要回答在新的历史条件下举什么旗、走什么路的问题。

党的十八届三中全会以全面深化改革为主要议题，是我们党坚持以邓小平理论、"三个代表"重要思想、科学发展观为指导，在新形势下坚定不移贯彻党的基本路线、基本纲领、基本经验、基本要求，坚定不移高举改革开放大旗的重要宣示和重要体现。

——2013年11月9日，习近平在中共十八届三中全会上作的说明

比喻表达

就是我们党将坚定不移高举改革开放的旗帜

就是要回答在新的历史条件下举什么旗、走什么路的问题

坚定不移高举改革开放大旗的重要宣示和重要体现

段落二

中国改革经过30多年，已进入深水区，可以说，容易的、皆大欢喜的改革已经完成了，好吃的肉都吃掉了，剩下的都是难啃的硬骨头。这就要求我们胆子要大、步子要稳。胆子要大，就是改革再难也要向前推进，敢于担当，敢于啃硬骨头，敢于涉险滩。步子要稳，就是方向一定要准，行驶一定要稳，尤其是不能犯颠覆性错误。

——2014年2月7日，习近平在接受俄罗斯电视台专访时的答问

比喻表达

好吃的肉都吃掉了，剩下的都是难啃的硬骨头

敢于担当，敢于啃硬骨头，敢于涉险滩

段落三

要科学统筹各项改革任务，协调抓好党的十八届三中、四中全会改革举措，在法治下推进改革、在改革中完善法治，突出重点，对准焦距，找准穴位，击中要害，推出一批能叫得响、立得住、群众认可的硬招实招，处理好改革"最先一公里"和"最后一公里"的关系，突破"中梗阻"，防止不作为，把改革方案的含金量充分展示出来，让人民群众有更多获得感。

——2015年2月27日，习近平在中央全面深化改革领导小组第十次会议上的讲话

比喻表达

对准焦距，找准穴位

处理好改革"最先一公里"和"最后一公里"的关系，突破"中梗阻"

段落四

党的十一届三中全会以后，我国改革开放走过波澜壮阔的历程，取得举世瞩目的成就。随着实践发展，一些深层次体制机制问题和利益固化的藩篱日益显现，改革进入攻坚期和深水区。党中央深刻认识到，实践发展永无止境，解放思想永无止境，改革开放也永无止境，改革只有进行时、没有完成时，停顿和倒退没有出路，必须以更大的政治勇气和智慧推进全面深化改革，敢于啃硬骨头，敢于涉险滩，突出制度建设，注重改革关联性和耦合性，真枪真刀推进改革，有效破除各方面体制机制弊端。

——《中共中央关于党的百年奋斗重大成就和历史经验的决议》

比喻表达

利益固化的藩篱

2. 翻译策略与方法

通过仔细研读原文我们可以发现，《习近平谈治国理政》中使用明喻的形式较少，更多使用的是暗喻和借喻。下面我们一起来观察并分析不同形式的比喻在译文中是如何体现的。

2.1 明喻的翻译

翻译策略 | 明喻是比喻三大基本类型中最常见的一种，明喻直接指出了本体和喻体，降低了译者对原文理解的难度。当汉语原文中本体和喻体所代表的两种事物具有相似的特质、状态或程度，并且伴随特征明显的喻词的时候，通常可以判断为汉语中的明喻，翻译为日语时，可以使用日语中的「～のような」「～のように」「～の如し」等比喻表达形式直译。

例（1）"治国犹如栽树，本根不摇则枝叶茂荣。"
译文：国を治むるはなほ樹を栽うるが如し。本根揺かざれば則ち枝葉茂栄す。

例（2）要有坚如磐石的精神和信仰力量，也要有支撑这种精神和信仰的强大物质力量。
译文：強固な磐石のような精神と信仰の力を重んじるとともに、このような精神と信仰を支える大きな物質的力が必要である。

例（3）……没有铁一般的和在斗争中锻炼出来的党，没有为本阶级全体忠实的人所信赖的党，没有善于考察群众情绪和影响群众情绪的党，要顺利地进行这种斗争是不可能的。
译文：闘争のなかできたえられた鋼鉄のような党がなく、その階級のすべての誠実な人から信頼されている党がなく、大衆の気持ちをうまく注視し、大衆の気持ちに影響を及ぼすことのできる党がなければ、このような闘争をすすめて成功させることは不可能である。

需要注意的是，根据原文文体的不同，译文也需要进行灵活的处理。如上述例（1）通过原文中的注释可以得知原文引自唐代吴兢《贞观政要・政体》，翻译时使用了日语中明喻的文语表达方式「～が如し」；例（2）、例（3）是现代汉语的明喻句，译成日语时使用的是「～のような」的表达方式。

2.2 暗喻的翻译

翻译策略 | 暗喻是本体和喻体同时出现，多采用甲（本体）是（喻词）乙（喻体）的形式，此外，也有学者认为暗喻存在只有本体和喻体的变体形式，如："长城这条巨龙"（本体和喻体是并列关系），"我的思想情感的潮水在放纵奔流着"（本体和喻体为修饰关系）等。翻译成日语时，可以采用保留喻体进行直译、解释性翻译、明喻化翻译等方法。

■ 保留喻体进行直译

因为中日两国在认知上有许多的共同之处，所以在对《习近平谈治国理政》中的暗喻进行日语翻译时，我们可以观察到，保留喻体进行直译的方法最为常用。

例（4）我们要加强生态文明建设，牢固树立绿水青山就是金山银山的理念，……

译文：われわれはエコ文明の建設を強化し、緑の山河は金山銀山だという理念をしっかり樹立し、…

例（5）改革开放40年积累的宝贵经验是党和人民弥足珍贵的精神财富……

译文：改革開放の四十年間に蓄積された貴重な経験は党と人民の大変貴重な精神的財産であり…

例（6）民主集中制是党的根本组织原则，党内民主是党的生命，发扬党内民主和实行集中统一领导是一致的，并不矛盾。

译文：民主集中制は党の根本的な組織原則で、党内民主は党の命で、党内民主の発揚と集中・統一指導の実行は一致し、決して矛盾しない。

例（4）中"绿水青山就是金山银山"可谓是我们耳熟能详的话语。其中，"绿水青山"是本体，"就是"是喻词，"金山银山"是喻体。观察日语对译文「緑の山河は金山銀山だ」可以看出，暗喻的翻译关键在于喻体，即"金山银山"的翻译。译文整体采用的是直译的方法，使用的是「甲は乙だ」的句式，喻体"金山银山"被保留，本体"绿水青山"中的"山、水"翻译为日语的「山河」。根据《大辞林》的解释，日语译文中的「山河」与汉语的"山河"有同样的联想意义，表示「山と川。また、自然」。由于日语中没有与"绿水青山"对应的四字熟语，日语译为「緑の山河」。

同样，例（5）"改革开放40年积累的宝贵经验是党和人民弥足珍贵的精神财富"直译成了「改革開放の四十年間に蓄積された貴重な経験は党と人民の大変貴重な精神的財産であり」，例（6）的"党内民主是党的生命"则译成「党内民主は党の命で」。由此三个例句可以看出，"甲是乙"这种汉语暗喻的典型句式通常使用日语句式「甲は乙だ」来进行翻译处理，其中喻体通常以直译的方式保留。

例（7）只有顺应历史潮流，积极应变，主动求变，才能与时代同行。

译文：歴史の流れに順応し、積極的に対処し、自発的に変化を求めて、はじめて時代と共に前進することができる。

例（8）我们党要总揽全局、协调各方，坚持科学执政、民主执政、依法执政，完善党的领导方式和执政方式，提高党的执政能力和领导水平，不断提高党把方向、谋大局、定

政策、促改革的能力和定力，<u>确保改革开放这艘航船沿着正确航向破浪前行。</u>

　　译文：わが党は全局を統括し、各方面を協 調 させ、科学的執政、民主的執政、法による執政を堅持し、党の指導方式と執政方式を改善し、党の執政能 力と指導レベルを高め、絶えず方向を掌 握 し、大局 的に 考え、政策を決定し、改革を促進する党の能 力と不動心を高め、<u>改革開放の船が航行の正しい方向に沿って波をかき分けて前進するよう確実に保 証 しなければならない。</u>

　　例（7）"只有顺应历史潮流"的"历史潮流"是没有喻词的比喻，属于暗喻的变体，"历史潮流"可以理解为同位短语"历史这一潮流"，也可以理解为偏正短语"历史的潮流"。本体是历史，喻体是潮流。日语译文「歴史の流れ」是按照偏正结构来作的翻译处理。例（8）中，"确保改革开放这艘航船沿着正确航向破浪前行"中的"改革开放这艘航船"同样属于没有喻词的暗喻，日语译文对应的也是「改革開放の船」。由此可以看出，使用日语连体修饰结构来对应中文的偏正结构，是翻译此类暗喻表达的重要方式。

■ 解释性翻译

　　此外，解释性翻译也是针对暗喻翻译的一种方法，即在译文中不保留原文暗喻，仅对其暗喻意义进行解释的翻译方法。

　　例（9）要把促进社会公平正义、增进人民福祉作为<u>一面镜子</u>，审视我们各方面体制机制和政策规定，……

　　译文：社会の公平と正義の促進および人民の福祉の増進を<u>基 準 にして</u>各方面の体制・仕組みと政策・規定を細かく見極め、……

　　例（9）中的"把……作为一面镜子"以民众熟知的生活化场景"照镜子"为比喻，形象地反映出党中央深化改革的决心和态度，日语译文中对应使用的是「基 準」，可以理解为对中文中喻体"镜子"的一种解释性翻译。《广辞苑》（第5版）中对「鏡」一词的释义，第二条就是「②（「鑑」とも書く）手本。模範」，日语中也有「彼は人柄も良い上に成績も良く、正に 鑑 とするべき人だ」的用法。但译文并没有使用「鑑 とする」的直译法，而是采用了解释性翻译法，译成了更贴近原文喻义的「基 準」。

■ 明喻化翻译

　　明喻化是指将原文暗喻作明喻化处理的翻译方法。在明喻化的过程中，往往会在暗喻表达后添加「〜のような」等表达方式，以符合日语的表达习惯。

例（10）……没有可以奉为<u>金科玉律的教科书</u>，也没有可以对中国人民颐指气使的教师爷。

译文：…<ruby>金科玉条<rt>きんかぎょくじょう</rt></ruby>として<ruby>奉<rt>たてまつ</rt></ruby>ることができる<u>ような<ruby>教科書<rt>きょうかしょ</rt></ruby></u>はなく、<ruby>中国人民<rt>ちゅうごくじんみん</rt></ruby>をあごで<ruby>使<rt>つか</rt></ruby>うことができる<u>ような<ruby>指南役<rt>しなんやく</rt></ruby></u>もいない。

例（10）是个很有代表性的例子，同一句话中出现了不同的比喻形式。从辞格上来看，"没有可以奉为<u>金科玉律的教科书</u>"属于暗喻，"也没有可以对中国人民颐指气使的教师爷"属于借喻。虽然汉语原文中并没有出现"如""像"等表示明喻的比喻词，但在译文中，为了符合日语的表达习惯，均使用了「～のような」等表达方式。换言之，上述原文中的暗喻和借喻都在日文中以明喻形式进行翻译。

在翻译暗喻表达时，我们首先需要做的是仔细阅读、思考，查证原文暗喻中的隐含义，在此基础上再考虑翻译的方法。

2.3 借喻的翻译

翻译策略 | 借喻是以喻体来代替本体，本体和喻词都不出现，直接把甲（本体）说成乙（喻体）。对于源语文本的读者来说，借喻可以让人意犹未尽，但是对于目的语的读者来说，借喻的外译处理好坏能直接影响他们对文章的理解程度。所以，译者需要在充分了解源语文化内涵的基础上正确地选择翻译方法。从这一意义而言，借喻的翻译更加需要学习和研究，也存在更大的灵活性和多样性。

■ 直译

当源语文本的喻体在目的语中能够激发相似的比喻认知、认识和联想时，可以采用直译的方法。

例（11）我们党只有在领导改革开放和社会主义现代化建设伟大社会革命的同时，坚定不移推进党的伟大自我革命，<u>敢于清除一切侵蚀党的健康肌体的病毒</u>，……

译文：わが<ruby>党<rt>とう</rt></ruby>は<ruby>改革開放<rt>かいかくかいほう</rt></ruby>と<ruby>社会主義<rt>しゃかいしゅぎ</rt></ruby><ruby>現代化建設<rt>げんだいかけんせつ</rt></ruby>という<ruby>偉大<rt>いだい</rt></ruby>な<ruby>社会革命<rt>しゃかいかくめい</rt></ruby>を<ruby>指導<rt>しどう</rt></ruby>すると<ruby>同時<rt>どうじ</rt></ruby>に、<ruby>確固<rt>かっこ</rt></ruby>として<ruby>党<rt>とう</rt></ruby>の<ruby>偉大<rt>いだい</rt></ruby>な<ruby>自己革命<rt>じこかくめい</rt></ruby>を<ruby>推進<rt>すいしん</rt></ruby>し、<u><ruby>党<rt>とう</rt></ruby>の<ruby>健康<rt>けんこう</rt></ruby>な<ruby>身体<rt>しんたい</rt></ruby>を<ruby>侵食<rt>しんしょく</rt></ruby>するウイルスを<ruby>一掃<rt>いっそう</rt></ruby>する</u><ruby>勇気<rt>ゆうき</rt></ruby>を<ruby>持<rt>も</rt></ruby>って、…

例（12）我们要通过深化改革，让一切劳动、知识、技术、管理、资本等要素的活力竞相迸发，<u>让一切创造社会财富的源泉充分涌流</u>。

译文：われわれは<ruby>改革<rt>かいかく</rt></ruby>を<ruby>深<rt>ふか</rt></ruby>めることによって、<ruby>労働<rt>ろうどう</rt></ruby>、<ruby>知識<rt>ちしき</rt></ruby>、<ruby>技術<rt>ぎじゅつ</rt></ruby>、<ruby>管理<rt>かんり</rt></ruby>、<ruby>資本<rt>しほん</rt></ruby>などあらゆる<ruby>要素<rt>ようそ</rt></ruby>の<ruby>活力<rt>かつりょく</rt></ruby>が<ruby>競<rt>きそ</rt></ruby>ってわき<ruby>上<rt>あ</rt></ruby>がるようにし、<u><ruby>社会<rt>しゃかい</rt></ruby>の<ruby>富<rt>とみ</rt></ruby>を<ruby>創出<rt>そうしゅつ</rt></ruby>するあらゆる<ruby>源泉<rt>げんせん</rt></ruby>も</u>

十分にわき出て、流れるようにしなければならない。

例（11）中的"敢于清除一切侵蚀党的健康肌体的病毒"和例（12）中的"一切创造社会财富的源泉"都是借喻的表达方式，翻译成日语时都采用了直译的翻译方法，分别被翻译为「党の健康な身体を侵食するウイルス」和「社会の富を創出するあらゆる源泉」。

替换借喻

替换借喻是指在译文中使用另一比喻的翻译方法。

例（13）……不要眉毛胡子一把抓。
译文：…十把ひとからげに取り扱ってはならない。
例（14）坚持"摸着石头过河"和顶层设计相结合，坚持问题导向和目标导向相统一，……
译文：「石橋をたたいて渡る」こととトップダウン設計を互いに結びつけることを堅持し、問題志向と目標志向の統一を堅持し、…

例（13）中的"眉毛胡子一把抓"比喻做事不分轻重缓急、一起下手；例（14）中的"摸着石头过河"比喻在摸索中前进或摸索着做事。两个中文的比喻表达在日语中都没有使用同种喻体的相似比喻方式，却都有相应语义的其他表达方式。前者是「十把ひとからげ」，后者是「石橋をたたいて渡る」。两个例句在日语对译处理中都使用了替换式的翻译方法。

解释性翻译

解释性翻译是指在译文中不保留原文中的借喻，只针对其喻义进行解释的翻译方法。

例（15）死水一潭不行，暗流汹涌也不行。
译文：物事が何も進まないのではいけないし、さまざまな問題が目に見えないところで次々と起こってもいけない。

例（15）的"死水"原指没有流动、没有更换的水，人们通常用它来比喻一种缺乏活力的状态；"暗流"原指看似平静的江河水面下激流涌动，现常比喻一种无序和混乱的状态。在日语译文中我们没有看到对应的比喻表达，而是使用了没有保留原文喻体的解释性翻译方法。由此可以看出，面对修辞效果比较强的借喻，解释性翻译也是一种可以避免误

解错解的翻译方法。

明喻化＋解释

明喻化＋解释是指将原文借喻译为明喻，再辅以相应解释的翻译方法。

例（16）……改革只有进行时、没有完成时，停顿和倒退没有出路，必须以更大的政治勇气和智慧推进全面深化改革，<u>敢于啃硬骨头，敢于涉险滩</u>……

译文：改革には進行形しかなく、完成形はないのであり、足踏みや後戻りに活路はなく、さらなる政治的勇気と知恵をもって、改革の全面的深化をいっそう推し進め、<u>硬い骨のような難題に果敢にかじりつき、危険な早瀬のような試練を果敢に渡り</u>、…

"硬骨头"是现代汉语中经常用到的词汇，比喻艰巨的任务；"险滩"原意指江河中水浅礁石多、水流湍急、行船危险的地方，现比喻前进中的困难和危险因素。

译文通过「硬い骨のような難題に果敢にかじりつき」的日语表达，将原文的借喻译为明喻，并通过「難題に果敢にかじりつき」对"啃硬骨头"的喻义进一步进行了解释。同样，"敢于涉险滩"的日语译文「危険な早瀬のような試練を果敢に渡り」也采用了明喻化＋解释的翻译方法，有效地再现了原文中比喻的认知和修辞特点，是一种非常值得观察学习的翻译方法。

通过以上例句及分析我们可以看出，明喻的翻译特征主要表现为在直译的基础上注重表达方式的多样性；暗喻的翻译特征主要表现为，在保证比喻内涵的传递和双语文化相互理解的前提下尽可能保持原文风格；借喻的翻译特征主要体现在以原文主旨为导向下的灵活性表达。

但是无论哪一种比喻，其翻译处理的方法都并非唯一，尤其是在时政文献中，比喻的翻译处理首先应该保证对原文的正确理解，语言层面的难点在其次，这也是我们需要持续加强学习的重要环节。只有理解分析到位，才有可能把比喻的翻译难点处理好，才能提高汉日翻译的质量，引导世界理解好当代中国。

四、实践演练

1 **请将下列句子中的黑体字翻译成日语，写在括号中。**

1. 中国特色社会主义道路是当代中国大踏步赶上时代、引领时代发展的**康庄大道**（　　　　），必须毫不动摇走下去。

2. 改革开放40年的实践启示我们：**打铁必须自身硬**（　　　　　）。

3. 我们要拿出**抓铁有痕、踏石留印**（　　　　　）的韧劲，以**钉钉子精神**（　　　　）抓好落实，确保各项重大改革举措落到实处。

2 **请将下列比喻句翻译成日语。**

1. 我们治国理政的本根，就是中国共产党的领导和我国社会主义制度。

2. 人民是历史的创造者，是我们的力量源泉。

3. 我们扭住完善和发展中国特色社会主义制度这个关键，为解放和发展社会生产力、解放和增强社会活力、永葆党和国家生机活力提供了有力保证，为保持社会大局稳定、保证人民安居乐业、保障国家安全提供了有力保证，为放手让一切劳动、知识、技术、管理、资本等要素的活力竞相迸发，让一切创造社会财富的源泉充分涌流不断建立了充满活力的体制机制。

4. 我们坚持理论联系实际，及时回答时代之问、人民之问，廓清困扰和束缚实践发展的思想迷雾，不断推进马克思主义中国化时代化大众化，不断开辟马克思主义发展新境界。

3 **请将下文翻译成中文。**

　　党の第十八期三中全会以降に党中央が確定した各改革任務を遂行する上で、前期の重点は基礎を固めて台座を築き、柱や梁を立てることにあり、中期の重点は全面的に推進し、積み重ねていき、すう勢にすることにあった。現在は力点をシステム統合の強化、協同・高効率ということに置き、この数年でわれわれが体制的な障害やメカニズム上の滞りの解決、政策的な革新の上で獲得した改革の成果を固め、深化させ、各方面の制度がより成熟し、より定型化するよう推進しなければならない。

五、译海学思专栏

"蛋糕"是「ケーキ」还是「パイ」？

在中文和日语中，常见的事物或概念常被用于比喻句的本体，但是由于中日两国的思维方式和文化背景的差异，相同的本体可能对应不同的喻体。如果源语的喻体在目的语中无法激起相似性联想，译者可以将源语中的喻体替换成能够在译文中激发起相似性联想的喻体。

原文：我们必须紧紧抓住经济建设这个中心，推动经济持续健康发展，进一步把"蛋糕"做大，为保障社会公平正义奠定更加坚实物质基础。……"蛋糕"不断做大了，同时还要把"蛋糕"分好。

译文：その一方で、われわれは経済建設をしっかりと中心に据えて、経済の持続的かつ健全な発展を促し、経済の「パイ」をさらに大きくし、社会の公平と正義を保障するためのより確固たる物的基盤を固めなければならない。…「パイ」を絶えず大きくする一方で、うまく切り分けることもまた必要である。

从修辞角度看，上例中的"蛋糕"属于借喻。近年来的时政文献中经常使用"做蛋糕"这个概念来比喻发展经济，"分蛋糕"则比喻分配社会财富。

但有意思的是日语译文中并没有将蛋糕译成「ケーキ」，而是译成了「パイ」。这是因为根据《广辞苑》（第5版）的释义，日语中的「パイ」除了表示"馅饼"的意思之外，还有表示「分け合うべき収益・費用などの全体、総額」的意思，正好与汉语"做蛋糕""分蛋糕"中的"蛋糕"所比喻的社会财富的喻义契合，于是译者将汉语的喻体"蛋糕"替换为更符合日语读者认知习惯的喻体「パイ」。为了日语读者更好地理解原文"蛋糕"的喻义，译者在"进一步把蛋糕做大"，即"蛋糕"这个借喻第一次出现的时候补充了「経済の」，译成了「経済のパイ」，第二次出现的时候就直接译成了「パイ」。

六、附录

重点段落译文

段落一

　　改革开放以来历次三中全会都研究讨论深化改革问题，都是在释放一个重要信号，就是我们党将坚定不移高举改革开放的旗帜，坚定不移坚持党的十一届三中全会以来的理论和路线方针政策。说到底，就是要回答在新的历史条件下举什么旗、走什么路的问题。

　　党的十八届三中全会以全面深化改革为主要议题，是我们党坚持以邓小平理论、"三个代表"重要思想、科学发展观为指导，在新形势下坚定不移贯彻党的基本路线、基本纲领、基本经验、基本要求，坚定不移高举改革开放大旗的重要宣示和重要体现。

　　——2013年11月9日，习近平在中共十八届三中全会上作的说明

　　改革開放以来、各期三中全会はいずれも改革の深化について検討し、いずれも重要なシグナルを発してきた。すなわち、わが党は断固として改革開放の旗印を高く掲げ、断固として党の第十一期三中全会以来の理論や路線、方針、政策を堅持するということだ。これはつまるところ、新たな歴史的条件の下でどんな旗印を掲げ、どんな道を歩むのかという問いに答えるためであった。

　　党の第十八期三中全会が改革開放の全面的深化を主要議題としたことは、わが党が鄧小平理論、「三つの代表」重要思想、科学的発展観を常に導きとして、新たな情勢の下で党の基本路線・基本綱領・基本的経験・基本的要請を揺るぐことなく貫徹し、改革開放の大きな旗印を揺るぐことなく高く掲げていくという重要な宣言、重要な姿勢である。

　　——中国共産党第十八期三中全会における説明

段落二

中国改革经过30多年，已进入深水区，可以说，容易的、皆大欢喜的改革已经完成了，好吃的肉都吃掉了，剩下的都是难啃的硬骨头。这就要求我们胆子要大、步子要稳。胆子要大，就是改革再难也要向前推进，敢于担当，敢于啃硬骨头，敢于涉险滩。步子要稳，就是方向一定要准，行驶一定要稳，尤其是不能犯颠覆性错误。

——2014年2月7日，习近平在接受俄罗斯电视台专访时的答问

中国の改革はすでに三十年以上を経て、すでに「深水区」に入っている。つまり、簡単な、みなが喜ぶような改革はすでに完了し、おいしい肉は食べ終わっており、残っているのは噛むのに力を要する硬い骨ばかりであると言える。私たちは大胆かつ着実に歩んでいかなければならない。大胆にというのは、改革がどれだけ難しくても推進していく勇気、責任を負う勇気、硬い骨を噛みくだく勇気、難所に取り組む勇気を持つということだ。着実に歩むというのは、必ず方向を正しく定め、必ず安定して前進するということだ。特に破滅的な間違いは絶対に犯してはならない。

——ロシア国営テレビ局の単独インタビューに応じた際の質疑応答

段落三

要科学统筹各项改革任务，协调抓好党的十八届三中、四中全会改革举措，在法治下推进改革、在改革中完善法治，突出重点，对准焦距，找准穴位，击中要害，推出一批能叫得响、立得住、群众认可的硬招实招，处理好改革"最先一公里"和"最后一公里"的关系，突破"中梗阻"，防止不作为，把改革方案的含金量充分展示出来，让人民群众有更多获得感。

各改革任務を科学的かつ統一的に計画し、中国共産党第十八期中央委員会第三回全体会議、第四回全体会議で打ち出された改革措置をバランスよく実施し、法による統治の下で改革を推進し、改革する中で法治を改善する。重点を際立たせ、焦点をしっかり合わせ、要所を押さえ、急所を突き、幾つかの高く評価される、実行していける、大衆に認められる手堅く確実な措置を打ち出す。改革における「ファーストワンマイル」と「ラストワンマイル」の関係を適切に処理し、真ん中の阻害を取り除き、職務怠慢を防止し、改革プランの実際の価値を十分

——2015年2月27日，习近平在中央全面深化改革领导小组第十次会议上的讲话

に示し、人民大衆により多くの獲得感をもたらすよう取り組まなければならない。

——中央改革全面深化指導グループ第十回会議での談話

段落四

党的十一届三中全会以后，我国改革开放走过波澜壮阔的历程，取得举世瞩目的成就。随着实践发展，一些深层次体制机制问题和利益固化的藩篱日益显现，改革进入攻坚期和深水区。党中央深刻认识到，实践发展永无止境，解放思想永无止境，改革开放也永无止境，改革只有进行时、没有完成时，停顿和倒退没有出路，必须以更大的政治勇气和智慧推进全面深化改革，敢于啃硬骨头，敢于涉险滩，突出制度建设，注重改革关联性和耦合性，真枪真刀推进改革，有效破除各方面体制机制弊端。

——《中共中央关于党的百年奋斗重大成就和历史经验的决议》

党の十一期三中全会以降、わが国の改革開放は波乱に満ちた道のりを歩み、世界の注目を集める成果を収めた。実践の発展にともなって、体制・仕組み上の深層部の問題と凝り固まった既得権益の垣根が日増しに表面化し、改革は難関突破期と「深水区」に入った。党中央は次のように深く認識した。実践の発展に終わりはなく、思想の解放に終わりはなく、改革開放にも終わりはないのである。改革には進行形しかなく、完成形はないのであり、足踏みや後戻りに活路はなく、さらなる政治的勇気と知恵をもって、改革の全面的深化をいっそう推し進め、硬い骨のような難題に果敢にかじりつき、危険な早瀬のような試練を果敢に渡り、制度建設を際立たせ、改革の関連性・整合性を重視し、真剣に改革を推進し、各方面の体制上・仕組み上の弊害を効果的に取り除かなければならない。

——『党の百年奮闘の重要な成果と歴史的経験に関する中共中央の決議』

第六单元

全面推进依法治国总目标

全面推进依法治国总目标是建设中国特色社会主义法治体系、建设社会主义法治国家。本单元将结合建设社会主义法治国家的思想内容，系统介绍对相关理念与表述的理解和翻译策略。

一、核心概念解读

1. 全面依法治国

日语译文：国家統治の全面的法治化/全面的な法に基づく国家統治

全面推进依法治国，总目标是建设中国特色社会主义法治体系，建设社会主义法治国家。这就是，在中国共产党领导下，坚持中国特色社会主义制度，贯彻中国特色社会主义法治理论，形成完备的法律规范体系、高效的法治实施体系、严密的法治监督体系、有力的法治保障体系，形成完善的党内法规体系，坚持依法治国、依法执政、依法行政共同推进，坚持法治国家、法治政府、法治社会一体建设，实现科学立法、严格执法、公正司法、全民守法，促进国家治理体系和治理能力现代化。

时政文献中，偏正短语"全面依法治国"有两种常见的翻译方法，一种是「国家統治の全面的法治化」，另一种是「全面的な法に基づく国家統治」，具体采用哪一种翻译方法需要根据上下文来决定。作为概念或者作为标题来使用时，「名詞止め」（名词结尾）形式的翻译方法更为贴切。由此，《习近平谈治国理政》第一、第三卷中的翻译也采取的是「名詞止め」的形式，译为了「国家統治の全面的法治化」。

2. 中国特色社会主义法治道路

日语译文：中国の特色ある社会主義法治の道

中国特色社会主义法治道路，就是在中国共产党领导下，紧紧围绕坚持和完善中国特色社会主义制度，深入贯彻中国特色社会主义法治理论，建设中国特色社会主义法治体系，坚持人民主体地位，坚持法律面前人人平等，坚持依法治国和以德治国相结合，坚持从中国实际出发，建设科学立法、严格执法、公正司法、全民守法的社会主义法治国家。中国特色社会主义法治道路是最适合中国国情的法治道路。坚持走中国特色社会主义法治道路，是中国的社会主义制度所决定的，是中国共产党深刻总结社会主义法治建设正反两方面经验得出的根本结论。中国特色社会主义法治道路，从根本上保证了中国社会主义法治建设的正确方向。

"中国特色社会主义法治道路"为偏正短语,中心语"道路"主要指"达到某种目标的途径,事物发展、变化的途径",所以可以译为与其意义对应的日语「道<ruby>道<rt>みち</rt></ruby>」。

3. 平安中国
日语译文:「<ruby>平安中国<rt>へいあんちゅうごく</rt></ruby>」

> 落实总体国家安全观,坚持共建共治共享方向,聚焦影响国家安全、社会安定、人民安宁的突出问题,深入推进市域社会治理现代化,深化平安创建活动,加强基层组织、基础工作、基本能力建设,全面提升平安中国建设科学化、社会化、法治化、智能化水平,不断增强人民群众获得感、幸福感、安全感。

"平安中国"为偏正结构短语。《中共中央关于党的百年奋斗重大成就和历史经验的决议》指出:"党着眼于国家长治久安、人民安居乐业,建设更高水平的平安中国,完善社会治理体系,健全党组织领导的自治、法治、德治相结合的城乡基层治理体系,推动社会治理重心向基层下移,建设共建共治共享的社会治理制度,建设人人有责、人人尽责、人人享有的社会治理共同体。"在翻译时,采用了移植的翻译方法,译为「<ruby>平安中国<rt>へいあんちゅうごく</rt></ruby>」。

4. 司法为民
日语译文:<ruby>人民<rt>じんみん</rt></ruby>のための<ruby>司法<rt>しほう</rt></ruby>

> 我们提出要努力让人民群众在每一个司法案件中都感受到公平正义,所有司法机关都要紧紧围绕这个目标来改进工作,重点解决影响司法公正和制约司法能力的深层次问题。要坚持司法为民,改进司法工作作风,通过热情服务,切实解决好老百姓打官司难问题,特别是要加大对困难群众维护合法权益的法律援助。司法工作者要密切联系群众,规范司法行为,加大司法公开力度,回应人民群众对司法公正公开的关注和期待。要确保审判机关、检察机关依法独立公正行使审判权、检察权。

"司法为民"是"让人民群众在每一个司法案件中都感受到公平正义"这一司法工作目标的具体作法。这个主谓关系短语基本含义为"司法为了人民""为人民服务的司法",翻译时将这个基本含义进行直译,译为了「<ruby>人民<rt>じんみん</rt></ruby>のための<ruby>司法<rt>しほう</rt></ruby>」。

5. 依法治国和以德治国相结合

　　日语译文： 法による国家統治と徳による国家統治の結合/法によって国を治めることと道徳によって国を治めることの結びつき/法治と徳治の結合

> 　　法律是准绳，任何时候都必须遵循；道德是基石，任何时候都不可忽视。在新的历史条件下，我们要把依法治国基本方略、依法执政基本方式落实好，把法治中国建设好，必须坚持依法治国和以德治国相结合，使法治和德治在国家治理中相互补充、相互促进、相得益彰，推进国家治理体系和治理能力现代化。

　　时政文献中，短语"依法治国和以德治国相结合"有以上三种翻译方法，具体采用哪一种翻译方法需要根据上下文来决定。"以德治国"的缩略说法为"德治"，"依法治国"的缩略说法为"法治"，作为概念或者作为标题来使用时，采用「名詞止め」（名词结尾）的翻译方法译为「法治と徳治の結合」更为贴切。

二、关键语句理解与翻译

> 1. 宪法是国家的根本法，是治国安邦的总章程，具有最高的法律地位、法律权威、法律效力，具有根本性、全局性、稳定性、长期性。
> 憲法は国の基本法であり、国家を管理し平和に安定させるための総規則であり、法として最高の地位、権威、効力を備え、基本性、全局性、安定性、長期性を備える。

　　该句中"是……，是……"构成并列关系，译文采用「～であり、～であり」的形式将并列关系翻译出来。"根本性、全局性、稳定性、长期性"为并列表达，四个词均采用直译法进行了翻译。

> 2. 要加强宪法和法律实施，维护社会主义法制的统一、尊严、权威，形成人们不愿违法、不能违法、不敢违法的法治环境，做到有法必依、执法必严、违法必究。

憲法と法律の実施を強化し、社会主義法制の統一、尊厳、権威を維持し、人々が法に違反することを望まず、法に違反することができず、あえて法に違反しようとしない法治環境を形成し、法があれば必ずそれに基づき、法の執行を必ず厳格にし、法に違反すれば必ず追及しなければならない。

此句中，"宪法和法律"与"统一、尊严、权威"为句子成分的并列，翻译时采用直译法，选用语义和形式均和汉语对应的日语同形词翻译为「憲法と法律」「統一、尊厳、権威」。

3. 要坚持依法治国和以德治国相结合，把法治建设和道德建设紧密结合起来，把他律和自律紧密结合起来，做到法治和德治相辅相成、相互促进。
法によって国を治めることと道徳によって国を治めることの結び付きを堅持し、法治建設と道徳建設を密接に結び付け、他律と自律を密接に結び付け、法による管理と道徳による管理の相互補完、相互促進をしなければならない。

此句中"把法治建设和道德建设紧密结合起来，把他律和自律紧密结合起来"为并列句，翻译时采用了直译法，将"法治建设""道德建设""他律""自律"翻译为语义对应的日语同形词，将两个结构一致的"把……紧密结合起来"直译为「～を密接に結び付ける」，忠实再现了原文的并列关系，准确再现了原文所要表达的意义和效果。

4. 准确把握全面推进依法治国工作布局，坚持依法治国、依法执政、依法行政共同推进，坚持法治国家、法治政府、法治社会一体建设。
法による国家統治の全面的推進活動の配置を正確に把握し、法による国家統治、法による執政、法による行政の並行推進を堅持し、法治国家・法治政府・法治社会の一体化建設を堅持する。

"坚持依法治国、依法执政、依法行政共同推进，坚持法治国家、法治政府、法治社会一体建设"是并列句，翻译时采用了直译法，主干部分"坚持……共同推进""坚持……一体建设"翻译为「…並行推進を堅持し、…一体化建設を堅持する」，"依法治国、依法执政、依法行政"采用直译法译为三个并列关系的短语「法による国家統治、法による執政、法による行政」。"法治国家、法治政

府、法治社会"也采用直译法；并用日语中表示并列关系的中圆点「·」来连接。

5. 全面依法治国必须正确处理政治和法治、改革和法治、依法治国和以德治国、
　　依法治国和依规治党的关系。
　　国家統治の全面的法治化を実現するには、政治と法治、改革と法治、法による国家統治と徳による国家統治、法による国家統治と規則による党内管理との関係を正しく処理しなければならない。

　　　　"政治和法治、改革和法治、依法治国和以德治国、依法治国和依规治党"是并列表达，翻译时采用了直译法。其中，并列成分"依规治党"的基本意义为"根据规定管理党内各项事务"，为了体现并列成分句式上的一致性，翻译时参考了"依法治国"的基本翻译方法「名詞＋による＋名詞」，译为「規則による党内管理」。

句内成分并列、并列句

　　　　本单元主题为"全面推进依法治国总目标"，文本用精准的语言、富有逻辑性的表述论述了全面推进依法治国总目标以及实施方略。论述中多处使用并列表达，讲问题、摆事实、说道理，指明工作思路、要点和方向。在翻译过程中，需要在充分理解、读懂原文的基础上，结合汉语词语、句式的表达特点和日语的表述特点进行忠实翻译。

　　　　并列属于语法结构范畴的概念。汉语的联合短语可以细分为并列、递进、选择等关系。复句中的联合复句可以分为并列、顺承、解说、选择、递进五小类。而句群根据句际关系划分，可以分成并列、顺承、解说、选择、递进、条件、假设等类别。可见，并列关系存在于汉语短语、复句、句群层面。

　　　　联合短语由语法地位平等的两项或几项组成，表示并列关系的短语为常见形式之一，如"今天和明天""柴、米、油、盐""辱骂和恐吓""伟大而质朴"等。构成这些并列关系短语的既有名词，如"今天、明天"；也有动词，如"辱骂、恐吓"；还有形容词，如"伟大、质朴"。

　　　　并列复句前后分句分别叙述或描写有关联的几件事情或同一事物的几个方面，分句间或是平列关系或是对举关系。平列关系是指分句间表示的几件事情或几个方面并存，常用的关联词语有"既……又（也）……""有时……有时……""一边……一边……"。对举关系就是前后分句的意义相反或相对，表示两种情况或两件事情的对立或对比，也就是用肯定和否定两个方面对照来说明情况或表达所要肯定的意思。常用的关联词语有"不是……而是……""并非……而是……""是……不是……"，关联词语可以成对使用，

也可以只在后一分句单用。

　　并列表达是汉语短语、复句、句群中常见的结构关系，而短语是由语法上能够搭配的词组合起来的没有句调的语言单位，可以充当句法成分。下一部分将从句内成分中并列关系的翻译、并列句的翻译这两个层面分析并列表达的翻译方法和策略。

找一找

（1）请找一找关键语句中句内成分并列的并列表达都有哪些。
（2）请找一找关键语句中并列句都有哪些。

想一想

请想一想关键语句中的句内成分并列的日语译文有什么特点，并列句的日语译文有什么特点。

说一说

（1）请和同学说一说这些关键语句中并列表达的日语译文有什么特点。
（2）请使用这些关键语句中并列表达的日语译文进行简单的日语会话。

三、重点段落分析与翻译

1. 请认真阅读以下材料，全面理解原文内容，深入领会原文思想，熟悉原文语言特色，并试译其中的并列表达，可查阅和参考资料。

段落一

> 　　党的十八届四中全会和中央全面依法治国工作会议专题研究全面依法治国问题，就科学立法、严格执法、公正司法、全民守法作出顶层设计和重大部署，统筹推进法律规范体系、法治实施体系、法治监督体系、法治保障体系和党内法规体系建设。
>
> ——《中共中央关于党的百年奋斗重大成就和历史经验的决议》

党的十八届四中全会和中央全面依法治国工作会议

法律规范体系、法治实施体系、法治监督体系、法治保障体系和党内法规体系

段落二

改革开放以后，党坚持依法治国，不断推进社会主义法治建设。同时，有法不依、执法不严、司法不公、违法不究等问题严重存在，司法腐败时有发生，一些执法司法人员徇私枉法，甚至充当犯罪分子的保护伞，严重损害法治权威，严重影响社会公平正义。党深刻认识到，权力是一把"双刃剑"，依法依规行使可以造福人民，违法违规行使必然祸害国家和人民。

——《中共中央关于党的百年奋斗重大成就和历史经验的决议》

有法不依、执法不严、司法不公、违法不究

严重损害法治权威，严重影响社会公平正义

依法依规行使可以造福人民，违法违规行使必然祸害国家和人民

段落三

坚持依法治国、依法执政、依法行政共同推进，法治国家、法治政府、法治社会一体建设。全面依法治国是一个系统工程，必须统筹兼顾、把握重点、整体谋划，更加注重系统性、整体性、协同性。依法治国、依法执政、依法行政是一个有机整体，关键在于党要坚持依法执政、各级政府要坚持依法行政。法治国家、法治政府、法治社会三者各有侧重、相辅相成，法治国家是法治建设的目标，法治政府是建设法治国家的主体，法治社会是构筑法治国家的基础。

——2018年8月24日，习近平在中央全面依法治国委员会第一次会议上的讲话

系统性、整体性、协同性

法治国家、法治政府、法治社会

党要坚持依法执政、各级政府要坚持依法行政

坚持依法治国、依法执政、依法行政共同推进，法治国家、法治政府、法治社会一体建设。

段落四

　　坚持处理好全面依法治国的辩证关系。全面依法治国必须正确处理政治和法治、改革和法治、依法治国和以德治国、依法治国和依规治党的关系。社会主义法治必须坚持党的领导，党的领导必须依靠社会主义法治。"改革与法治如鸟之两翼、车之两轮"，要坚持在法治下推进改革，在改革中完善法治。要坚持依法治国和以德治国相结合，实现法治和德治相辅相成、相得益彰。要发挥依法治国和依规治党的互补性作用，确保党既依据宪法法律治国理政，又依据党内法规管党治党、从严治党。

——2018年8月24日，习近平在中央全面依法治国委员会第一次会议上的讲话

改革与法治

鸟之两翼、车之两轮

在法治下推进改革，在改革中完善法治

法治和德治相辅相成、相得益彰

政治和法治、改革和法治、依法治国和以德治国、依法治国和依规治党

社会主义法治必须坚持党的领导，党的领导必须依靠社会主义法治

2. 翻译策略与方法

　　通过阅读原文，我们可以发现《习近平谈治国理政》的文本中大量使用了并列表达。下面我们一起来观察和分析不同类型并列表达的翻译策略和技巧。

2.1 句内成分中并列关系的翻译

翻译策略 | 句内成分的并列，有可能为名词、专有名词等，也有可能为短语，它们可以充当不同的句子成分，如主语、宾语等。在翻译时，首先要分析并列成分的构成，然后根据该并列成分在句子中的语法意义、位置、上下文等选择合适的译词、合适的翻译方法，如直译法、加译法、合译法、分译法、解释性翻译法等。

■ 并列成分均为名词时

　　并列成分均为名词时，为了体现政治文本的准确性、精准性、权威性，一般多用直译法进行翻译，有时也会使用加译法进行翻译。

　　例（1）要加强宪法和法律实施，维护社会主义法制的<u>统一、尊严、权威</u>，形成人们不愿违法、不能违法、不敢违法的法治环境，做到有法必依、执法必严、违法必究。

译文：憲法と法律の実施を強化し、社会主義法制の統一、尊厳、権威を維持し、人々が法に違反することを望まず、法に違反することができず、あえて法に違反しようとしない法治環境を形成し、法があれば必ずそれに基づき、法の執行を必ず厳格にし、法に違反すれば必ず追及しなければならない。

"宪法和法律"这个并列关系的短语采用直译法译为「憲法と法律」。"统一、尊严、权威"是用顿号连接的三个并列名词，翻译时可以根据汉语语序、并列方式直译为「統一、尊厳、権威」。

例（2）只要我们切实尊重和有效实施宪法，人民当家作主就有保证，<u>党和国家</u>事业就能顺利发展。

译文：憲法を確実に尊重し効果的に施行しさえすれば、人民の主人公としての地位は確保でき、<u>党と国家の事業</u>は順調に発展できるのである。

并列成分"党和国家"直接翻译为「党と国家」。其中，日语中「国」「国家」均可以表示"国家"之意，但是在时政文献中，译文要体现汉语文本的权威性、正式性，所以选择了多用于书面表达的日语同形词「国家」。

例（3）政法战线要肩扛公正天平、手持正义之剑，以实际行动维护社会<u>公平正义</u>，让人民群众切实感受到<u>公平正义</u>就在身边。

译文：公安・検察・司法戦線は公平の天秤を肩に担ぎ、正義の剣を手にし、実際の行動で社会の<u>公平と正義</u>を守り、大衆が確実に、<u>公平と正義</u>が身近にあると感じ取れるようにしなければならない。

例（3）中的"公平正义"为并列短语，在翻译时使用了偏书面表达的日语同形词「公平、正義」，并用表示并列关系的助词「と」连接，译为「公平と正義」，清晰表述了两者之间的逻辑关系。这个短语还可以译为「公平・正義」。

例（4）我国宪法以国家根本法的形式，确立了<u>中国特色社会主义道路、中国特色社会主义理论体系、中国特色社会主义制度</u>的发展成果，反映了我国各族人民的共同意志和根本利益，成为历史新时期党和国家的中心工作、基本原则、重大方针、重要政策在国家法制上的最高体现。

译文：わが国の憲法は国家基本法の形式で、<u>中国の特色ある社会主義の道、中国</u>

の特色ある社会主義理論体系、中国の特色ある社会主義制度発展の成果を打ち立て、各民族人民の共通の意志と根本的利益を反映して、歴史の新時期における党と国家の中心的活動、基本的原則、重要な方針、重要な政策の国の法制面における最高の体現となった。

　　"中国特色社会主义道路、中国特色社会主义理论体系、中国特色社会主义制度"为并列关系的专有名词，在翻译时为了准确传递专有名词的意义内涵，体现出时政文献的政治性、权威性，将"中国特色社会主义"译为固定的「中国の特色ある社会主義」，而短语中心语则分别译为语义对应的「道」和多用于书面表达的同形词「理論体系」「制度」。

　　综上所述，并列成分为名词时，为了体现政治文本的准确性、精准性、权威性，一般多用直译法进行翻译，即根据汉语的语序、语法、词语逐一翻译。有时汉语句内成分的并列关系并没有明显的关联词语，对译的日语需要把隐含的语法关系通过日语的语法标记体现出来。此时，往往会使用加译的翻译方法，如添加表示并列关系的助词「と」或符号「・」等。

◼ 并列成分为非名词

　　当并列成分为短语，而非名词时，需要根据该短语表达的意义、在句子中的语法作用、与上下文的关系等进行翻译。可以使用直译法、解释性翻译法等。

　　例（5）只要我们<u>切实尊重和有效实施</u>宪法，人民当家作主就有保证，党和国家事业就能顺利发展。
　　译文：<u>憲法を確実に尊重し、効果的に施行し</u>さえすれば、人民の主人公の地位は確保でき、党と国家の事は順調に発展できるのである。

　　并列短语"切实尊重和有效实施"由两个状中结构短语和连词"和"构成。状中短语"切实尊重""有效实施"的中心语分别为动词"尊重"和"实施"，表示"切实尊重宪法、有效实施宪法"之意。在翻译时选用偏书面语的日语汉字词「尊重する」「施行する」。由于这个并列成分作谓语修饰其后接续的"宪法"，为了让上下文通畅，更符合日语的表述习惯，译文没有使用表示并列关系的助词，而是采用拆分翻译的分译法，变通地翻译为由日语中顿形式连接的两个动词短语。

　　例（6）法治国家、法治政府、法治社会三者<u>各有侧重、相辅相成</u>，法治国家是法治建

设的目标，法治政府是建设法治国家的主体，法治社会是构筑法治国家的基础。

　　译文：法治国家、法治政府、法治社会の三者はそれぞれの重点がありながら互いに補完し合い、法治国家は法治建設の目標であり、法治政府は法治国家を建設する主体であり、法治社会は法治国家を構築する土台である。

　　例（6）中的"各有侧重、相辅相成"是并列表达，翻译时采用合译法，使用日语表示两个动作同时进行的「～ながら、～」句型来连接两个并列成分。汉语"相辅相成"为成语，表明事物间辅助促成且不可或缺的关系，在日语中没有对应的成语，翻译时使用了解释性翻译法，译为「互いに補完し合い」。

　　例（7）领导干部必须带头尊崇法治、敬畏法律，了解法律、掌握法律，遵纪守法、捍卫法治，厉行法治、依法办事，不断提高运用法治思维和法治方式深化改革、推动发展、化解矛盾、维护稳定的能力，做尊法学法守法用法的模范，以实际行动带动全社会尊法学法守法用法。

　　译文：指導幹部は率先して法治を尊び、法律を畏敬し、法律を理解し、法律を把握し、規律・法律を順守し、法治を擁護し、法治を励行し、法に基づいて事を運び、法治思考と法治方法を運用して改革を深化させ、発展を推進し、矛盾を解消し、安定を守る能力を絶えず向上させ、法を尊重し、法を学び、法を守り、法を運用する模範となり、実際の行動で社会全体が法を尊重し、法を学び、法を守り、法を運用するようにけん引しなければならない。

　　例（8）必须坚持中国特色社会主义法治道路，贯彻中国特色社会主义法治理论，坚持依法治国、依法执政、依法行政共同推进，坚持法治国家、法治政府、法治社会一体建设，全面增强全社会尊法学法守法用法意识和能力。

　　译文：中国の特色ある社会主義法治の道を堅持し、中国の特色ある社会主義法治理論を貫徹し、法に基づく国家統治、法に基づく執政、法に基づく行政の共同推進を堅持し、法治国家、法治政府、法治社会を一体的に建設し、社会全体で法を尊重・学習・遵守・運用する意識・能力を全面的に強化しなければならない。

　　例（7）和例（8）中，表示并列关系的短语"尊法学法守法用法"共出现了三次。这个短语表示"尊重法律、学习法律、遵守法律、使用法律"之意，结构内四个部分均为动宾短语。

　　例（7）采用分译法，将四个缩略表达翻译为四个动宾结构「法を尊重し、法を学び、法を守り、法を運用する」，例（9）采用合译法，将短语的四个"法"合并为一个，用表

示并列关系的「・」将四个サ变动词的词干连接翻译为「法を尊重・学習・遵守・運用する」。

总的来说，当并列成分为名词时，一般采用直译法或加译法进行翻译。当并列成分为非名词时，需要在充分理解原文，分析并列表达的语法结构及上下文关系后进行翻译，或是采用直译法，或是采用分译法、合译法、解释性方法等。中文的并列关系可以根据具体情况使用日语助词「と」、中圆点「・」、句型「～たり～たりする」「～ながら～」、用言中顿形式等来表达。

2.2 并列句的翻译

翻译策略 | 在复句中，当前后分句分别叙述或描写有关联的几件事情或同一事物的几个方面时，这样的句子便是并列句。分句间或是平列关系或是对举关系。《习近平谈治国理政》中出现的并列句多数采用直译法翻译。

例（9）<u>宪法是国家的根本法，是治国安邦的总章程</u>，具有最高的法律地位、法律权威、法律效力，具有根本性、全局性、稳定性、长期性。
译文：<u>憲法は国の基本法であり、国家を管理し平和に安定させるための総規則であり</u>、法として、最高の地位、権威、効力を備え、基本性、全局性、安定性、長期性を備える。

例（9）中的两个分句为平列关系的并列句。翻译时选用直译法，将汉语判断句"……是……"翻译为日语句型「～は～だ」的书面体形式「～は～であり、～である」。"根本法"指的是"具有最高法律效力的法律"，可以译为日语「基本法」。"治国安邦"意为"治理国家，使之太平、安定"，在日语中没有与之对应的同形词，所以翻译时采用解释性翻译法，依照其基本含义翻译为「国家を管理し平和に安定させる」。日语「規則」为「それに基づいて、行動や手続きが行われるように定められたきまり」之意，和汉语"章程"所表述的含义一致。

例（10）全面推进依法治国总目标是<u>建设中国特色社会主义法治体系，建设社会主义法治国家</u>。
译文：法による国家統治の全面的推進の総目標とは<u>中国の特色ある社会主義法治体系を建設することであり、社会主義法治国家を建設することである</u>。

例（10）中的"建设中国特色社会主义法治体系，建设社会主义法治国家"为并列句。

翻译时采用直译法，先将动宾结构短语"建设中国特色社会主义法治体系""建设社会主义法治国家"译为动宾结构的日语短语，然后在两个日语动宾结构短语后接形式名词「こと」将该短语名词化，最后根据上下文使用表示并列关系的书面表达句型「…とは…であり、…である」。

例（11）要从中国国情和实际出发，走适合自己的法治道路，<u>决不能照搬别国模式和做法，决不能走西方"宪政"、"三权鼎立"、"司法独立"的路子</u>。
　　译文：中国の国情と実際から出発し、自らにふさわしい法治の道を歩む必要があり、<u>決して他国のモデルとやり方を丸写ししてはならず、西側の「憲政」、「三権分立」、「司法独立」の道を決して歩んではならない</u>。

"决不能照搬别国模式和做法，决不能走西方'宪政'、'三权鼎立'、'司法独立'的路子"是平列关系的并列表达，说明了不能做的两个方面，提示语为"决不能……，决不能……"。翻译时采用直译法，选用表示"绝对"之意的「決して」和书面否定表达句型「～て（で）はならない」搭配，译为句型「決して～てはならず」「決して～ではならない」。短语"照搬别国模式和做法"直接译为「他国のモデルとやり方を丸写す」；"宪政""三权鼎立"直接翻译为日语的对应词汇，"司法独立"因为没有直接对应的日语译词，所以采用移植法进行了翻译。

例（12）<u>全面依法治国决不是要削弱党的领导，而是要加强和改善党的领导</u>，不断提高党领导依法治国的能力和水平，巩固党的执政地位。
　　译文：<u>国家統治の全面的法治化は党の指導を弱めることではなく、党の指導を強化、改善し</u>、法による国家統治に対する党の指導の能力とレベルを絶えず向上させ、党の執政の地位を強固にすることである。

"决不是要削弱党的领导，而是要加强和改善党的领导"是对举关系的并列表达，关联词为"决不是……，而是……"，用肯定和否定两个方面对照来进行说明。"不是……，而是……"前半句为否定判断句，后半句为肯定判断句，可以直接翻译为表达这一并列关系的句型「～ではなく、～」。前半句中的"削弱党的领导"为动宾短语，在直接翻译为短语「党の指導を弱める」后必须加入形式名词「こと」，使得表述名词化，让译文符合日语表述习惯。后半句的"加强和改善党的领导"为并列关系的动宾短语，译为简洁的「～を強化、改善する」的形式。

2.3 并列表达翻译策略与方法总结

翻译策略 | 通过如上例句的翻译观察和分析看出，并列表达在《习近平谈治国理政》中数目众多，且多用于指明工作思路、要点和方向，从多个角度、多个层面对某个问题进行全面、详细说明，这也是时政文献文本的语言特征之一。

并列属于语法结构范畴概念，并列关系存在于汉语短语、复句、句群层面。

从所处语法位置等表达形式上，可以将并列表达分为两大类：句内成分并列、并列句。句内成分并列有时会使用连词"和"表明并列关系，有时仅根据语序、相同的语法结构、语法关系等表明并列关系。并列句有时会使用关联词语"既……又（也）……""有时……有时……""不是……而是……""并非……而是……""是……不是……"等表明并列关系，有时仅根据语序、某个词汇重复出现或具备相同语法结构等表明并列关系。

在翻译并列表达时可以考虑让日语译文在形式和语序上与汉语原文实现最大化的对应；此外，在内容、内涵和语义的翻译转换上，为让译文在正确传递原文信息的同时保证通顺流畅，可以使用符合目的语表达方式、语言习惯的表达，从而实现形式、内容的等值对应。翻译汉语并列表达时，多数采用直译法。此外，还可以不同情况使用加译法、分译法、合译法、解释性方法等。但无论使用何种翻译方法，翻译的根本原则都需要首先确保译文保持原文作为时政文献的政治性、严肃性、严谨性、纲领性和权威性等特性。

四、实践演练

❶ 请将下列句子中的黑体字翻译成日语，写在括号中。

1. **我们党的政策和国家法律**（   ）都是人民根本意志的反映，在本质上是一致的。

2. 坚持从我国实际出发，不等于关起门来搞法治。法治是人类文明的重要成果之一，法治的**精髓和要旨**（   ）对于各国**国家治理和社会治理**（   ）具有普遍意义，我们要**学习借鉴**（   ）世界上优秀的法治文明成果。但是，**学习借鉴**（   ）不等于是简单的拿来主义，必须坚持**以我为主、为我所用**（   ），**认真鉴别、合理吸收**（   ），不能搞"全盘西化"，不能搞"全面移植"，不能照搬照抄。

3. **任何公民、社会组织和国家机关**（   ）都必须以宪法法律为行为准则，依照宪法法律**行使权利或权力**（   ），**履行义务或职责**（   ），都不得有超越宪法法律的特权，一切违反宪法法律的行为都必须予以追究。

2 **请将下列表示并列关系的汉语表达翻译成日语。**

1. 解决好立法、执法、司法、守法等领域的突出矛盾和问题，必须坚定不移推进法治领域改革。

2. 准确把握全面推进依法治国工作布局，坚持依法治国、依法执政、依法行政共同推进，坚持法治国家、法治政府、法治社会一体建设。

3 **请将下列并列句翻译成日语。**

1. 坚持依宪治国、依宪执政。依法治国首先要坚持依宪治国，依法执政首先要坚持依宪执政。

2. 要坚持依法治国和以德治国相结合，把法治建设和道德建设紧密结合起来，把他律和自律紧密结合起来，做到法治和德治相辅相成、相互促进。

4 **请将下文翻译成中文。**

　　三十年来、わが国の憲法はその法としての最高の地位と強大な法制の力によって、人民が主人公となることを力強く保障し、改革開放と社会主義現代化建設を力強く促進し、社会主義法制国家のプロセスを力強く推進し、人権事業の発展を力強く促進し、国家の統一、民族の団結、社会の安定を力強く維持し、わが国の政治、経済、文化、社会生活に極めて大きな影響をもたらした。

五、译海学思专栏

"留守儿童"和"留守老人"

"留守儿童"是指父母双方外出务工或一方外出务工，另一方无监护能力的儿童，一般为不满十六周岁的未成年人。"留守老人"是指那些因子女（全部子女）长期（通常半年以上）离开户籍地进入城镇务工或经商或从事其他生产经营活动而在家留守的父母。

习近平在贵州调研期间，在谈到怎样做好保障和改善民生工作时指出："要关心留守儿童、留守老年人，完善工作机制和措施，加强管理和服务，让他们都能感受到社会主义大家庭的温暖。"

"留守"一词如果表示"监护人或子女不在家，留下儿童、老年人在家里守候"时，可以翻译成日语的"留守番"，即"留守番儿童""留守番老人"。但是，如果直接翻译成意思近似的"留守番儿童""留守番老人"并不能完全表述出汉语"留守儿童""留守老人"的真正内涵。所以，在翻译时使用了异化的翻译策略，采用照搬式翻译法将这两个词译为了"留守儿童""留守老人"，同时为凸显这两个词的特殊性，还在日语译文处加上"「」"以示强调，最终译为了"「留守儿童」「留守老人」"。

翻译时采用异化的翻译策略不仅可以体现出文化自信，而且还是讲好中国故事、做好对外传播工作、构建中国特色话语体系的重要一环。

六、附录

重点段落译文

段落一

　　党的十八届四中全会和中央全面依法治国工作会议专题研究全面依法治国问题，就科学立法、严格执法、公正司法、全民守法作出顶层设计和重大部署，统筹推进法律规范体系、法治实施体系、法治监督体系、法治保障体系和党内法规体系建设。

——《中共中央关于党的百年奋斗重大成就和历史经验的决议》

　　党の十八期四中全会と中央全面的な法に基づく国家統治工作会議は、全面的な法に基づく国家統治をめぐって検討し、科学的な立法、厳格な法執行、公正な司法、全人民による法律の遵守についてトップダウン設計と重要な活動計画を行い、法律規範体系・法治実施体系・法治監督体系・法治保障体系・党内法規体系の整備を統一的に推進した。

——『党の百年奮闘の重要な成果と歴史的経験に関する中共中央の決議』

段落二

　　改革开放以后，党坚持依法治国，不断推进社会主义法治建设。同时，有法不依、执法不严、司法不公、违法不究等问题严重存在，司法腐败时有发生，一些执法司法人员徇私枉法，甚至充当犯罪分子的保护伞，严重损害法治权威，严重影响社会公平正义。党深刻认识到，权力是一把"双刃剑"，依法依规行使可以造福人民，违法违规行使必然祸害国家和人民。

　　改革開放以後、党は法に基づく国家統治を堅持し、社会主義法治建設を不断に推進してきた。同時に、法律があってもそれに依らず、法律が厳しく執行されず、司法の不公正、法律違反の責任が追及されないなどの問題が多くみられ、司法の腐敗がたびたび生じ、一部の法執行・司法担当者が私情で法を曲げ、甚だしきは犯罪者の後ろ盾になり、法治の権威をひどく損ない、社会の公平と正義に深刻な影響をもたらした。党は次のように深く認識した。権力は諸刃の剣であり、法律・法規に基づいて行使すれば人々に幸福をもたらすが、法律・法規に反し

——《中共中央关于党的百年奋斗重大成就和历史经验的决议》

て乱用すれば国と人々に害をもたらすことになる。

——『党の百年奮闘の重要な成果と歴史的経験に関する中共中央の決議』

段落三

坚持依法治国、依法执政、依法行政共同推进，法治国家、法治政府、法治社会一体建设。全面依法治国是一个系统工程，必须统筹兼顾、把握重点、整体谋划，更加注重系统性、整体性、协同性。依法治国、依法执政、依法行政是一个有机整体，关键在于党要坚持依法执政、各级政府要坚持依法行政。法治国家、法治政府、法治社会三者各有侧重、相辅相成，法治国家是法治建设的目标，法治政府是建设法治国家的主体，法治社会是构筑法治国家的基础。

——2018年8月24日，习近平在中央全面依法治国委员会第一次会议上的讲话

法による国家統治、法による執政、法による行政の並行推進、法治国家、法治政府、法治社会の一体的構築を堅持する。国家統治の全面的法治化はシステマチックなプロジェクトであり、必ず統一的に計画しながら各方面に配慮し、重点をとらえ、全体計画を立てなければならず、系統性、全体性、協同性をより重視すべきである。法による国家統治、法による執政、法による行政は有機的な全体であり、その要は党が法による執政を堅持し、各級政府が法による行政を堅持することである。法治国家、法治政府、法治社会の三者はそれぞれの重点がありながら互いに補完し合い、法治国家は法治建設の目標であり、法治政府は法治国家を建設する主体であり、法治社会は法治国家を構築する土台である。

——中央全面依法治国（国家統治の全面的法治化）委員会第一回会議における談話

段落四

　　坚持处理好全面依法治国的辩证关系。全面依法治国必须正确处理政治和法治、改革和法治、依法治国和以德治国、依法治国和依规治党的关系。社会主义法治必须坚持党的领导，党的领导必须依靠社会主义法治。"改革与法治如鸟之两翼、车之两轮"，要坚持在法治下推进改革，在改革中完善法治。要坚持依法治国和以德治国相结合，实现法治和德治相辅相成、相得益彰。要发挥依法治国和依规治党的互补性作用，确保党既依据宪法法律治国理政，又依据党内法规管党治党、从严治党。

——2018年8月24日，习近平在中央全面依法治国委员会第一次会议上的讲话

　　国家統治の全面的法治化の弁証法的関係をうまく処理することを堅持する。国家統治の全面的法治化を実現するには、政治と法治、改革と法治、法による国家統治と徳による国家統治、法による国家統治と規則による党内管理との関係を正しく処理しなければならない。社会主義法治は党の指導を堅持しなければならず、党の指導は社会主義法治に依拠しなければならない。「改革と法治は鳥の両翼、車の両輪のごとく」であり、法治の下で改革を推進し、改革の中で法治を整備することを堅持しなければならない。法による国家統治と徳による国家統治を結びつけることを堅持し、法治と徳治が互いに補完し、あいまってさらに良い結果が生まれるようにさせなければならない。法による国家統治と規則による党内管理の相互補完的な役割を発揮し、党が憲法・法律に基づく国政運営をするとともに、党内の法規に基づく党内管理・党内統治をし、厳格な党内統治を確実に保証しなければならない。

——中央全面依法治国（国家統治の全面的法治化）委員会第一回会議における談話

第七单元

必须坚持和完善
社会主义
基本经济制度

必须坚持和完善社会主义基本经济制度，使市场在资源配置中起决定作用，更好发挥政府作用，把握新发展阶段，贯彻创新、协调、绿色、开放、共享的新发展理念，加快构建以国内大循环为主体、国内国际双循环相互促进的新发展格局，推动高质量发展，统筹发展和安全。本单元将结合坚持和完善社会主义基本经济制度的思想内容，系统介绍对相关理念与表述的理解和翻译策略。

一、核心概念解读

1. 社会主义基本经济制度

日语译文： 社会主義の基本的経済制度

公有制为主体、多种所有制经济共同发展，按劳分配为主体、多种分配方式并存，社会主义市场经济体制等社会主义基本经济制度，既体现了社会主义制度优越性，又同我国社会主义初级阶段社会生产力发展水平相适应，是党和人民的伟大创造。

核心概念"社会主义基本经济制度"中，"社会主义"是名词，"基本"是形容词，都用来修饰"经济制度"，因此翻译成日语时，按照对应的结构，翻译为「社会主義の基本的経済制度」。

2. 新发展阶段

日语译文： 新たな発展段階

全面建成小康社会、实现第一个百年奋斗目标之后，我们要乘势而上开启全面建设社会主义现代化国家新征程、向第二个百年奋斗目标进军，这标志着我国进入了一个新发展阶段。新发展阶段是社会主义初级阶段中的一个阶段，同时是其中经过几十年积累、站到了新的起点上的一个阶段。新发展阶段是我们党带领人民迎来从站起来、富起来到强起来历史性跨越的新阶段。

"新发展阶段"日语译为「新たな発展段階」，需要注意的是，"阶段"不能直译成同形汉字词「階段」，而要译为「段階」。因为日语中的「階段」表示"楼梯、台阶"，「段階」才表示"事物发展进程中划分的段落"。

3. 新发展理念

日语译文： 新たな発展理念

坚定不移贯彻创新、协调、绿色、开放、共享的新发展理念。把新发展理念贯穿发展全过程和各领域，构建新发展格局，切实转变发展方式，推动质量变革、效

率变革、动力变革，实现更高质量、更有效率、更加公平、更可持续、更为安全的发展。

　　"新发展阶段""新发展理念"中的"新"译成日语时都使用了「新た」，而没有使用「新しい」。这是因为「新た」一词具有「物事が今までになく新しいさま。また、改めて新しくするさま」的语义，与"新发展阶段""新发展理念"中的"新"的含义更加契合。

4. 新发展格局
日语译文：新たな発展の形

加快构建以国内大循环为主体、国内国际双循环相互促进的新发展格局。

　　"新发展格局"翻译的关键在于对"格局"一词的处理。汉语中的"格局"有"结构和格式"的语义，日语中没有与之相对应的同形词，所以需要选择可以表示出"结构和格式"语义的「形」一词，将"新发展格局"译为「新たな発展の形」。

5. 高质量发展
日语译文：質の高い発展

　　我国经济已由高速增长阶段转向高质量发展阶段。高质量发展，就是能够很好满足人民日益增长的美好生活需要的发展，是体现新发展理念的发展，是创新成为第一动力、协调成为内生特点、绿色成为普遍形态、开放成为必由之路、共享成为根本目的的发展。

　　"高质量发展"翻译的关键在于不能将汉语中的"质量"简单置换为日语中的「質量」。"高质量"的"质量"表示的是"产品或工作的优劣程度"，日语中对应的是「質」，而不是「質量」。日语中的「質量」，其语义更加偏向于物理学概念意义上的"质量"。因此，"高质量发展"译为「質の高い発展」。

6. 统筹发展和安全
日语译文：発展と安全とを総合的に勘案

坚持总体国家安全观，把发展和安全统一起来，实施国家安全战略，维护和塑造国家安全，统筹传统安全和非传统安全，把安全发展贯穿国家发展各领域和全过程，防范和化解影响我国现代化进程的各种风险，筑牢国家安全屏障。

"统筹发展和安全"的翻译重点在于对"统筹"一词的翻译。汉语的"统筹"是动词，表示"统一筹划"的意思，日语翻译时的关键在于选用「勘案」一词。「勘案」可以作名词和サ变动词，表示「いろいろ考え合わせること」，处理"统筹发展和安全"的翻译时，在「発展と安全を勘案」的基础上加上「総合的」，可以更加突出「勘案」的语义，因此译为「発展と安全を総合的に勘案」。

7. 供给侧结构性改革
日语译文：供 給 側構造改革

供给侧结构性改革是一个系统的理论创新，是马克思主义中国化、中国特色社会主义政治经济学的重大创新和发展，是习近平经济思想的一个重要内涵。首先，这个理论丰富了供给和需求的科学内涵，既不离开需求谈供给，也不离开供给谈需求，强调只有将供给和需求联系起来考虑，才能作出有意义的判断。同时，明确区分有效供给和无效供给，提出供给侧结构性改革要减少无效供给，扩大有效供给，提高供给结构对需求结构的适应性。其次，这个理论创造性地提出并构建了用以指导改革发展实践的理论体系，既分析了供给侧结构性改革要回答的"为何改、改什么、怎么改"等重大改革问题，又在体系中贯穿了改革要遵循的理论逻辑和主线。在分析解决当前和今后一段时期供需失衡矛盾时，既强调供给侧结构性矛盾是主要矛盾，又强调供给要以满足人民日益增长的美好生活需要为目的和归宿。最后，政策主张强调以供给侧管理为主，推动供给与需求良性循环，注重总量性宏观政策与产业政策、微观政策、改革政策和社会政策协调配套。

"供给侧结构性改革"一词中，"供给"与"需求"对应，"侧"即"供给方""供给端"中的"……方""……端"的意思，可以借用日语中的「中国側」「日本側」的「側」来翻译。"结构性改革"虽然还有不同的翻译方式，但在时政文献翻译中，还是使用日语汉字词「構造改革」比较贴切，因此"供给侧结构性改革"整体译为「供 給 側構造改革」。

二、关键语句理解与翻译

1. 中国将在更大范围、更宽领域、更深层次上提高开放型经济水平。
   中国はさらに大きな範囲、幅広い分野、深いレベルで開放型経済の水準を高める。

　　"更大、更宽、更深"作定语，分别修饰中心词"范围、领域、层次"，表达出核心内容在不同层面、范围、不同方面都同样需要突出、重视并统筹推进。"更大范围、更宽领域、更深层次"为层递修辞格，表示范围逐步扩大、领域逐步扩宽、层次逐步扩深。

　　译文整体采用直接对应的翻译方法，语序对应，结构基本对应。其中三个状语中共同的"更"字，选用表示"强调、更进一步"的副词「さらに」整合修饰「大きな～、幅広い～、深い～」，此部分属于合译。

　　层递修辞是一种修辞方法。所谓层递，就是根据事物的逻辑关系，连用结构相似、内容上递升或递降的语句，表达层层递进的事理，例如"更大、更宽、更深"。层递不仅可以加强语言节奏特征，还可以加强语势、强调语义、突出重点、凸显逻辑。

2. 坚持创新发展、协调发展、绿色发展、开放发展、共享发展，是关系我国发展全局的一场深刻变革。这五大发展理念相互贯通、相互促进，是具有内在联系的集合体，要统一贯彻，不能顾此失彼，也不能相互替代。
   今回の全会は、革新発展、調和発展、グリーン発展、開放発展、共有発展を堅持することが、わが国の発展の全局に関わる大きな変革であると強調した。この五つの発展理念は互いに通じあい、互いに促進し合い、内在的に関わりあう統一体であり、統一して貫徹しなければならず、一方に気をとられて他方をおろそかにするようなことがあってはならず、また互いに取って代わることもできない。

　　译文整体采用直接对应的翻译方法，首先是名词性结构「革新発展、調和発展、グリーン発展、開放発展、共有発展」对应五个发展；其后用「～あい、～あい、～あう」的并列句式表达出五大发展理念间统筹发展的关系；最后用「一方に、また～も～」的句式表达出五者间不能相互替代、顾此失彼的关

系，层次分明，逻辑清晰。

3. 供给侧结构性改革，重点是解放和发展社会生产力，用改革的办法推进结构调整，减少无效和低端供给，扩大有效和中高端供给，增强供给结构对需求变化的适应性和灵活性，提高全要素生产率。

供給側構造改革の重点は社会的生産力の解放と発展、改革による構造調整の推進、効果のないまたはローエンドの供給の削減、効果的・ミドルレンジ・ハイエンドの供給の拡大、需要変化に対する供給構造の順応性と柔軟性の強化、全要素生産性の向上にある。

文中的"减少……、扩大……、增强……、提高……"具有鲜明的层递修辞特征，再通过与"无效和低端供给""有效和中高端供给""适应性和灵活性""全要素生产率"结合的表述，充分凸显出改革实施的路径、方法到目标间逐步深入、增强、提升的逻辑关系。

原文是一个结构较为复杂的复句，译文使用了主题句「〜の重点は〜にある」结构进行对应。在翻译时，对原文"减少……、扩大……、增强……、提高……"的动宾结构，译文采用「〜の〜、〜の〜、〜の〜」的名词性结构进行了间接对应。

4. 现代化经济体系，是由社会经济活动各个环节、各个层面、各个领域的相互关系和内在联系构成的一个有机整体。

現代化経済体系は社会経済活動の各部分、各側面、各分野の相互関係と内在的なつながりで構成される有機的な総体である。

"各个环节、各个层面、各个领域"是层递修辞格，强调出经济活动从环节到层面、再到领域相互关联、共同形成有机整体的逻辑性，翻译采用直接对应的方法，依次翻译为「各部分、各側面、各分野」，然后整体作定语修饰「相互関係と内在的なつながり」，清晰、准确、明了。

递进复句和层递修辞

顾名思义，递进复句指后一分句在语义内涵上比前一分句更进一步、更深一层、更高、更大、更广、更深、更加重要等。递进复句是汉语句式的一种，通常后面分句在程度、范围、数量、顺序、高度等方面表达出较前面分句有更进一步的意思。典型的关联词有"不但/不仅/不光……而且/还……"等。例如：

例（1）始建于战国时期的都江堰，距今已有2000多年历史，就是根据岷江的洪涝规律和成都平原悬江的地势特点，因势利导建设的大型生态水利工程，<u>不仅</u>造福当时，<u>而且</u>泽被后世。

译文：戦国時代に造られ始めた都江堰は今から数えて二千年余りの歴史があり、岷江の洪水の発生時期と成都平原の懸江地勢の特徴に合わせて情勢に応じて有利に導き建設された大型生態水利施設で、当時の人々に恩恵をもたらした<u>だけでなく</u>、後世に<u>も</u>恩恵を与えた。

例（1）是使用了"不仅……而且……"关联词的典型递进复句。汉语复句的关联词通常出现在分句句首，对应的日语则通常体现在第一个分句的句尾，有时还会在最后一个分句中使用「～も～」与前面的关联词呼应。上述例（1）即是在前一个分句的句尾使用「～だけでなく、～」，在后一个分句中使用「～も～」，形成「～だけでなく、～も～」的句式结构，以此体现出对"不仅……而且……"的翻译。

使用递进复句的一个重要目的在于递进关系可以加强语势、突出重点、凸显逻辑。在本单元的学习中，除递进复句外，以"更大范围、更宽领域、更深层次"为代表的层递修辞和递进复句一样，也能起到加强语势、强调内涵、突出重点、凸显逻辑关系的效果。

层递可分为递升、递降两大类。递升，就是由轻微到重大逐层推进。递降，就是由重大到轻微逐层退缩。层递修辞通常通过结构相近、相同并连续使用的语句来体现，同时体现出较强的节奏特征。例如：

例（2）党的十八大以来，我们党深刻回答了<u>为什么建设生态文明、建设什么样的生态文明、怎样建设生态文明</u>的重大理论和实践问题，提出了一系列新理念新思想新战略。

译文：第十八回党大会以来、わが党は<u>なぜエコ文明を建設するのか、どんなエコ文明を建設するのか、どのようにエコ文明を建設するのか</u>という理論と実践の重要な課題に突っ込んで答え、一連の新理念、新思想、新戦略を打ち出した。

在例（2）中，"为什么建设、建设什么样的、怎样建设"与中心语"生态文明"结合

分别表达出"建设生态文明"的必要性、目标、路径方法，其内在的逻辑关系即是层递，此层递表达整体作定语修饰"重大理论与实践问题"，整体结构清晰、重点突出、逻辑严密。

　　本句采用直接对应的方法，按照汉语语序进行翻译。最后的"新思想新理念新战略"直译为「新理念、新思想、新戦略」。

找一找

（1）请查阅相关语法书籍，进一步学习有关汉语递进复句的相关知识，分别举出一般递进和衬托递进的关联词语和汉语例句。

（2）请查阅相关语法书籍，进一步学习有关汉语层递修辞格的相关知识，分别举出递升关系层递和递降关系层递的汉语例句。

说一说

（1）请和同学说一说这些递进句的日语译文有什么特点。

（2）请使用「〜だけでなく〜も」「〜更に」进行简单的日语会话。

三、重点段落分析与翻译

1. 请认真阅读以下材料，全面理解原文内容，深入领会原文思想，熟悉原文语言特色，并试译其中的递进表达和层递修辞，可查阅和参考资料。

段落一

　　生态环境是关系党的使命宗旨的重大政治问题，也是关系民生的重大社会问题。我们党历来高度重视生态环境保护，把节约资源和保护环境确立为基本国策，把可持续发展确立为国家战略。随着经济社会发展和实践深入，我们对中国特色社会主义总体布局的认识不断深化，从当年的"两个文明"到"三位一体"、"四位一体"，再到今天的"五位一体"，这是重大理论和实践创新，更带来了发展理念和发展方式的深刻改变。

　　　　　　　　　　　　　　——2018年5月18日，习近平在全国生态环境保护大会上的讲话

递进表达

这是重大理论和实践创新，**更**带来了发展理念和发展方式的深刻转变

段落二

从党的十四大以来的20多年间，对政府和市场关系，我们一直在根据实践拓展和认识深化寻找新的科学定位。党的十五大提出"使市场在国家宏观调控下对资源配置起基础性作用"，党的十六大提出"在更大程度上发挥市场在资源配置中的基础性作用"，党的十七大提出"从制度上更好发挥市场在资源配置中的基础性作用"，党的十八大提出"更大程度更广范围发挥市场在资源配置中的基础性作用"。可以看出，我们对政府和市场关系的认识也在不断深化。

——2013年11月9日，习近平在中共十八届三中全会上作的说明

层递修辞

党的十五大提出"使市场在国家宏观调控下对资源配置起基础性作用"，**党的十六大提出**"在更大程度上发挥市场在资源配置中的基础性作用"，**党的十七大提出**"从制度上更好发挥市场在资源配置中的基础性作用"，**党的十八大提出**"更大程度更广范围发挥市场在资源配置中的基础性作用"。

段落三

进一步处理好政府和市场关系，实际上就是要处理好在资源配置中市场起决定性作用还是政府起决定性作用这个问题。经济发展就是要提高资源尤其是稀缺资源的配置效率，以尽可能少的资源投入生产尽可能多的产品、获得尽可能大的效益。理论和实践都证明，市场配置资源是最有效率的形式。市场决定资源配置是市场经济的一般规律，市场经济本质上就是市场决定资源配置的经济。健全社会主义市场经济体制必须遵循这条规律，着力解决市场体系不完善、政府干预过多和监管不到位问题。作出"使市场在资源配置中起决定性作用"的定位，有利于在全党全社会树立关于政府和市场关系的正确观念，有利于转变经济发展方式，有利于转变政府职能，有利于抑制消极腐败现象。

——2013年11月9日，习近平在中共十八届三中全会上作的说明

层递修辞

有利于在全党全社会树立关于政府和市场关系的正确观念，有利于转变经济发展方式，有利于转变政府职能，有利于抑制消极腐败现象

段落四

党的十八大以来，我国经济发展平衡性、协调性、可持续性明显增强，国内生产总值突破百万亿元大关，人均国内生产总值超过一万美元，国家经济实力、科技实力、综合国力跃上新台阶，我国经济迈上更高质量、更有效率、更加公平、更可持续、更为安全的发展之路。

——中共中央关于党的百年奋斗重大成就和历史经验的决议

层递修辞

更高质量、更有效率、更加公平、更可持续、更为安全

2. 翻译策略与技巧

通过观察可知，《习近平谈治国理政》中使用了较多的递进复句和层递修辞，下面我们来对照原文和译文来观察、思考、学习其翻译思路。

2.1 递进复句的翻译

翻译策略 | 汉语递进复句的标记性关联词有表示一般递进的"不但/不仅/不光……而且……""而且""甚至""并且""还"等，还有表示衬托递进的"尚且……何况……""别说……连……"等，其中"尚且""何况"等可以单独使用。

汉语递进复句的关联词大都出现在主句主语后面，而对应的日语译文的关联词多以副词或表示程度的形容词、形容动词等形式出现，且基本位于前一个分句句尾或后面分句句首，翻译时通常优先保持汉语语序。举例如下。

例（3）在资源利用上线方面，**不仅**要考虑人类和当代的需要，**也**要考虑大自然和后人的需要，把握好自然资源开发利用的度，不要突破自然资源承载能力。

译文：資源利用の基準ラインに関しては、人類と現代の需要だけでなく、自然と後世の需要も考慮に入れなければならず、自然資源の開発・利用の限度を把握し、環境収容力を超えてはならない。

例（4）对那些不顾生态环境盲目决策、造成严重后果的人，必须追究其责任，**而且**应该终身追责。

译文：生態環境を顧みずに盲目的に政策決定をし深刻な結果を招いた者に対して、必ず責任を追及し、<u>さらに</u>一生責任を追及しなければならない。

例（5）我国很多村庄有几百年**甚至**上千年的历史，至今保持完整。

译文：わが国の多くの村落は数百年、<u>ひいては</u>千年にのぼる歴史を持っているが、今なおそれが完全に保たれている。

例（6）开放方面国家可以给一些政策，但**更重要**的还是靠东北地区自己转变观念、大胆去闯。

译文：開放の面で国家は若干の政策を打ち出せるが、<u>より重要</u>なのはやはり東北地区自身の意識転換、大胆な活動をよりどころにすることである。

由例（3）~（6）的中日文画线部分可知，汉语递进复句关联词在译文中基本都有对译体现，译文也同时呈现出递进的逻辑关系，且语序对应。可见，关联词的对应翻译和基本语序保持不变是递进复句中译日的两个基本特征。例（3）的"不仅……"译为「～だけでなく、～」，按照日语表达习惯放在前一个分句的句尾。例（4）中的"而且"译成「さらに」，例（5）的"甚至"译成「ひいては」，语序均未发生根本变化。例（6）的"更重要"译成「より重要なのは～」，副词「より」后续表示程度的形容词和形容动词，表示「それ以上に、もっと」的意思。

2.2 层递修辞的翻译

翻译策略 | 根据事物的逻辑关系，连用内容上递升或递降的语句，表达层层递进的事理，这种修辞格叫层递。层递修辞中语言一环扣一环，内容一步紧跟一步，步步推进，使人的认识层层深入，印象也逐渐加深。

层递的翻译处理与递进复句相同，优先选择在形式、逻辑、语序上直接对应的翻译方法，如果与日语表达句式、语言习惯不能直接匹配，则需要采用灵活的、间接对应的翻译方法。

■ 直接对应的翻译

直接对应的翻译指的是，对照原文的句子结构、用语用词、包括语法修辞的关联词以及逻辑关系，进行逐一呼应的翻译处理。例如，

例（7）我们要积极回应人民群众**所想、所盼、所急**，大力推进生态文明建设，提供更

多优质生态产品，不断满足人民日益增长的优美生态环境需要。

译文：われわれは人民大衆の考えていること、望んでいること、急いでいることに積極的に応じ、エコ文明建設を大いに推進し、より多くの優れた環境財を提供し、人民の日増しに高まる美しい生態環境に対するを絶えず満足させなければならない。

例（8）我国已成为全球生态文明建设的重要**参与者、贡献者、引领者**，主张加快构筑尊崇自然、绿色发展的生态体系，共建清洁美丽的世界。

译文：わが国はすでに世界のエコ文明建設の重要な参加者、貢献者、けん引者となっており、自然の尊重、グリーン発展による生態系の構築を加速し、共に清く美しい世界を建設することを主張している。

例（7）的"所想、所盼、所急"程度逐渐加急加剧，例（8）的"参与者、贡献者、引领者"程度由浅到深，在形式上、词性上、语义上层层递进，使人印象深刻。翻译时均采用直接对应的方法，分别翻译为「考えていること、望んでいること、急いでいること」「参加者、貢献者、けん引者」。其中例（7）译文中的「～こと、～こと、～こと」将"所想、所盼、所急"隐含的内容用「こと」明示化出来，这样的方法在翻译中也称为明晰化翻译。

例（9）高质量发展，就是能够很好满足人民日益增长的美好生活需要的发展，是体现新发展理念的发展，是**创新成为第一动力、协调成为内生特点、绿色成为普遍形态、开放成为必由之路、共享成为根本目的**的发展。

译文：質の高い発展とは、人民の日ごとに増大する素晴らしい生活への需要を十分に満たせる発展であり、新たな発展理念を体現する発展であり、革新が第一の原動力となり、協調が内発的な特徴になり、環境への配慮が普遍的な形態となり、開放が避けて通れない道となり、共有が根本的な目的となる発展である。

例（9）是对"高质量发展"的阐释，其中"创新成为第一动力、协调成为内生特点、绿色成为普遍形态、开放成为必由之路、共享成为根本目的"体现出程度由浅到深、路径由基础到目标，逐步具体、透彻、深入，具有鲜明的层递修辞特点。

译文采用「～となり、～になり、～となり、～となり、～となる」句式，在结构上和原文形成对应。其中，将"绿色"阐释性地翻译成「環境への配慮」值得关注和学习。

时政文献的外译中最常用的是直接对应的翻译方法，这样不仅可以让译文与原文的结构、内容和语言风格保持一致，还能保证时政文献的严谨性和严肃性得到充分还原。

间接对应的翻译

当汉日双语在语言结构、语法形式、用词用语上不能用直接对应的方法翻译时，就需要使用间接对应的方法翻译。

例（10）保护生态环境必须**依靠制度、依靠法治**。

译文：生態環境を保護するには、制度や法治に依拠しなければならない。

例（11）一定要**算大账、算长远账、算整体账、算综合账**，如果因小失大、顾此失彼，最终必然对生态环境造成系统性、长期性破坏。

译文：必ず大局の利益、長期の利益、全体の利益、総合的な利益を図らなければならない。もし小事にこだわって大事をしくじったり、一方に気を取られて他方をおろそかにしたりすれば、最終的に生態環境に必ず系統的、長期的なダメージを与える。

例（12）在生态保护红线方面，要建立严格的管控体系，实现一条红线管控重要生态空间，确保**生态功能不降低、面积不减少、性质不改变**。

译文：生態保護のレッドラインに関しては、厳格な管理・規制体制を構築し、一本のレッドラインによる重要な生態空間の管理・規制を実現し、生態系の機能が低下せず面積が減少せず性質が変化しないよう確保しなければならない。

上述例（10）（11）（12）中的"依靠制度、依靠法治""算大账、算长远账、算整体账、算综合账""生态功能不降低、面积不减少、性质不改变"各组语句结构相似、内容递升、语义呼应，程度由低到高、语义由浅到深、步步推进，均体现出鲜明的层递修辞特征。

例（10）运用了明晰化和合译两种方法。明晰化体现在将汉语隐含的目的关系以日语「には」明示出来；而合译则体现在先将动宾短语"依靠制度、依靠法治"中的两个宾语以「～や～」连接，再用一个谓语动词「～に依拠する」来整合。

例（11）中，将原文的一个句子拆分译为两个句子，翻译中也称分译。其次四个动宾短语"算大账、算长远账、算整体账、算综合账"对应四个名词性结构「～の（な）利益」，在其后以一个谓语动词「図る」合译为一个句子。此外，后一句中的"因小失大、顾此失彼"用表示并列的「～たり～たりする」句式进行翻译，使得译文自然流畅。

例（12）原文后半句的三个小分句"生态功能不降低、面积不减少、性质不改变"中均使用了表示否定的"不"。译文中，用「低下する」「減少する」的否定古语形式「ず」分别对应"不降低""不减少"，并将最后一个动词「変化する」变形为「しないよう」，且后续谓语动词「確保」+句型「～しなければならない」结句。

如上例（10）（11）（12）所示，作为间接对应的翻译方法，明晰化、合译、分译等都

是最大化实现汉日等值转换的有效方法。再例如，

例（13）在整个发展过程中，我们都要坚持节约优先、保护优先、自然恢复为主的方针，**不能**只讲索取不讲投入，**不能**只讲发展不讲保护，**不能**只讲利用不讲修复，**要像保护眼睛一样保护生态环境，像对待生命一样对待生态环境**，多谋打基础、利长远的善事，多干保护自然、修复生态的实事，多做治山理水、显山露水的好事，让群众**望得见山、看得见水、记得住乡愁**，让自然生态美景永驻人间，还自然以宁静、和谐、美丽。

译文：発展のすべての過程において、われわれは節約優先、保護優先、自然回復を主とする方針を堅持しなければならず、求めることだけを重んじ投入をおろそかにし、発展だけを重んじ保護をおろそかにし、利用だけを重んじ修復をおろそかにしてはならない。目を保護するように生態環境を保護し、生命を大切にするように生態環境を大切にすべきであり、基礎を打ち固め将来に恩恵をもたらす善事を多く図り、自然を保護し生態系を回復する実際的な事を多くやり、水資源と森を守る良い事をよく行い、大衆が山を眺めることができ、きれいな水が見え、郷愁を覚えるようにさせ、自然の美しい風景が永遠に地球に残る、静かで、調和のとれた、美しい自然を取り戻さなければならない。

例（13）是一个结构比较复杂的长难句。译文首先使用分译将原句拆分译为两个句子；其次，针对层递修辞中的三个"不能……"，用同一个「～してはならない」进行合译。可见，用同一个谓语动词进行合译的方式可以避免日语译文的冗余，是翻译此类结构句式较为常用的方法。

除此之外，"要像保护眼睛一样保护生态环境，像对待生命一样对待生态环境""让群众望得见山、看得见水、记得住乡愁"均为层递修辞表达。前者的译文中，「目を保護するように生態環境を保護し」和「生命を大切にするように生態環境を大切にすべき」略有不同，前者采用直接对应的翻译方法，后者用「大切にする」对应原文的"对待"，属间接对应；后者先依照汉语语序直接翻译出"望得见山、看得见水"和"记得住乡愁"，然后使用日语使役句式「～ようにさせる」整合成句，再现这组表达中的层递语义。

由此可见，同一个句子的翻译处理中，并非只能"直接"到底或"间接"到底；无论我们翻译的是时政文献还是非时政文献，也不仅限于递进复句或层递修辞，翻译的最终目的是为了与目的语受众实现语义内涵交流上的等值。因此，译者应尽最大努力呈现符合目的语语言习惯和表达方式的译文。

通过本单元的观察和学习可以看出，诸如"不但/不仅/不光……而且/还/……"等关联

词引导下的递进复句，和诸如"更大范围、更宽领域、更深层次"等的层递修辞表达，两者虽然结构不同，但在加强语势、强调语义，突出重点，凸显逻辑关系的语言效果表达上有相似之处。因此，思考、学习并掌握对应的日语翻译，不仅对日语学习者，对汉日翻译学习者，尤其是对理解当代中国、阐释当代中国、传播当代中国有着重要的价值和意义。

另一方面，在递进复句和层递修辞的翻译处理中，首要原则是最大化优先结构形式上与汉语对应的同时，力求内容和语义内涵上的等值转换。为此，我们应该灵活使用直接对应和间接对应的翻译方法。但无论是直接对应还是间接对应，确保时政文献的政治性、严肃性、严谨性、纲领性和权威性可谓是翻译的根本原则。

汉语递进复句和层递修辞的日语翻译是本单元学习的核心内容，翻译好这些内容，不仅需要不断学习和掌握时政文献的内涵，还需要学习和思考其他类型文本的译文。汉日翻译转换中，全面了解汉语和日语的语言特征和文化特性，在翻译中力求最大化达成双方语言文化的等值呼应，最大化实现译文读者和原文读者获得一致的理解和感受是我们翻译的最终目标。

四、实践演练

1 **请将下列包含递进复句的句子翻译成日语，写在括号中。**
1. 我们要重视量的发展，但更要重视解决质的问题，在质的大幅提升中实现量的有效增长。（　　　　）
2. 那些徘徊不前甚至倒退的国家，就是没有实现这种根本性转变。（　　　　）
3. 更明确地说，高质量发展，就是从"有没有"转向"好不好"。（　　　　）

2 **请将下列包含层递修辞的句子翻译成日语。**
1. 在市场作用和政府作用的问题上，要讲辩证法、两点论，"看不见的手"和"看得见的手"都要用好，努力形成市场作用和政府作用有机统一、相互补充、相互协调、相互促进的格局，推动经济社会持续健康发展。
2. 推进供给侧结构性改革，要从生产端入手，重点是促进产能过剩有效化解，促进产业优化重组，降低企业成本，发展战略性新兴产业和现代服务业，增加公共产品和服务供给，提高供给结构对需求变化的适应性和灵活性。简言之，就是去产能、去库存、去杠杆、降成本、补短板。
3. 我国经济已由高速增长阶段转向高质量发展阶段，正处在转变发展方式、优化经济

结构、转换增长动力的攻关期，建设现代化经济体系是跨越关口的迫切要求和我国发展的战略目标。

3 **请将画线部分的中文翻译成日语，写在括号中。**

1. 要加快划定并严守<u>生态保护红线</u>（　　　　　）、<u>环境质量底线</u>（　　　　　）、<u>资源利用上线</u>（　　　　　）三条红线。对突破三条红线、仍然沿用粗放增长模式、<u>吃祖宗饭砸子孙碗</u>（　　　　　）的事，绝对不能再干，绝对不允许再干。

2. 三是良好生态环境是最普惠的民生福祉。<u>民之所好好之</u>（　　　　　），<u>民之所恶恶之</u>（　　　　　）。环境就是民生，青山就是美丽，蓝天也是幸福。发展经济是为了民生，保护生态环境同样也是为了民生。

3. 每个人都是生态环境的保护者、建设者、受益者，没有哪个人是旁观者、局外人、批评家，<u>谁也不能只说不做、置身事外</u>（　　　　　）。要增强全民节约意识、环保意识、生态意识，<u>培育生态道德和行为准则</u>（　　　　　），开展全民绿色行动，动员全社会都以实际行动减少能源资源消耗和污染排放，为生态环境保护作出贡献。

4 **请将下文翻译成中文。**

　　第六に、環境対策のレベルを高める。環境対策はシステム工学であり、行政、市場、法治、科学技術などの多くの手段を総合的に運用しなければならない。市場化の手段を十分に運用し、生態環境保護の市場化の歩みを推進し、より多くの民間資本が生態環境保護の分野に参入するよう働きかける必要がある。資源環境価格メカニズムを整備し、生態環境のコストを経済運営のランニングコストに組み入れる。さまざまな方式で政府と民間資本の協力プロジェクトを支援する。生態環境を保護するために使うべきお金は使わなければならず、投入すべきお金は決して出し惜しんではならない。資金投入と汚染対策難関攻略任務がマッチするよう堅持しなければならない。重度大気汚染の原因の研究と対策、京津冀地域の環境総合対策に関する重要プロジェクトなどの科学技術の難関攻略を強化し、オゾン、揮発性有機化合物および新しい汚染物対策に対する特別研究と前向き研究を展開し、経済・社会の発展に関わる重大な生態環境問題に対して対策的研究を展開し、成果の実用化と応用を加速し、科学的政策決定、環境管理、的確な汚染対策、市民サービスのためにサポートを行う。積極的な気候変動対策に関する国家戦略を実行し、公平・合理、協力・ウインウインのグローバル気候ガバナンス体系の確立を推進、誘導し、わが国の責任ある大国としてのイメージをはっきりと示し、人類運命共同体の構築を推進しなければならない。

五、译海学思专栏

直译与意译

直译指偏重于遵从原文字句及形式进行翻译，意译指偏重于遵从原文的语义和信息，在不作逐字逐句的对译处理前提下，相对脱离源语的结构和形式来进行翻译。应该说，两者作为翻译方法首先没有对错，至于孰优孰劣，翻译学界和译界尚无定论，每位译者都有自己的观点。面对不同的文本在直译和意译时产生的不同的效果，作为译者需要具体分析，翻译处理时也不要想当然。

（1）-1 女士们、先生们、朋友们！一代人有一代人的使命。建设生态文明，<u>功在当代，利在千秋</u>。让我们从自己、从现在做起，把接力棒一棒一棒传下去。

译文：ご来賓の皆さん、友人の皆さん。各時代にはその時代の人の使命がある。エコ文明の建設は、その功績が当代にあるが、その利益は千年の長きに及ぶ。自分から、今から、このバトンを次々に渡していこう。

（1）-2 同志们！生态文明建设<u>功在当代、利在千秋</u>。

译文：同志の皆さん。エコ文明建設は<u>後世の人々のために今われわれが成し遂げるべき事業</u>である。

（2）-1 坚决打赢<u>蓝天保卫战</u>是重中之重。

译文：<u>青空防衛戦</u>に断固勝利することは最優先課題だ。

（2）-2 坚持全民共治、源头防治，持续实施大气污染防治行动，打赢<u>蓝天保卫战</u>。

译文：国民全員の参加、根源からの防止・解消を堅持し、大気汚染対策行動の実施を継続し、<u>青い空を守る闘い</u>に勝利する。

第（1）组原文里都出现了"功在当代，利在千秋"这个表达形式。通过对比译文，我们可以发现例（1）-1采取了直译的方式，例（1）-2则采用了意译的方式。第（2）组原文里都出现了"蓝天保卫战"，两组译文可以说都是采用

了直译的方式，只是例（2）-1直接译成了日语中的汉字词「青空防衛戦」，符合书面语的特征；例（2）-2则译成了「青い空を守る闘い」，相对更加通俗易懂。可见，翻译过程中未必就是直译贯穿始终，或者意译彻头彻尾，往往是直译和意译等多种翻译方法交替并用。

如上所示，同一个词语或句子甚至语段的翻译时常可能有翻译方法的多重选择，究竟选用哪种翻译策略和方法，往往并不是某个单一的因素决定的。针对不同的语境、文本和翻译目的采用不同的翻译方法，这是我们需要持之以恒思考、训练和实践的核心。比如：是否符合日语的表达习惯？搭配是否贴切？是否自然、流畅？是否易于理解、朗朗上口？文体风格是否一致？语义是否精准？这些都是我们需要在翻译过程中予以重视和解决的问题。

六、附录

重点段落译文

段落一

生态环境是关系党的使命宗旨的重大政治问题，也是关系民生的重大社会问题。我们党历来高度重视生态环境保护，把节约资源和保护环境确立为基本国策，把可持续发展确立为国家战略。随着经济社会发展和实践深入，我们对中国特色社会主义总体布局的认识不断深化，从当年的"两个文明"到"三位一体"、"四位一体"，再到今天的"五位一体"，这是重大理论和实践创新，更带来了发展理念和发展方式的深刻改变。

——2018年5月18日，习近平在全国生态环境保护大会上讲话

生態環境は党の使命と宗旨に関わる重大な政治問題であり、民生に関わる重大な社会問題でもある。我が党は一貫して生態環境保護を非常に重視し、資源節約と環境保護を基本国策として確立し、持続可能な発展を国家戦略として確立している。経済・社会の発展と実践の深化に伴い、中国の特色ある社会主義の全体配置に対するわれわれの認識が絶えず深まり、かつての「二つの文明」から「三位一体」「四位一体」さらに今日の「五位一体」になり、これは理論と実践の重要な革新であり、それにも増して発展理念と発展方式に著しい転換をもたらした。

——全国生態環境保護大会における談話

段落二

从党的十四大以来的20多年间，对政府和市场关系，我们一直在根据实践拓展和认识深化寻找新的科学定位。党的十五大提出"使市场在国家宏观调控下对资源配置起基础性作用"，党的十六大提出"在更大程度上发挥

第十四回党大会以来の二十年余りの間に、政府と市場の関係について、われわれは一貫して実践の広がりと認識の深化を踏まえ、新たな科学的位置づけを模索してきた。第十五回党大会では「国のマクロコントロールの下で市場に資源配分における基礎的役割を果たさせる」ことを提起し、第十六回党大会では「市場の資源配

市场在资源配置中的基础性作用",党的十七大提出"从制度上更好发挥市场在资源配置中的基础性作用",党的十八大提出"更大程度更广范围发挥市场在资源配置中的基础性作用"。可以看出,我们对政府和市场关系的认识也在不断深化。

——2013年11月9日,习近平在中共十八届三中全会上作的说明

分における基礎的役割をより大きな度合いで発揮させる」ことを提起し、第十七回党大会では「制度の面で市場の資源配分における基礎的役割をよりよく発揮させる」ことを提起し、第十八回党大会では「市場の資源配分における基礎的な役割をより大きな度合い、より広い範囲で発揮させる」ことを提起した。こうしたことから、われわれの政府と市場の関係に対する認識が絶えず深まっていることが見てとれる。

——中国共産党第十八期三中全会における説明

段落三

进一步处理好政府和市场关系,实际上就是要处理好在资源配置中市场起决定性作用还是政府起决定性作用这个问题。经济发展就是要提高资源尤其是稀缺资源的配置效率,以尽可能少的资源投入生产尽可能多的产品、获得尽可能大的效益。理论和实践都证明,市场配置资源是最有效率的形式。市场决定资源配置是市场经济的一般规律,市场经济本质上就是市场决定资源配置的经济。健全社会主义市场经济体制必须遵循这条规律,着力解决市场体系不完善、政府干预过多和监管不到位问题。作出"使市场在资源配置中起决定性作用"的定位,有利于在全党全社

政府と市場の関係をさらによく処理することは、実際には資源配分において市場が決定的な役割を果たすのか、それとも政府が決定的な役割を果たすのかという問題を上手に処理することである。経済の発展とは資源、とりわけ希少資源の配分効率を高め、できるだけ少ない資源の投入でできるだけ多くの製品を生産し、できるだけ大きな収益を上げることである。理論と実践はいずれも、市場による資源配分が最も効率的な形態であることを立証している。市場が資源配分を決定することは市場経済の一般法則であり、市場経済は実質的には市場が資源配分を決定する経済である。社会主義市場経済体制を健全にするには、必ずこの法則に従わなければならず、市場体系の未整備や、政府が介入しすぎたり管理監督が行き届かないといった問題の解決に力を入れなければならない。「資源配分における決定的役割を市場に果たさせる」

会树立关于政府和市场关系的正确观念，有利于转变经济发展方式，有利于转变政府职能，有利于抑制消极腐败现象。

——2013年11月9日，习近平在中共十八届三中全会上作的说明

との位置付けは、全党と社会全体が政府と市場の関係について正しい意識を形成するのに役立ち、経済の発展パターンの転換に役立ち、政府機能の転換に役立ち、消極的で腐敗する現象の抑制にも役立つ。

——中国共産党第十八期三中全会における説明

段落四

党的十八大以来，我国经济发展平衡性、协调性、可持续性明显增强，国内生产总值突破百万亿元大关，人均国内生产总值超过一万美元，国家经济实力、科技实力、综合国力跃上新台阶，我国经济迈上更高质量、更有效率、更加公平、更可持续、更为安全的发展之路。

——《中共中央关于党的百年奋斗重大成就和历史经验的决议》

第18回党大会以来、わが国の経済発展の均衡性・調和性・持続可能性が著しく向上し、国内総生産GDPは初めて100兆元の大台に乗り、1人当たりのGDPは1万ドルを上回り、国の経済力、科学技術力、総合国力が新たな段階へと進み、わが国の経済はより質の高い、より効率的で、より公平で、より持続可能で、より安全な発展の道を歩み出した。

——『党の百年奮闘の重要な成果と歴史的経験に関する中共中央の決議』

第八单元

党在新时代的
强军目标

党在新时代的强军目标是建设一支听党指挥、能打胜仗、作风优良的人民军队，把人民军队建设成为世界一流军队。本单元将结合党在新时代军队建设的思想内容，系统介绍对相关理念与表述的理解和翻译策略。

一、核心概念解读

1. 党在新时代的强军目标
日语译文： 新時代における党の軍隊強化目標

党在新时代的强军目标是建设一支听党指挥、能打胜仗、作风优良的人民军队，把人民军队建设成为世界一流军队。听党指挥是灵魂，决定军队建设的政治方向；能打胜仗是核心，反映军队的根本职能和军队建设的根本指向；作风优良是保证，关系军队的性质、宗旨、本色。

从结构上看，"党在新时代的强军目标"属于偏正关系短语，在翻译"新时代"和"目标"时均使用了日语中的同形词。"强军"则采用「軍隊強化」一词进行了解释说明，方便理解词义。

2. 党对人民军队的绝对领导
日语译文： 人民軍隊に対する党の絶対的指導

坚持党对人民军队的绝对领导，就是全军对党要绝对忠诚，军队必须完全地、无条件地置于中国共产党的领导之下。坚持党对人民军队的绝对领导是中国特色社会主义的本质特征，是党和国家的重要政治优势，是人民军队的建军之本、强军之魂。

从结构上看，"党对人民军队的绝对领导"属于偏正关系短语。在翻译时，"党""人民""军队""绝对"均使用了日语中的同形词。"领导"则采用「指導」一词，强调了思想面的指引和领导。

3. 政治建军、改革强军、科技强军、人才强军、依法治军
日语译文： 政治主導の軍隊建設、改革による軍隊強化、科学技術による軍隊強化、人材による軍隊強化、法に基づく軍隊統治

政治建军主要是发挥政治工作生命线作用，确保党对人民军队的绝对领导，永葆人民军队性质、宗旨、本色。改革强军主要是解决制约国防和军队建设的体制性

障碍、结构性矛盾、政策性问题，推进军队组织形态现代化，构建中国特色现代军事力量体系，完善和发展中国特色社会主义军事制度。科技强军主要是树立科技是核心战斗力的思想，坚持自主创新的战略基点，提高科技创新对人民军队建设和战斗力发展的贡献率。人才强军主要是把培养干部、培养人才摆在更加突出的位置，着力锻造忠诚干净担当的高素质干部队伍，着力集聚矢志强军打赢的各方面优秀人才。依法治军主要是构建完善中国特色军事法治体系，推动治军方式根本性转变，提高国防和军队建设法治化水平。

从结构上看，这五个短语的结构均是偏正关系。其中，除了使用助词「の」的修饰结构之外，还采用了「～による」「～に基づく」的修饰结构。「～による」和「～に基づく」都含有"通过、依据、根据"之意。

4. 中国特色强军之路
日语译文：中国の特色ある強軍の道

中国特色强军之路，本质特征是坚持中国共产党对人民军队的绝对领导，坚持人民军队的性质、宗旨、本色。基本要求是深入贯彻习近平强军思想，坚持政治建军、改革强军、科技强军、人才强军、依法治军，聚焦能打仗、打胜仗，推动机械化信息化融合发展，加快军事智能化发展，构建中国特色现代军事力量体系，完善和发展中国特色社会主义军事制度，不断提高履行新时代使命任务能力。战略目标是把人民军队全面建成世界一流军队。

从结构上看，"中国特色强军之路"属于偏正关系短语。在翻译时，直接采用了中日同形词。

5. 新时代人民军队使命任务
日语译文：新時代の人民軍隊の使命と任務

进入新时代，中国军队依据国家安全和发展战略要求，坚决履行党和人民赋予的使命任务，为巩固中国共产党领导和社会主义制度提供战略支撑，为捍卫国家主权、统一、领土完整提供战略支撑，为维护国家海外利益提供战略支撑，为促进世界和平与发展提供战略支撑。

　　"新时代人民军队使命任务"属于偏正关系短语，翻译时使用了日语同形词。其中，"使命任务"构成并列关系，在翻译时使用了助词「と」将「使命」和「任务」连接在一起，构成了该短语的中心语。

二、关键语句理解与翻译

1. 保证党对军队的绝对领导，关系我军性质和宗旨、关系社会主义前途命运、关系党和国家长治久安，是我军的立军之本和建军之魂。
   軍隊に対する党の絶対的指導を保証することは、わが軍の性格と根本目的、社会主義の前途と運命、党と国家の長期的安定に関わるもので、わが軍の建軍の基本原則・魂である。

　　译文中把由一系列"关系……"引导的几个短语合译为了「～に関わる」，并通过使用偏正关系名词短语与顿号相结合的方式，兼顾了原句的排比结构特征，语言简洁明了，而且符合日语的表述习惯。此外，"立军之本"一词译为「建軍の基本原則」，采用了意译的方法加以说明解释，便于受众理解。

2. 能打仗、打胜仗是强军之要，必须按照打仗的标准搞建设抓准备，确保我军始终能够召之即来、来之能战、战之必胜。
   「戦闘ができ、戦闘に勝利できる」ことは軍隊強化の要であるゆえ、必ずや「戦闘」ということを基準にして整備や準備に取り組んで、軍隊が「呼べばすぐ来る、来れば戦える、戦えば必ず勝つ」という目標を確実に全うできるようにしなければならない。

　　其中，"召之即来、来之能战、战之必胜"构成排比关系，强调了党对军队的绝对领导和军队的使命。译文通过「～ば」与动词「来る」「戦える」「勝つ」相衔接的方式，在内容上形成逐层递进，充分体现了原文主句的内涵与气势。

3. 要适应强军目标要求，把握新形势下铸魂育人的特点和规律，着力培养有灵魂、有本事、有血性、有品德的新一代革命军人。

軍隊強化の目標・要求に適応し、新たな情勢下で魂を鍛えて人を育てるという特徴と法則を把握し、魂があり、能力があり、気骨があり、品性のある次世代の革命軍人の育成に取り組まなければならない。

译文的结构与原文一一对应，原文主句中由一系列"有……"构成的排比结构，在译文中通过几个「～がある」构成并列关系，使语序和结构上得到完整保留和体现。

4. 要聚焦能打仗、打胜仗，健全完善党委工作和领导干部考核评价体系，形成有利于提高战斗力的舆论导向、工作导向、用人导向、政策导向，以刚性措施推动战斗力标准硬起来、实起来。

戦闘ができ、戦闘に勝利できることに焦点を合わせ、党委員会の活動と指導幹部の審査・評価システムを整え、戦闘力の向上につながる世論の指向、活動の指向、任用の指向、政策の指向を形成し、厳格な措置をとり戦闘力基準が強固で充実したものになるように推進しなければならない。

本句通过几个"……导向"的并列构成排比结构。译文使用「～の指向」与此对应，构成偏正关系的名词排比结构。此外，对于"刚性"一词，日语意译为「厳格な」，充分体现了"严格要求"的内涵。

5. 把军民融合发展上升为国家战略，是我们长期探索经济建设和国防建设协调发展规律的重大成果，是从国家发展和安全全局出发作出的重大决策，是应对复杂安全威胁、赢得国家战略优势的重大举措。

軍民融合の発展を国家戦略に格上げするのは、われわれが長年、経済建設と国防建設の調和のとれた発展の法則を模索する中で収めた重要な成果であり、国家の発展と安全保障の全般を踏まえて下した重要政策決定であり、複雑な安全保障上の脅威に対応し、国家戦略上の優位を勝ち取る重要な措置である。

本句由几个"是……"构成排比句，译文使用「～であり」与之对应。原文中多次出现"重大"一词，日语译为了「重要」，使原文主句的形式和结构得到完整体现。

排比修辞

本单元重点围绕时政文献的排比句翻译，探讨时政文献中排比修辞的翻译策略。

汉语的排比修辞是一种运用十分广泛的修辞方式，常见于散文、诗词、戏剧、议论文等文体当中。它由三个或三个以上结构相同或相似、内容相关、语气一致的短语或句子排列在一起，用来增强语言的气势、强调内容、抒发感情。从句式上看，整齐均匀，语气热烈奔放；从效果上看，排比用于抒情时，节奏和谐、感情洋溢。用于叙事或写景时，描写细腻、惟妙惟肖；用于说理时，具有层次清晰、结构严谨、思路清晰等效果。

找一找

请找一找关键语句中的排比修辞都有哪些。

想一想

（1）请想一想这些排比修辞的日语译文分别是什么。
（2）请想一想排比修辞对表达情感起了什么作用。

说一说

（1）请和同学说一说这些排比修辞的日语译文有什么特点。
（2）请使用这些排比修辞进行简单的日语会话。

三、重点段落分析与翻译

1. 请认真阅读以下材料，全面理解原文内容，深入领会原文思想，熟悉原文语言特色，并试译其中的排比修辞，可查阅和参考资料。

段落一

　　听党指挥是灵魂，决定军队建设的政治方向；能打胜仗是核心，反映军队的根本职能和军队建设的根本指向；作风优良是保证，关系军队的性质、宗旨、本色。全军要准确把握这一强军目标，用以统领军队建设、改革和军事斗争准备，努力把国防和军队建设提高到一个新水平。要铸牢听党指挥这个强军之魂，坚持党对军队绝对领导的根本原则和人民军队的根本宗旨不动摇，确保部队绝对忠诚、绝对纯洁、绝对可靠，一切行动听从党中央和中央军委指挥。要扭住能打仗、打胜仗这个强军之要，强化官兵当兵打仗、带兵打仗、练兵打仗思想，牢固树立战斗力这个唯一的根本的标准，按照打仗的要求搞建设、抓准备，确保部队召之即来、来之能战、战之必胜。作风优良是我军的鲜明特色和政治优势。要把改进作风工作引向深入，贯彻到军队建设和管理每个环节，真正在求实、务实、落实上下功夫，夯实依法治军、从严治军这个强军之基，保持人民军队长期形成的良好形象。

　　——2013年3月11日，习近平在第十二届全国人民代表大会
第一次会议解放军代表团全体会议上的讲话

听党指挥是灵魂，决定军队建设的政治方向；能打胜仗是核心，反映军队的根本职能和军队建设的根本指向；作风优良是保证，关系军队的性质、宗旨、本色。

确保部队绝对忠诚、绝对纯洁、绝对可靠

强化官兵当兵打仗、带兵打仗、练兵打仗思想

确保部队召之即来、来之能战、战之必胜

真正在求实、务实、落实上下功夫

段落二

——推进强军事业，必须坚持政治建军、改革强军、科技兴军、依法治军，全面提高国防和军队现代化水平。要深入贯彻古田全军政治工作会议精神，发挥政治工作生命线作用，培养有灵魂、有本事、有血性、有品德的新一代革命军人，锻造铁一般信仰、铁一般信念、铁一般纪律、铁一般担当的过硬部队，永葆人民军队性质、宗旨、本色。全军要坚定不移深化国防和军队改革，深入解决制约国防和军队建设的体制性障碍、结构性矛盾、政策性问题，完善和发展中国特色社会主义军事制度，加快构建能够打赢信息化战争、有效履行使命任务的中国特色现代军事力量体系。要全面实施科技兴军战略，坚持自主创新的战略基点，瞄准世界军事科技前沿，加强前瞻谋划设计，加快战略性、前沿性、颠覆性技术发展，不断提高科技创新对人民军队建设和战斗力发展的贡献率。要增强全军法治意识，加快构建中国特色军事法治体系，加快实现治军方式根本性转变。

——2017年8月1日，习近平在庆祝中国人民解放军建军90周年大会上的讲话

必须坚持政治建军、改革强军、科技兴军、依法治军

培养有灵魂、有本事、有血性、有品德的新一代革命军人

锻造铁一般信仰、铁一般信念、铁一般纪律、铁一般担当的过硬部队

深入解决制约国防和军队建设的体制性障碍、结构性矛盾、政策性问题

加快战略性、前沿性、颠覆性技术发展

段落三

——推进强军事业，必须深入推进军民融合发展，构建军民一体化的国家战略体系和能力。把军民融合发展上升为国家战略，是我们党长期探索经济建设和国防建设协调发展规律的重大成果，是从国家发展和安全全局出发作出的重大决策，是应对复杂安全威胁、赢得国家战略优势的重大举措。要强化顶层设计，加强需求整合，统筹增量存量，同步推进体制和机制改革、体系和要素融合、制度和标准建设，加快形成全要素、多领域、高效益的军民融合深度发展格局，努力开创经济建设和国防建设协调发展、平衡发展、兼容发展新局面。

——2017年8月1日，习近平在庆祝中国人民解放军建军90周年大会上的讲话

> 把军民融合发展上升为国家战略，是我们党长期探索经济建设和国防建设协调发展规律的重大成果，是从国家发展和安全全局出发作出的重大决策，是应对复杂安全威胁、赢得国家战略优势的重大举措。

> 推进体制和机制改革、体系和要素融合、制度和标准建设

> 加快形成全要素、多领域、高效益的军民融合深度发展格局

> 努力开创经济建设和国防建设协调发展、平衡发展、兼容发展新局面

段落四

> 党提出新时代的强军目标，确立新时代军事战略方针，制定到二〇二七年实现建军一百年奋斗目标、到二〇三五年基本实现国防和军队现代化、到本世纪中叶全面建成世界一流军队的国防和军队现代化新"三步走"战略，推进政治建军、改革强军、科技强军、人才强军、依法治军，加快军事理论现代化、军队组织形态现代化、军事人员现代化、武器装备现代化，加快机械化信息化智能化融合发展，全面加强练兵备战，坚持走中国特色强军之路。
>
> ——《中共中央关于党的百年奋斗重大成就和历史经验的决议》

> 推进政治建军、改革强军、科技强军、人才强军、依法治军

> 加快军事理论现代化、军队组织形态现代化、军事人员现代化、武器装备现代化

> 加快机械化信息化智能化融合发展

2. 翻译策略与方法

翻译策略 | 通过仔细研读学习，我们可以发现，《习近平谈治国理政》中使用了非常丰富的排比修辞。这些排比不仅有浓厚的中国特色，而且形式多样，在增强语言的气势、理清结构关系、突出文意的重心方面都有显著作用。因此，梳理中文排比修辞在时政文献类翻译中的翻译技巧具有重要意义。

排比可分为句子排比和句子成分排比两大类。句子排比分为单句、复句、分句等结构，而句子成分排比则包括了主语的排比、谓语的排比、宾语的排比、定语的排比、补语的排比等多个方面。各排比项内部的语法结构完全一致或基本一致，涉及排比的部分有长有短，且通常包含同一词汇或句式的反复，呈现出明显顺向叠加的特征。

下面我们一起来观察并分析对译文本是如何体现不同种类的排比修辞的。

例（1）地方各级党委和政府要关心支持国防和军队建设，加强国防教育，增强全民国防观念，使关心国防、热爱国防、建设国防、保卫国防成为全社会的思想共识和自觉行动。

译文：地方の各級の党委員会と政府は、国防と軍隊の建設に関心を寄せ、それをサポートし、国防教育を強化し、全国人民の国防意識を増強し、「国防に関心を寄せ、国防を熱愛し、国防を建設し、国防を防衛する」ことを全社会の共通認識と自発的行動にしていかなければならない。

例（2）全军要正确认识和把握我国安全和发展大势，强化忧患意识、危机意识、打仗意识，扎扎实实做好军事斗争准备各项工作，坚决完成党和人民赋予的使命任务。

译文：全軍はわが国の安全保障と発展の大勢を正しく認識、把握し、憂患意識、危機意識、戦闘意識を強化し、軍事闘争準備の各活動にしっかりと取り組み、断固として党と人民が与えた使命と任務を成し遂げなければならない。

上述例（1）通过几个动宾关系短语"……国防"构成排比结构，使要点清晰明了、层层推进。

在翻译时，为准确传递原文的含义及表述的准确性、严肃性、规范性，一般会使用直译法。译文严格遵循原文的排比句式特点，采取以「国防を～し」的结构展开对应性的翻译，形成了并列关系的四个短语，很好地兼顾了译文的连贯性。同样，例（2）则通过中日同形词「意識」与"意识"的对应，充分体现了原文的排比特征，进而强调了三个"意识"的重要性，实现了文脉的整齐划一。

总体而言，中文排比项在翻译成日语时，首先利用日语动词连用形表示中顿，再发挥中日同形词在语义上的共性，可有效提高文体的严谨性与规范性，实现内容与形式的统一。

例（3）在党的领导下，我军从小到大、从弱到强、从胜利走向胜利，一路走来，改革创新步伐从来没有停止过。

译文：党の指導の下で、わが軍は小から大へ、弱から強へ、勝利からまた勝利へと歩んできており、これまで改革と革新の歩みを止めたことがなかった。

上述例（3）通过"从……到……"的句式反复，对中国人民解放军发展历程进行了生动形象、脉络分明的总结。译文遵循原文的排比句式特点，通过「～から～へ」的助词结构进行了对应性的翻译，句式整体结构紧凑、层次分明。

例（4）推进强军事业，必须坚持全心全意为人民服务的根本宗旨，始终做<u>人民信赖、人民拥护、人民热爱</u>的子弟兵。

译文：軍隊強化事業を推し進めるには、誠心誠意人民に奉仕するという根本的宗旨を堅持し、終始<u>人民が信頼し、人民が擁護し、人民が愛する</u>人民の子弟兵であらねばならない。

时政文献翻译中，长定语句较为常见。这主要是由于时政文献要精准表达比较复杂的概念或具有总结性、分析性的表述，需要周到、全面、确切、完整且富有逻辑性。日语的定语通常位于中心词之前，以定语＋被修饰语的形式出现。一般要按照原文的语序进行翻译，尽可能不作语序上的调整。

例（4）为含排比的长定语句，其修饰的中心词为"子弟兵"。文中通过"人民信赖""人民拥护""人民热爱"构成排比，在内容上也形成层次上的递进关系。在翻译时，一方面选取了能够与"人民"形成主谓关系的日语同形词「信頼する」「擁護する」的连用形相搭配，实现了与原文排比结构的契合，同时也考虑到"热爱"与「熱愛する」在语用上存在一定的差异，因此从意义对等的角度出发，选用了「愛する」这一更符合日语表达习惯的词语，使其更贴近原文的表述内容。

此外，日语中虽有「子弟」一词，但通常不会复合为「子弟兵」来使用。因此，译文中通过增补「人民の」这一修饰词，使受众更容易理解其语义。整体而言，原文和译文在内容、形式、精神上都形成了较为理想的对等。

例（5）各地区各部门要把思想和行动统一到党中央决策部署上来，强化使命担当，<u>敢于涉险滩、动奶酪，敢于破难题、闯难关，敢于趟路子、辟新径</u>，加强组织管理、政策规划、重大改革、基础建设、试点示范等方面的统筹力度，协调解决<u>跨部门、跨领域、跨区域</u>重大问题，推动工作取得实效。

译文：各地域・各部門は思想と行動を党中央の政策決定に統一する。使命感を強め、<u>危険な浅瀬を超え、既得権益にメスを入れる</u>勇気を持たなければならない。<u>難題を解決し難関を突破する</u>勇気を持ち、大胆に新たな道を切り開くべきである。組織管理、政策計画、重要改革、インフラ整備、モデル試行などの面で統一的計画をいっそう強化し、<u>複数の部門・分野・地域にまたがる</u>重要問題を調整・解決し、軍民融合が実際に効果を上げるよう推し進めなければならない。

例（5）中"敢于……敢于……敢于……"与六个动宾短语相搭配构成排比结构。但在译文中，为避免因句子过于冗长而影响受众对内容的理解，将原文的排比结构分为两句话

进行了分别的阐述。

众所周知，时政文献中的重要术语，是文献核心思想的重要体现。术语的译词能否正确表达出原词意思，关系着信息传递的准确与否。原文排比句中的"动奶酪"是一个非常著名的比喻，译者采取符合受众语言习惯的意译方式进行转述，即通过使用「既得権益にメスを入れる勇気を持つ」表达了原文中"敢于……"所隐含的对"勇气"的阐述。而且，其中选取的「～にメスを入れる」作为比喻用法，不仅做到了意义准确、内涵到位，还实现了译文与原文在修辞手法上的统一，可谓用心良苦。而针对原文中两个近义词"趟路子""辟新径"，译者则通过「大胆に新たな道を切り開くべき」进行了语义上的整合，从而达到了言简意赅、突出重点的目的。

此外，针对原文中的"跨部门、跨领域、跨区域"，也采取了整合相同动词的翻译策略。对于原文中的"跨……"，译者选取了「～にまたがる」进行表述。但值得注意的是，该短语前还补充了「複数の～」加以修饰。其原因在于日语中的动词「またがる」在语义上通常只涉及两个对象，而原文所要表述的是含"部门、领域、区域"在内的"多方联动"的含义，可见补充「複数の～」能更精确地表达原意，前后句子在连贯性方面也更加紧密。

例（6）当前，国内外形势发生深刻复杂变化，<u>面对意识形态领域尖锐复杂的斗争特别是"颜色革命"的现实危险，面对艰巨繁重的军事斗争准备任务，面对深化国防和军队改革这场考试</u>，我军政治工作<u>只能加强不能削弱，只能前进不能停滞，只能积极作为不能被动应对</u>。

译文：現在、国内外の情勢には深く複雑な変化が起こり、イデオロギー分野における激しく複雑な闘争、特に「色の革命（二〇〇〇年ごろから、中・東欧や中央アジアの社会主義諸国で起こった一連の政権交代を総体的に指す）」による現実的な危険、軍事闘争の準備の並々ならぬ困難な任務、国防・軍隊改革の深化という課題に直面しており、わが軍の政治工作は弱化でなく強化を、停滞でなく前進を、受身ではなく積極的な対応をしなければならない。

时政文献通常不仅结构层次相对复杂，而且篇幅都比较长，因此翻译前要认真梳理层次关系。例（6）通过"面对……面对……面对……"的排比结构，具体指出了当前面临的国内外复杂形势，同时通过"只能……不能……"的条件排比句，突出强调了具体的解决办法。

第一个排比修辞是包含了动宾关系短语的排比，但是，此句译文打破原有的排比句式，将原文的动宾结构排比模式组合成了日语的多个名词＋一个动词模式。即译文将相同

的动词「～に 直 面 しており」提取出来，译在了名词并列句后，追求了意义表达上的准确性，并避免了句子的冗长，使读者一目了然，更易理解。而对于第二个排比，则采用「～でなく～を」的并列句式，兼顾了原文的句式和语气特点。

例（7）当前和今后一个时期是军民融合的战略机遇期，也是军民融合由初步融合向深度融合过渡、进而实现跨越发展的关键期。各有关方面一定要抓住机遇，开拓思路，在"统"字上下功夫，在"融"字上做文章，在"新"字上求突破，在"深"字上见实效，把军民融合搞得更好一些、更快一些。

译文：当面と今後の一定期間は軍民融合の戦 略 的チャンス期であり、軍民融合が初歩的な段階から高度に融合する段階へ移行し、さらに飛躍的な発展を実現する肝心な時期でもある。関係部門は 必 ずチャンスを逃さず、発想を広げ、「統一」に精魂を 傾け、「融合」に腕をふるい、「革新」に飛躍を求め、「高度化」に実際的効果を挙げ、軍民融合をより良く、より速く進めなければならない。

中文时政文献字句工整，有很强的情感渲染力和号召力，在体现气势方面排比尤其发挥着重要作用。因此，翻译需要在充分注重两国语言文化差异性的前提下，尽量保留原文特色准确译出。上述例（7）通过"在……字上……"的排比结构，深刻阐释了要把国防和军队现代化建设深深融入经济社会发展体系中，全面推进经济、科技、教育、人才等各个领域的军民融合，为实现国防和军队现代化提供丰厚的资源，形成可持续发展的后劲的理念。

在翻译时，有关"统、融、新"三字，按照原文意义分别用「統一」「融合」「革新」进行了具体化翻译，而对于"深"字而言，因日语中通常不使用"深入市场"或"深入发展"等描述，故采用意译方法译为「高度化」，使其内容显性化，更符合日语表达习惯，易于受众理解。其次，对"下功夫""做文章""求突破""见实效"等具有时政文献特色的表达，为呈现原文排比句式特点，通过「～に＋名詞を＋動詞連用形」的并列句式，实现了行文工整和音韵和谐的目的，同时语义上也得到了充分表达。值得注意的是，由于"下功夫""做文章"是典型的富有中华文化内涵的词语，故采用了解释性的翻译，以便受众能够充分理解。

四、实践演练

1 **请将下列句子中的黑体字翻译成日语，写在括号中。**

1. 中国人民珍爱和平，我们决不搞侵略扩张，但我们有战胜一切侵略的信心。我们绝不允许**任何人**（　　　　）、**任何组织**（　　　　　）、**任何政党**（　　　　　）、**在任何时候**（　　　　）、**以任何形式**（　　　　　）、把**任何一块中国领土**（　　　　）从中国分裂出去，谁都不要指望我们会吞下损害我国主权、安全、发展利益的苦果。

2. 要着力统一思想认识，把思想政治工作贯穿改革全过程，引导各级强化**政治意识**（　　　　）、**大局意识**（　　　　　）、**号令意识**（　　　　　），引导官兵积极**拥护**（　　　　）、**支持**（　　　　）、**参与**（　　　　）改革。

3. 人民军队永远是战斗队，人民军队的生命力在于战斗力，必须强化忧患意识，坚持底线思维，全部心思向打仗聚焦，各项工作向打仗用劲，确保在党和人民需要的时候**拉得出**（　　　　）、**上得去**（　　　　　）、**打得赢**（　　　　　）。

2 **请将下列画线部分翻译成日语。**

1. 政治工作必须坚持党的原则第一、党的事业第一、人民利益第一，<u>在党言党、在党忧党、在党为党</u>，把<u>爱党、忧党、兴党、护党</u>落实到工作各个环节。

2. 要引导官兵强化忧患意识、危机意识、使命意识，做到<u>信念不动摇、思想不松懈、斗志不衰退、作风不涣散</u>，始终保持坚定的革命意志和旺盛的战斗精神。

3. 高层领率机关和高级干部要带头<u>讲政治、顾大局、守纪律、促改革、尽职责</u>，坚决维护党中央、中央军委改革决策部署的权威性和严肃性。

4. 要坚持<u>仗怎么打兵就怎么练，打仗需要什么就苦练什么，什么问题突出就解决什么问题</u>，全面提高军事训练实战化水平。

3 **请将下列句子翻译成中文。**

1. 同時に、われわれは次のことをはっきりと見て取る必要がある。前進の道はこれまでも広々とした平坦な道であった例はなく、必ずいろいろな大きな試練、大きなリスク、大きな障害、大きな矛盾に出合うはずなので、必ず多くの新しい歴史的特徴を有する偉大な闘争を繰り広げなければならない。

2. 全軍は新時代の中国の特色ある社会主義思想を導きとすることを堅持し、第十九回党大会、党の第十九期二中全会、三中全会の精神を深く貫徹し、新時代におけ

る党の軍隊強化思想を深く貫徹し、新時代における軍事戦略方針を深く貫徹し、新たなスタートラインに立って軍事闘争の準備活動にしっかりと取り組み、軍隊強化事業の新たな局面を切り開かなければならない。

五、译海学思专栏

浅谈"获得感、幸福感、安全感"之翻译技巧

　　日语汉字在帮助日语学习者学习日语、理解日文语句方面，可以说功不可没。但在翻译时，往往会出现不少误区，甚至形成翻译上的障碍或陷阱。

　　例如，"让人民群众有更多获得感、幸福感、安全感"一句的正式译文是「人民大衆により多くの獲得感、幸福感、安心感があるようにさせよう」。

　　关于"获得感"和"幸福感"，日语中分别有汉字词「獲得」和「幸福」与之对应，甚至与词缀「～感」相结合的造词方式，也是中日双语中都较为常见的。

　　但是，原文中的"安全感"在翻译时却选取了「安心感」，而非「安全感」。究其原因，我们不难看出，日语中也有「安全」一词，含义与"危险"相对应，常用于表示"没有危险"。那为什么这里译者不译成「安全感」呢？因为原文中所阐述的是"让人民群众有更多的……安全感"，其内涵为"渴望稳定、安全的心理需求，没有后顾之忧"，如直译为「安全感」，受众就可能会望文生义，误解为人民目前遇到了"危险"，这明显脱离了原文的本意。

　　另一方面，「安心」在日语中表示"放心"和"无忧无虑"之意，这与原文要表达的人民群众对未来的生活需求的内容相一致。换句话说，从意义对等的角度出发，该词更贴近原文的表述意图，即人民群众对未来的"忧虑"或"担忧"进一步减少，生活会变得更加"安全"和"有保障"。这样就做到意义准确、内涵到位。

　　由此可见，翻译的第一步是要充分理解原文所蕴含的深层含义，并根据文章内容准确找到最合适的相关表达。尤其当词语在中日文中存在同形词时，则更要充分知晓其语义范畴和使用上的区别，切勿掉入翻译的陷阱。

六、附录

重点段落译文

段落一

　　听党指挥是灵魂，决定军队建设的政治方向；能打胜仗是核心，反映军队的根本职能和军队建设的根本指向；作风优良是保证，关系军队的性质、宗旨、本色。全军要准确把握这一强军目标，用以统领军队建设、改革和军事斗争准备，努力把国防和军队建设提高到一个新水平。要铸牢听党指挥这个强军之魂，坚持党对军队绝对领导的根本原则和人民军队的根本宗旨不动摇，确保部队绝对忠诚、绝对纯洁、绝对可靠，一切行动听从党中央和中央军委指挥。要扭住能打仗、打胜仗这个强军之要，强化官兵当兵打仗、带兵打仗、练兵打仗思想，牢固树立战斗力这个唯一的根本的标准，按照打仗的要求搞建设、抓准备，确保部队召之即来、来之能战、战之必胜。作风优良是我军的鲜明特色和政治优势。要把改进作风工作引向深入，贯彻到军队建设和管理每个环节，真正在求实、务实、落实上下功夫，夯实依法治军、从严治军这个强军之基，保持人民军

　　「党の指揮に従う」とは魂であり、軍隊建設の政治的方向を決定づけている。「戦闘に勝利できる」とは核心であり、軍隊の根本的な役目と軍隊建設の根本的な方向を反映している。「気風の優れた」とは保証であり、軍隊の性格・宗旨・本質に関わる。全軍は、この軍隊強化目標を正確に把握し、軍隊の建設と改革、軍事闘争への備えを統率し、国防・軍隊建設を新たな水準に引き上げるよう努めなければならない。党の指揮に従うという軍隊強化の魂をしっかりと打ち固め、軍隊に対する党の絶対的指導という根本的な原則と「人民の軍隊」という根本的な宗旨を揺るぐことなく堅持し、軍隊の絶対的な忠誠、絶対的な純潔、絶対的な信頼性を確保し、すべての行動は党中央と中央軍事委員会の指導に従わなければならない。「戦闘ができ、戦闘に勝利できる」という軍隊強化の要をしっかりと押さえ、「戦闘のために軍隊に入り、戦闘のために軍隊を統率し、戦闘のために軍隊を訓練する」という将兵の思想を強め、戦闘力という唯一の根本的な基準を固く打ち立て、戦闘の基準で整備や準備に取り組んで、軍隊が「呼べばすぐ来る、来れば戦える、戦えば必ず勝つ」という目標を確実に全うできるようにしなければならない。優れた気風は、わが軍の際立った特色と政治的優位性である。気風の改善を深く導き、軍隊の建設と管理の各部分で

队长期形成的良好形象。

——2013年3月11日，习近平在第十二届全国人民代表大会第一次会议解放军代表团全体会议上的讲话

貫徹し、真に実質を求め、実務を重んじ、実行に移すことに力を入れ、法に基づく軍隊統治と厳格な軍隊統治という軍隊強化の基礎を突き固め、長期にわたって形成されてきた「人民の軍隊」の良好なイメージを保たなければならない。

——第十二期全国人民代表大会第一回会議の解放軍代表団全体会議における談話

段落二

——推进强军事业，必须坚持政治建军、改革强军、科技兴军、依法治军，全面提高国防和军队现代化水平。要深入贯彻古田全军政治工作会议精神，发挥政治工作生命线作用，培养有灵魂、有本事、有血性、有品德的新一代革命军人，锻造铁一般信仰、铁一般信念、铁一般纪律、铁一般担当的过硬部队，永葆人民军队性质、宗旨、本色。全军要坚定不移深化国防和军队改革，深入解决制约国防和军队建设的体制性障碍、结构性矛盾、政策性问题，完善和发展中国特色社会主义军事制度，加快构建能够打赢信息化战争、有效履行使命任务的中国特色现代军事力量体系。要全面实施科技兴军战略，坚持自主创新的战略基点，瞄准世界军事科技前沿，加强前

——軍隊強化事業を推し進めるには、政治による軍隊建設、改革による軍隊強化、科学技術による軍振興、法に基づく軍隊統治を堅持し、国防および軍隊の現代化水準を全面的に高めなければならない。古田全軍政治工作会議の精神を深く貫徹し、政治活動の生命線としての役割を発揮し、魂があり、能力があり、気骨があり、品性のある新しい世代の革命軍人を育成し、鉄の信仰、鉄の信念、鉄の規律、鉄の責任感のある筋金入りの部隊を育てあげ、人民の軍隊の性質、宗旨と本来の姿を永遠に保たなければならない。全軍は確固不動として国防と軍隊改革を深化させ、国防と軍隊建設を制約する体制的障害、構造的矛盾、政策的問題を突っ込んで解決し、中国の特色ある社会主義の軍事制度を整備し発展させ、情報化戦争に打ち勝ち、使命や任務を効果的に履行できる中国の特色ある近代的軍事力体系の構築を加速する必要がある。科学技術による軍振興の戦略を全面的に実施し、自主イノベーションという戦略的な出発点を堅持し、世界の軍事科学技術の最先端に照

瞻谋划设计，加快战略性、前沿性、颠覆性技术发展，不断提高科技创新对人民军队建设和战斗力发展的贡献率。要增强全军法治意识，加快构建中国特色军事法治体系，加快实现治军方式根本性转变。

——2017年8月1日，习近平在庆祝中国人民解放军建军90周年大会上的讲话

準を合わせて、展望・計画・設計を強化し、戦略的、先端的、破壊的技術の発展を加速し、人民の軍隊の建設と戦闘力の発展に対する科学技術の革新の貢献率を絶えず向上させなければならない。全軍の法治意識を増強させ、中国の特色ある軍事法治体系の構築を加速し、軍隊統治方式の根本的な転換の実現を加速する必要がある。

——中国人民解放軍建軍九十周年祝賀大会における談話

段落三

——推进强军事业，必须深入推进军民融合发展，构建军民一体化的国家战略体系和能力。把军民融合发展上升为国家战略，是我们党长期探索经济建设和国防建设协调发展规律的重大成果，是从国家发展和安全全局出发作出的重大决策，是应对复杂安全威胁、赢得国家战略优势的重大举措。要强化顶层设计，加强需求整合，统筹增量存量，同步推进体制和机制改革、体系和要素融合、制度和标准建设，加快形成全要素、多领域、高效益的军民融合深度发展格局，努力开创经济建设和国防建设协调发展、平衡发展、兼容发展新局面。

軍隊強化事業を推し進めるには、軍民融合発展を深く推し進め、軍民一体化した国家戦略のシステムおよび能力を構築しなければならない。軍民融合発展を国家戦略にグレードアップさせることは、わが党が長期にわたって経済建設と国防建設の協調的な発展の法則を模索した重大な成果であり、国家の発展と安全という全局から出発して下した重大な政策決定であり、複雑な安全保障上の脅威に対応し、国家戦略の優位を勝ち取る重大な措置である。トップダウン設計を強化し、要件の統合を強化し、増加分と在庫量を統一的に計画し、体制とメカニズムの改革、体系と要素の融合、制度と基準の構築を同時に推進し、全要素、多分野、高効率の軍民融合高度発展の枠組みの形成を加速して、経済建設と国防建設の協調的な発展、バランスのとれた発展、包括的な発展という新たな局面を切り開く努力をする必要がある。

——2017年8月1日，习近平在庆祝中国人民解放军建军节90周年大会上的讲话

——中国人民解放軍建軍九十周年祝賀大会における談話

段落四

党提出新时代的强军目标，确立新时代军事战略方针，制定到二〇二七年实现建军一百年奋斗目标、到二〇三五年基本实现国防和军队现代化、到本世纪中叶全面建成世界一流军队的国防和军队现代化新"三步走"战略，推进政治建军、改革强军、科技强军、人才强军、依法治军，加快军事理论现代化、军队组织形态现代化、军事人员现代化、武器装备现代化，加快机械化信息化智能化融合发展，全面加强练兵备战，坚持走中国特色强军之路。

——《中共中央关于党的百年奋斗重大成就和历史经验的决议》

党は、新時代の軍隊強化目標をうち出し、新時代の軍事戦略方針を確立し、「2027年までに建軍百周年の奮闘目標の達成、2035年までに国防・軍隊の現代化の基本的実現、今世紀半ばまでに世界一流の軍隊整備の全面的完成」という国防・軍隊の現代化の新たな「三歩走（三段階に分けて進める）」戦略を策定し、政治主導の軍隊建設、改革による軍隊強化、科学技術による軍隊強化、人材による軍隊強化、法に基づく軍隊統治を推し進め、軍事理論の現代化、軍隊の組織形態の現代化、軍事要員の現代化、武器装備の現代化を速め、機械化・情報化・インテリジェント化の融合発展を加速し、軍事訓練・戦備を全面的に強化し、中国の特色ある強軍の道を堅持した。

——『党の百年奮闘の重要な成果と歴史的経験に関する中共中央の決議』

第九单元

中国特色大国外交

中国特色大国外交要服务民族复兴、促进人类进步，推动建设新型国际关系，推动构建人类命运共同体。本单元将结合推动中国特色大国外交的内容，系统介绍对相关理念与表述的理解和翻译策略。

一、核心概念解读

1. 独立自主的和平外交政策

日语译文： 独立自主の平和外交政策

坚定不移走和平发展道路，坚持在和平共处五项原则基础上全面发展同各国的友好合作，坚持国家不分大小、强弱、贫富一律平等，推动建设相互尊重、公平正义、合作共赢的新型国际关系，积极发展全球伙伴关系，维护全球战略稳定，反对一切形式的霸权主义和强权政治。

"独立自主的和平外交政策"是一个包含两个定语的偏正短语，第一个定语"独立自主"是一个并列关系的短语，直接译为汉字同形词「独立自主」；第二个定语"和平"，在中文中既作名词，也作形容词，译文中使用直译法，让「平和」直接修饰「外交政策」。

2. 和平发展道路

日语译文： 平和発展の道/平和的発展の道

和平发展道路归结起来就是：既通过维护世界和平发展自己，又通过自身发展维护世界和平；在强调依靠自身力量和改革创新实现发展的同时，坚持对外开放，学习借鉴别国长处；顺应经济全球化发展潮流，寻求与各国互利共赢和共同发展；同国际社会一道努力，推动建设持久和平、共同繁荣的和谐世界。中国将坚定不移地走和平发展道路，同时也将推动各国共同坚持和平发展。中国将积极承担更多国际责任，同世界各国一道维护人类良知和国际公理，在世界和地区事务中主持公道、伸张正义。中国主张以和平方式解决国际争端，反对各种形式的霸权主义和强权政治，永远不称霸，永远不搞扩张。中国主张坚持共赢精神，在追求本国利益的同时兼顾别国利益，做到惠本国、利天下，推动走出一条合作共赢、良性互动的路子。

中国改革开放40年的历史已经证明，和平发展是中国基于自身国情、社会制度、文化传统作出的战略抉择，顺应时代潮流，符合中国根本利益，符合周边国家利益，符合世界各国利益。

本关键词中，"和平"和"发展"是并列关系，并列名词日译时经常使用添加「と」「·」或直接并列的翻译方法，因此"和平发展道路"直译为日语「平和発展の道」。

3. "一带一路"建设
日语译文：「一帯一路」建設

> 2013年秋天，习近平总书记在哈萨克斯坦和印度尼西亚提出共建丝绸之路经济带和21世纪海上丝绸之路，即"一带一路"倡议。
>
> 古代丝绸之路是一条贸易之路，更是一条友谊之路。在中华民族同其他民族的友好交往中，逐步形成了以和平合作、开放包容、互学互鉴、互利共赢为特征的丝绸之路精神。在新的历史条件下，我们提出"一带一路"倡议，就是要继承和发扬丝绸之路精神，把我国发展同沿线国家发展结合起来，把中国梦同沿线各国人民的梦想结合起来，赋予古代丝绸之路以全新的时代内涵。
>
> "一带一路"的内容为"五通"，即政策沟通、设施联通、贸易畅通、资金融通、民心相通。

"一带一路"在英语中译为"the Belt and Road"，日语译文采用了移植的翻译方法，即"词语借用"的方法。移植分为两种，一种是直接移植，多发生在文字系统有共通之处的语言之间，如英语与法语之间的词语借用很多都是直接采用原词，甚至有些词连发音都不加任何改变地移植到译文中。另一种移植是音译，多发生在文字系统大不相同、无法直接移植的语言之间，如汉语和英语之间的词语借用。"'一带一路'建设"的日译采用直接移植的方法，用日语汉字表述为「『一帯一路』建設」。

4. 人类命运共同体
日语译文：人類運命共同体

> 2013年3月23日，习近平在莫斯科国际关系学院演讲时，面向世界首次提出"命运共同体"理念。此后，他在不同场合对构建人类命运共同体进行了重要阐述，形成了科学完整、内涵丰富、意义深远的思想体系。党的十八大以来，习近平总书记站在人类历史发展进程的高度，以大国领袖的责任担当高瞻远瞩，在国际国内重要场合先后100多次提及人类命运共同体。
>
> 党的十九大报告提出："各国人民同心协力，构建人类命运共同体，建设持久

和平、普遍安全、共同繁荣、开放包容、清洁美丽的世界。要相互尊重、平等协商，坚决摒弃冷战思维和强权政治，走对话而不对抗、结伴而不结盟的国与国交往新路。要坚持以对话解决争端、以协商化解分歧，统筹应对传统和非传统安全威胁，反对一切形式的恐怖主义。要同舟共济，促进贸易和投资自由化便利化，推动经济全球化朝着更加开放、包容、普惠、平衡、共赢的方向发展。要尊重世界文明多样性，以文明交流超越文明隔阂、文明互鉴超越文明冲突、文明共存超越文明优越。要坚持环境友好，合作应对气候变化，保护好人类赖以生存的地球家园。"

"人类命运共同体"用日语汉字表述为「人類運命共同体」。日语中同时存在与"命运"同形的「命運」和与"命运"同义的「運命」，「命運」表示「成功して存続・発展するか、それとも失敗して衰退・滅亡するかの運命、（差し迫った）運命」之意；而「運命」指「進んで自己を全うするか、それとも自己を見失うか（そこで命を失うか）の、微妙な兼合い」，从语义上判断，此处用「運命」更为贴切。

5. 全球治理体系改革和建设
日语译文： グローバルガバナンスシステムの改革と整備

高举构建人类命运共同体旗帜，秉持共商共建共享的全球治理观，倡导多边主义和国际关系民主化，推动全球经济治理机制变革。推动在共同但有区别的责任、公平、各自能力等原则基础上开展应对气候变化国际合作。维护联合国在全球治理中的核心地位，支持上海合作组织、金砖国家、二十国集团等平台机制化建设，推动构建更加公正合理的国际治理体系。

"全球治理体系"日语译文是外来语「グローバルガバナンスシステム」，"全球治理体系改革和建设"译为「グローバルガバナンスシステムの改革と整備」。"改革"对应的日语「改革」已为大家所熟悉，"建设"译为「整備」而非「建設」，则是因为「整備」侧重于「環境を整えること」，因此将"体系"的"建设"翻译为较为抽象的「整備」。

6. 新型国际关系
日语译文：新型国際関係

　　新型国际关系是与强调"冷战思维、零和博弈"的旧的国际关系相对而言的。这个概念的形成经历了一个过程。党的十八大报告提出，"建立更加平等均衡的新型全球发展伙伴关系"，这里已经有了"新型"这个词语。2013年3月，习近平在莫斯科国际关系学院发表演讲，首次提出"以合作共赢为核心的新型国际关系"的概念。在2014年11月举行的中央外事工作会议上，习近平指出："我们要坚持合作共赢，推动建立以合作共赢为核心的新型国际关系，坚持互利共赢的开放战略，把合作共赢理念体现到政治、经济、安全、文化等对外合作的方方面面。"这是在国家最高层级的外事工作会议上明确提出这个概念，并且强调"合作共赢理念"。2017年10月，党的十九大报告进一步提出，推动建设相互尊重、公平正义、合作共赢的新型国际关系。其中，合作共赢是新型国际关系最核心的理念，同时也是相互尊重与公平正义的基础。新型国际关系是习近平提出的重大理念之一，成为习近平外交思想的重要组成部分。

　　"新型国际关系"中的"新型"和"国际关系"分别对应日语的常用词汇「新型」和「国際関係」，两个名词移植组合为一个复合名词，构成日文表述「新型国際関係」。

7. 全人类共同价值
日语译文：全人類共通の価値

　　中国共产党将继续同一切爱好和平的国家和人民一道，弘扬和平、发展、公平、正义、民主、自由的全人类共同价值。

　　"全人类共同价值"中的"全人类"和"价值"分别对应日文「全人類」和「価値」。"共同"译为日文「共通」，"共同"指"属于大家的；彼此都具有的"。日文中虽有「共同」一词，但表示「二人以上の人が仕事を一緒にすること。二人以上の人が同資格・同条件で関係すること」之意，与中文"共同"的语义不一致。而「共通」指「二つ以上のもののどれにもある（当てはまる）こと」，与中文"共同"意思相近，因此"全人类共同价值"译为日文「全人類共通の価値」，意思明确，规范贴切。

二、关键语句理解与翻译

1. 走和平发展道路，是中华民族优秀文化传统的传承和发展，也是中国人民从近代以后苦难遭遇中得出的必然结论。
平和的発展の道を歩むこと、これは中華民族の優れた文化・伝統の継承と発展であり、中国人民が近代以降なめ尽した苦難の中から得た必然的な結論でもある。

　　本句中动宾短语"走和平发展道路"作主语，构成"……是……"的判断句，日语译文为「平和的発展の道を歩む」，后续形式名词「こと」将整体名词化，构成日语全句的主语，后面加译「これは」起到反复、强调的作用。

2. 中国走和平发展道路，其他国家也都要走和平发展道路，只有各国都走和平发展道路，各国才能共同发展，国与国才能和平相处。
中国は平和的発展の道を歩むが、他の国々も平和的発展の道を歩むべきである。各国が共に平和的発展の道を歩んではじめて共同発展が可能になり、国と国との平和共存が可能になるのである。

　　本句中连词"只有"与"才"相呼应，表示"唯一的条件"，该句型对应日语中「…てはじめて…」，含有「（そのときになって）はじめて～できる」之意。

3. 各国主权范围内的事情只能由本国政府和人民去管，世界上的事情只能由各国政府和人民共同商量来办。
各国の主権範囲内のことは、その国の政府と人民だけが管理できる。世界のことは各国政府および人民が共に相談し合って行うべきである。

　　本句出现了两次"只能"，前句的"各国主权范围内的事情只能由本国政府和人民去管"表示一国的内政事务别国无权插手干预，因此"只"表示"限于某个范围"，翻译为「その国の政府と人民だけが管理できる」。后句"世界上的事情只能由各国政府和人民共同商量来办"，是为推动国际关系民主化而提出的中国声音，所以本句中的"只能"应理解为"应该"。

4. 我国周边外交的基本方针，就是坚持与邻为善、以邻为伴，坚持睦邻、安邻、富邻，突出体现亲、诚、惠、容的理念。

わが国の周辺外交の基本方針は、あくまでも善意を持って隣国に接し、隣国をパートナーとすること、あくまでも隣国を仲間と見なし、隣国と親しみ、隣国を安心させ、隣国を豊かにし、親密、誠実、恩恵、包容の理念を体現することにほかならない。

　　本句结构较为简单，主语为"基本方针"，谓语为"是"和"体现"。但因为宾语部分并列多个动词短语，在翻译时如果一味采用动词中顿的形式，会显得译文零散、缺乏连贯性。因此可以考虑在"以邻为善、以邻为伴"的后面加形式名词「こと」总结前半句，将原句译为包含了长定语的两个小分句。副词「あくまでも」表示「一貫して」之意，「…にほかならない」则是表示「他の選択を否定する強い断定」的句式，二者前后呼应，将原句的铿锵语气体现得淋漓尽致。

5. 要坚持国际关系民主化，坚持和平共处五项原则，坚持国家不分大小、强弱、贫富都是国际社会平等成员，坚持世界的命运必须由各国人民共同掌握，维护国际公平正义，特别是要为广大发展中国家说话。

国際関係の民主化を堅持し、平和共存五原則を堅持し、大小、強弱、貧富にかかわらず各国は共に国際社会の平等な一員であるということを堅持し、世界の運命は各国人民が共同で掌握しなければならないということを堅持し、世界の公平と正義を守り、特に数多くの発展途上国のために声を発するようにしなければならない。

　　本句包括四个以"坚持"开头的短句，直接译为动宾结构「…を堅持する」即可。四个"坚持"与后文的"维护""要"一起表示说话者较强的意志，所以句末用「ようにしなければならない」。另外，文本最后的"说话"一词，不深思熟虑的话，很容易会译成「話す」或「話をする」。但「話す」或「話をする」一般用于日常生活中的说话行为，此处应译为较为正式的「声を発する」。

6. 要坚持合作共赢，推动建立以合作共赢为核心的新型国际关系，坚持互利共赢的开放战略，把合作共赢理念体现到政治、经济、安全、文化等对外合作的方方面面。

協力・ウインウインを堅持し、協力・ウインウインを核心とする新しいタイプの国際関係の構築を推進し、互恵・ウインウインの開放戦略を堅持し、協力・ウインウインの理念を政治、経済、安全保障、文化など対外協力の各方面で具体化しなければならない。

本句是由四个分句组合而成的祈使句，四个动词「堅持する」「推進する」「堅持する」「具体化する」用中顿形式连接，原文句首的"要"在译文中用「なければならない」来对应，句型较为简单。值得注意的是"建立新型国际关系"中"建立"译为动名词「構築」；关于"共赢"，日语中虽有「ウインウイン」与「両勝ち」两个可对应的词，但「ウインウイン」是表示政治经济等合作中双方共同受益的意思，而「両勝ち」却多用于游戏，表示游戏对战双方都赢了，不符合时政文献的严肃性，所以此处的"共赢"译为「ウインウイン」。

7. 要坚持不干涉别国内政原则，坚持尊重各国人民自主选择的发展道路和社会制度，坚持通过对话协商以和平方式解决国家间的分歧和争端，反对动辄诉诸武力或以武力相威胁。

他国への内政不干渉の原則を堅持し、各国人民が自ら選んだ発展の道と社会制度の尊重を堅持し、対話と協議を通じて国家間の意見の食い違いと紛争を平和的に解決することを堅持し、何かというとすぐに武力に訴えたり、あるいは武力で威嚇したりすることに反対しなければならない。

本句结构与关键语句6类似，是由三个"坚持"加一个"反对"组合而成的祈使句，翻译时仍然用动词中顿表示并列，原文句首的"要"理解为"必须"，翻译为「なければならない」。

8. 面对严峻的全球性挑战，面对人类发展在十字路口何去何从的抉择，各国应该有以天下为己任的担当精神，积极做行动派、不做观望者，共同努力把人类前途命运掌握在自己手中。

世界的な深刻な試練を前にして、人類の発展が十字路でどちらの道を進むのかという選択を前にして、各国は傍観者になるのではなく、世界の盛衰は自らにかかっているという責任感を持って、積極的に行動し、共に努力して人類の前途と運命を自らの手中に握るべきだ。

本句的逻辑关系较为清楚，"各国"作主语，动词 "有" "做" "把"三个短语并列，用日语动词「持つ」「行動する」「握る」的中顿形式译出。

语篇衔接

通过以上关键语句的原文和译文对比，我们发现汉语行文逻辑受限较少，要吃透原文往往需要结合上下文的语境意义来仔细推敲。因此，翻译时除了关注词汇、语法和语义之外，以句子或段落为单位的语篇上下文也是不容忽视的。

无论写文章还是讲话，要使人读懂、听懂，语篇必须连贯。语篇连贯的条件分为外部条件和内部条件。外部条件包括文化语境、情景语境、认知图式、心理思维等因素。换言之，读者和听话者对于语言本身的把握等也会影响其对语篇的理解。其次，语篇连贯的内部条件从语篇的意义和体现语篇意义的衔接机制的角度来影响和限定语篇连贯。衔接存在于语篇内部，是全文语篇的各种有机联系，对于语篇连贯起着重要作用。

本单元介绍衔接机制的显性衔接和隐性衔接。显性衔接分为语法衔接（照应、替代、省略、连接）和词汇衔接；隐性衔接是以情景语境特征作为衔接机制、把语篇意义不完整的部分补充完整的衔接。

找一找

（1）请找一找关键语句1的原文和译文的主语有何不同。
（2）请找一找关键语句3原文中的两个"只能……"，分别译成了什么句型。
（3）请找一找关键语句4"与邻为善、以邻为伴"中"善"和"伴"对应的译文是什么。
（4）请找一找关键语句2、5、6、7句中的"要……"译成了什么句型。

想一想

（1）请结合译文想一想关键语句1加译的目的是什么。
（2）请结合译文想一想关键语句3中的两处"只能……"分别是什么含义。
（3）请结合译文想一想关键语句4中"与邻为善、以邻为伴"中"善"和"伴"的词性是什么。
（4）请结合译文想一想，关键语句2、5、6、7中"要……"对应的主语分别是什么。

说一说

（1）请和同学说一说中文原文和日语译文的语篇衔接分别有什么特点。

（2）请和同桌说一说翻译语篇时应该注意哪些问题。

三、重点段落分析与翻译

1. 请认真阅读以下材料，全面理解原文内容，深入领会原文思想，熟悉原文语言特色，试译段落及部分表达时可查阅和参考资料。

段落一

文明是多彩的，人类文明因多样才有交流互鉴的价值。阳光有七种颜色，世界也是多彩的。一个国家和民族的文明是一个国家和民族的集体记忆。人类在漫长的历史长河中，创造和发展了多姿多彩的文明。从茹毛饮血到田园农耕，从工业革命到信息社会，构成了波澜壮阔的文明图谱，书写了激荡人心的文明华章。

——2014年3月27日，习近平在联合国教科文组织总部的演讲

请试译全部段落一

段落二

"甘瓜抱苦蒂，美枣生荆棘。"从哲学上说，世界上没有十全十美的事物，因为事物存在优点就把它看得完美无缺是不全面的，因为事物存在缺点就把它看得一无是处也是不全面的。经济全球化确实带来了新问题，但我们不能就此把经济全球化一棍子打死，而是要适应和引导好经济全球化，消解经济全球化的负面影响，让它更好惠及每个国家、每个民族。

……

世界经济的大海，你要还是不要，都在那儿，是回避不了的。想人为切断各国经济的资金流、技术流、产品流、产业流、人员流，让世界经济的大海退回到一个一个孤立的小湖泊、小河流，是不可能的，也是不符合历史潮流的。

——2017年1月17日，习近平在世界经济论坛2017年年会开幕式上的主旨演讲

世界上没有十全十美的事物，因为事物存在优点就把它看得完美无缺是不全面的，因为事物存在缺点就把它看得一无是处也是不全面的。

经济全球化确实带来了新问题，但我们不能就此把经济全球化一棍子打死。

而是要适应和引导好经济全球化，消解经济全球化的负面影响，让它更好惠及每个国家、每个民族。

世界经济的大海，你要还是不要，都在那儿，是回避不了的。

让世界经济的大海退回到一个一个孤立的小湖泊、小河流，是不可能的，也是不符合历史潮流的。

段落三

新的征程上，我们必须高举和平、发展、合作、共赢旗帜，奉行独立自主的和平外交政策，坚持走和平发展道路，推动建设新型国际关系，推动构建人类命运共同体，推动共建"一带一路"高质量发展，以中国的新发展为世界提供新机遇。中国共产党将继续同一切爱好和平的国家和人民一道，弘扬和平、发展、公平、正义、民主、自由的全人类共同价值，坚持合作、不搞对抗，坚持开放、不搞封闭，坚持互利共赢、不搞零和博弈，反对霸权主义和强权政治，推动历史车轮向着光明的目标前进！

——《习近平在庆祝中国共产党成立100周年大会上的讲话》

新的征程上，我们必须高举和平、发展、合作、共赢旗帜

奉行独立自主的和平外交政策

坚持走和平发展道路，推动建设新型国际关系

推动构建人类命运共同体、推动共建"一带一路"高质量发展

坚持合作、不搞对抗，坚持开放、不搞封闭，坚持互利共赢、不搞零和博弈

段落四

我们要坚持多边主义，不搞单边主义；要奉行双赢、多赢、共赢的新理念，扔掉我赢你输、赢者通吃的旧思维。协商是民主的重要形式，也应该成为现代国际治理的重要方法，要倡导以对话解争端、以协商化分歧。我们要在国际和区域层面建设全球伙伴关系，走出一条"对话而不对抗，结伴而不结盟"的国与国交往新路。大国之间相处，要不冲突、不对抗、相互尊重、合作共赢。大国与小国相处，要平等相待，践行正确义利观，义利相兼，义重于利。

——2015年9月28日，习近平在美国纽约联合国总部举行的第七十届联合国大会一般性辩论时的讲话

要奉行双赢、多赢、共赢的新理念，扔掉我赢你输、赢者通吃的旧思维。

协商是民主的重要形式，也应该成为现代国际治理的重要方法，要倡导以对话解争端、以协商化分歧。

我们要在国际和区域层面建设全球伙伴关系，走出一条"对话而不对抗，结伴而不结盟"的国与国交往新路。

大国之间相处，要不冲突、不对抗、相互尊重、合作共赢。

大国与小国相处，要平等相待，践行正确义利观，义利相兼，义重于利。

2. 翻译策略与方法

通过以上重点段落的试译练习，我们可以发现翻译语篇的时候必须注重其连贯性。翻译时不仅需要准确无误地理解原文语篇中的衔接方式和连贯性，还要在日语译文的语篇中还原相应的衔接方式，保持语篇的连贯性。

2.1 显性衔接句的翻译

翻译策略 | 显性衔接句带有明显的形式标记，句与句之间语义关系明确。显性衔接以语法衔接和词汇衔接两种方式来实现。翻译显性衔接句时常用的语法衔接方法有照应、替代、省略和连接四种。

■ 语法衔接

照应是指语篇中一个语言成分与另一个可以与之相互解释的成分之间的关系。下句中用分译的方法将原文的长句拆分，表示指示关系的连体词「こういう」与后句中的接续词「つまり」相互照应，拆分后的两小句保持连贯，意义表达完整。

例（1）我在欣赏这些域外文物时，一直在思考一个问题，就是对待不同文明，不能只满足于欣赏它们产生的精美物件，更应该去领略其中包含的人文精神；不能只满足于领略它们对以往人们生活的艺术表现，更应该让其中蕴藏的精神鲜活起来。

译文：これらの域外の文物を鑑賞する際に、私はいつもこういうことを考えている。つまり異なる文明に対して、ただそれらが生み出した精巧で美しい文物を鑑賞するだけに満足してはならず、さらにその中に含まれている人的・文化的精神を味わうべきである。

　　替代是指用一个词项去替代另一个或几个词项，替代与被替代词之间的联系构成了句子间的衔接关系。例（2）译文中「そんなこと」替代前文内容，在表达上避免了重复，起到了突出信息的作用，使得语篇更加连贯。

　　例（2）中国人民从来没有欺负、压迫、奴役过其他国家人民，过去没有，现在没有，将来也不会有。

　　译文：中国人民は、他国の人々をいじめたり、抑圧したり、奴隷のようにしたりしたことはありません。これまでと同様、これからもそんなことをすることはありません。

　　省略指把语言结构中的某个或某些成分省去不提，它是可以使表达简练、紧凑、清晰的一种表达方法。

　　例（3）中国共产党始终代表最广大人民根本利益，与人民休戚与共、生死相依，没有任何自己特殊的利益，从来不代表任何利益集团、任何权势团体、任何特权阶层的利益。

　　译文：中国共産党は常に、最も広範な人民の根本的利益を代表し、人民と苦楽や運命を共にしてきました。中国共産党には自分の特殊利益など一つもありません。いかなる利益集団、有力団体、特権階層の利益も代表したことはありません。

　　连接是通过连接成分体现语篇中各种逻辑关系的手段。连接成分通常是表示时间、因果、条件等的词语。然而中文与日语不同，在不引起歧义的情况下，连接词常被省略，因此汉译日时，需要通过语义联系上下文推敲出被省略的连接部分。

　　例（4）走保护主义、单边主义的老路，不仅解决不了问题，还会加剧世界经济的不确定性。

　　译文：保護主義、一国主義の古い道を歩けば、問題を解決できないだけでなく、世界経済の不確実性を高めることにもなる。

　　例（5）自我封闭只会失去世界，最终也会失去自己。
　　译文：自己閉鎖しては世界を失うだけで、最後には自らも失ってしまう。

　　例（6）只有坚持开放合作才能获得更多发展机遇和更大发展空间……
　　译文：開放・協力を堅持してこそ、はじめてより多くの発展のチャンスとより大きな発展の余地を獲得でき、…

　　例（7）应对共同挑战、迈向美好未来，既需要经济科技力量，也需要文化文明力量。
　　译文：共通の試練に対応し、素晴らしい未来へまい進するには、経済や科学技術の

<ruby>力<rt>ちから</rt></ruby>だけでなく、<ruby>文化<rt>ぶんか</rt></ruby>や<ruby>文明<rt>ぶんめい</rt></ruby>の<ruby>力<rt>ちから</rt></ruby>も<ruby>必要<rt>ひつよう</rt></ruby>である。

■ 词汇衔接

词汇衔接是运用词汇来进行语篇衔接的方式，如某一词以原词或同义词、近义词等其他形式重复出现在语篇中，以达到相互衔接、意义统一完整的目的。

例（8）全党同志一定要永远与人民同呼吸、共命运、心连心，永远把人民对美好生活的向往作为奋斗目标，以永不懈怠的精神状态和一往无前的奋斗姿态，继续朝着实现中华民族伟大复兴的宏伟目标奋勇前进。

译文：<ruby>全党<rt>ぜんとう</rt></ruby>の<ruby>同志<rt>どうし</rt></ruby>は、<ruby>永遠<rt>えいえん</rt></ruby>に<ruby>人民<rt>じんみん</rt></ruby>と<ruby>一心同体<rt>いっしんどうたい</rt></ruby>になり、<ruby>永遠<rt>えいえん</rt></ruby>に<ruby>人民<rt>じんみん</rt></ruby>の<ruby>素晴<rt>すば</rt></ruby>らしい<ruby>生活<rt>せいかつ</rt></ruby>への<ruby>憧<rt>あこが</rt></ruby>れを<ruby>奮闘目標<rt>ふんとうもくひょう</rt></ruby>とし、<ruby>決<rt>けっ</rt></ruby>して<ruby>緩<rt>ゆる</rt></ruby>むことのない<ruby>精神状態<rt>せいしんじょうたい</rt></ruby>と<ruby>果敢<rt>かかん</rt></ruby>に<ruby>突<rt>つ</rt></ruby>き<ruby>進<rt>すす</rt></ruby>む<ruby>姿勢<rt>しせい</rt></ruby>で、<ruby>中華民族<rt>ちゅうかみんぞく</rt></ruby>の<ruby>偉大<rt>いだい</rt></ruby>な<ruby>復興<rt>ふっこう</rt></ruby>の<ruby>実現<rt>じつげん</rt></ruby>という<ruby>壮大<rt>そうだい</rt></ruby>な<ruby>目標<rt>もくひょう</rt></ruby>に<ruby>向<rt>む</rt></ruby>かって<ruby>勇往<rt>ゆうおう</rt></ruby>まい<ruby>進<rt>しん</rt></ruby>し<ruby>続<rt>つづ</rt></ruby>けなければならない。

例（9）中国共产党为什么能，中国特色社会主义为什么好，归根到底是因为马克思主义行！

译文：<ruby>中国共産党<rt>ちゅうごくきょうさんとう</rt></ruby>は<ruby>何故<rt>なぜ</rt></ruby><ruby>能力<rt>のうりょく</rt></ruby>があるのか、<ruby>中国<rt>ちゅうごく</rt></ruby>の<ruby>特色<rt>とくしょく</rt></ruby>ある<ruby>社会主義<rt>しゃかいしゅぎ</rt></ruby>は<ruby>何故<rt>なぜ</rt></ruby><ruby>素晴<rt>すば</rt></ruby>らしいのか、それはマルクス<ruby>主義<rt>しゅぎ</rt></ruby>が<ruby>優<rt>すぐ</rt></ruby>れているからこそなのです。

注意点①：中文句子里出现了"不仅……还……""只有……才……"等关联词的时候，翻译较为容易。但有的句子省略了关联词，给翻译增加了一定难度。如"（如果）走保护主义、单边主义的老路，不仅解决不了问题，还会加剧世界经济的不确定性""（要）应对共同挑战、迈向美好未来，既需要经济科技力量，也需要文化文明力量。"因此译者需要充分把握句子逻辑，通过加译、减译、合译、分译、词性转换等翻译策略重构语篇的连贯性。

注意点②：语态分为主动语态和被动语态。中文语篇中多用主动语态，而日语语篇中被动语态更为常见。另，中文中有些及物动词，译为日语时常转换为自动词（相当于中文的不及物动词）。如：

例（10）新民主主义革命的胜利，彻底结束了旧中国半殖民地半封建社会的历史，彻底结束了旧中国一盘散沙的局面，彻底废除了列强强加给中国的不平等条约和帝国主义在中国的一切特权，为实现中华民族伟大复兴创造了根本社会条件。

译文：<ruby>新民主主義革命<rt>しんみんしゅしゅぎかくめい</rt></ruby>の<ruby>勝利<rt>しょうり</rt></ruby>により、<ruby>旧中国<rt>きゅうちゅうごく</rt></ruby>の<ruby>半植民地<rt>はんしょくみんち</rt></ruby>・<ruby>半封建社会<rt>はんほうけんしゃかい</rt></ruby>の<ruby>歴史<rt>れきし</rt></ruby>に<ruby>完全<rt>かんぜん</rt></ruby>に<ruby>終止符<rt>しゅうしふ</rt></ruby>が<ruby>打<rt>う</rt></ruby>たれ、<ruby>旧中国<rt>きゅうちゅうごく</rt></ruby>の<ruby>四分五裂<rt>しぶんごれつ</rt></ruby>の<ruby>状態<rt>じょうたい</rt></ruby>に<ruby>完全<rt>かんぜん</rt></ruby>に<ruby>終止符<rt>しゅうしふ</rt></ruby>が<ruby>打<rt>う</rt></ruby>たれ、<ruby>列強<rt>れっきょう</rt></ruby>が

中国に押しつけた不平等条約と中国における帝国主義の一切の特権が完全に廃止され、中華民族の偉大な復興の実現に向けた根本的な社会条件が整いました。

2.2 隐性衔接句的翻译

翻译策略 | 隐性衔接是语篇中深层次的连贯手段和实现条件，是隐含在说话者（讲述者）和听话者（读者）双方共有知识、共有文化背景或者话题语境中的意义。这种意义在语言表达形式上无法呈现，因此在语言形式上留下了空缺。弥补这些空缺需要听话者借助双方共有知识、共有文化背景或是话题语境等加以推测。

例（11）以史为鉴、开创未来，必须团结带领中国人民不断为美好生活而奋斗。
译文：歴史を鑑とし、未来を切り開く上では、中国人民を団結させ率いてよりよい生活のために奮闘しなければいけません。

中文语篇中往往缺少明确的连接词，靠词语与句子本身意义上的连贯与逻辑顺序实现衔接，以意统形。例（11）中"以史为鉴，开创未来"是"必须团结带领中国人民不断为美好生活而奋斗"的条件，因此翻译时增补「うえでは」来表述句子的逻辑关系，实现隐性衔接。

例（12）"一花独放不是春，百花齐放春满园。"
译文：「花が一輪咲いても春とは言えず、百花が一斉に咲き誇ってはじめて春が来る。」

例（12）意为"只有一枝花朵开放，不能算是春天，只有百花齐放的时候，满园才都是春天"。中文母语者通过认知背景与语义联想匹配出适当的逻辑关系，能读出原文中包含了表示让步关系的"即使……"和表示条件关系的"只有……才……"，因此翻译时需要增补出隐性衔接句中的逻辑连接词。

注意点①： 通常汉语中虽然也用"过""了""着""在""要"等字表示时态，但时政文献的"时态"变化不明显，翻译时需要留意。如"打江山，守江山，守的是人民的心"译为「国を築いて国を守り、守っているのは人民の心です」。

四、实践演练

① **请将下列句子中的黑体字翻译成日语，写在括号中。**

1. 亚洲**地大物博**（　　　　　）、**山河秀美**（　　　　　），在世界三分之一的陆地上居住着全球三分之二的人口，47个国家、1000多个民族**星罗棋布**（　　　　　）。

2. **海纳百川**（　　　　　），**有容乃大**（　　　　　）。人类创造的各种文明都是劳动和智慧的结晶。每一种文明都是独特的。在文明问题上，**生搬硬套**（　　　　　）、**削足适履**（　　　　　）不仅是不可能的，而且是十分有害的。

3. 亚洲各国人民希望远离封闭、融会通达，希望各国秉持开放精神，推进**政策沟通**（　　　　　）、**设施联通**（　　　　　）、**贸易畅通**（　　　　　）、**资金融通**（　　　　　）、**民心相通**（　　　　　），共同构建**亚洲命运共同体**（　　　　　）、**人类命运共同体**（　　　　　）。

② **请将画线部分的日语翻译成中文，写在括号中。**

1. 人の美を美とし、美と美共に与る。（　　　　　）
2. ルールは国際社会が共同で制定すべきで、力が正義だ（　　　　　）というような基準で決められてはならず、…。
3. 二千年余り前、中国古代の思想家孔子は「益者三友。直きを友とし、諒を友とし、多聞を友とするは、益なり」（　　　　　）と語った。

③ **请思考下列语篇的逻辑，如有画线部分请特别注意，理解后将全句翻译成日语。**

1. 回顾历史、展望世界，我们应该增强文明自信，在先辈们铸就的光辉成就的基础上，坚持同世界其他文明交流互鉴，努力续写亚洲文明新辉煌。
2. 激发人们创新创造活力，最直接的方法莫过于走入不同文明，发现别人的优长，启发自己的思维。
3. 文明永续发展，既需要薪火相传、代代守护，更需要顺时应势、推陈出新。
4. 世界文明历史揭示了一个规律：任何一种文明都要与时偕行，不断吸纳时代精华。
5. 我们回顾历史，是要以史为鉴，不让历史悲剧重演。

④ **请将下列句子翻译为中文。**

1. 経済のグローバル化がもたらしたチャンスと試練に直面する際の正しい選択は、あらゆるチャンスを十分に利用し、協力しながらあらゆる試練に対応し、経済の

グローバル化の方向をしっかり導くことである。

2. 正しい義理観を堅持し、正義と利益の双方に配慮し、信義を重んじ、情義を重んじ、正義を発揚し、道義を確立しなければならない。

3. 過去数年、「一帯一路」共同建設は全体的な配置を完成し、一幅の「写意画」を描いてきたが、今後は重点にスポットを当て、注意深く念を入れて行い、緻密で細やかな「細密画」を共同で描いていく必要がある。

4. 中国共産党は、人類の前途と運命を気にかけ、世界のすべての進歩的勢力と手を携えて前進してきました。中国は常に、世界平和の建設者、グローバル発展の貢献者、国際秩序の擁護者であり続けてきたのです。

五、译海学思专栏

漫谈时政文献中专业术语的翻译

通过阅读《习近平谈治国理政》我们不难发现，其内容涉猎广泛，涉及政治、经济、科技、环保等诸多方面。要将中国智慧贡献给世界，必须对各领域的专业术语做到精准翻译。那么翻译专业术语时需要注意哪些问题呢？

一、对于国际惯例中通用的术语，翻译时需灵活地找到与之对应的术语。如：

例：现在产能过剩，仍一味扩大规模投资抬高速度，作用有限且<u>边际效用</u>递减。

译文：現在、全体の生産能力は過剰なのに、いまだに規模拡大のための投資だけに頼って速度を挙げているが、その効果は限られており、しかも<u>限界効用</u>が逓減している。

"边际效应"对应的日语专业术语为「限界効用」，在日本大百科词典的解释为「Marginal utility、消費者が財を消費するときに得る欲望満足の度合いを効用という」。翻译时灵活借助英语原词"Marginal utility"查阅日语译词可使翻译工作事半功倍。另外，日语中虽有"边际"的汉字同形词「辺際」，但这是一个较为古老的、只限于表述"不可再持续的边缘"之意的非常用词，与本术语中的"边际"语义不符，因此我们在翻译中不能生硬地进行移植。

二、术语具有单义性，即在某一特定专业范围内是单义的。通常只有少数术语属于两个或更多专业。如：

例 "十三五"时期是转方式调结构的重要<u>窗口期</u>。

译文：「第13次5ヵ年計画」期は発展パターンを転換し、経済構造を調整する<u>重要な時期</u>だ。

中文"窗口期"一词来源于医学术语，后引申至社会学、经济学等领域，指一些具有较大影响力的新生活、未知事物与已知环境的交互、产生认知的过程。"窗口期"对应的日语专业术语为「ウィンドウ期」，但日语「ウィンドウ期」只用于医学领域，不包含引申义，因此"窗口期"译为了「重要な

時期」。

　　综上所述，在翻译专业术语时，译者尤其需要秉持科学态度谨慎查阅相关专业的资料，学会借助英文单词搭桥，找到对应的日语术语；对于能用于多个学科的术语，需要准确把握原文的整体语境，界定该术语在原文中的确切专业含义，再考虑可能对应的日语词语在词形、语义上是否贴切，斟酌处理；对于中国特色政治术语，多借用日语同形汉字进行翻译，此外也可以采取解释、移植、音译等翻译策略。

六、附录

重点段落译文

段落一

　　文明是多彩的，人类文明因多样才有交流互鉴的价值。阳光有七种颜色，世界也是多彩的。一个国家和民族的文明是一个国家和民族的集体记忆。人类在漫长的历史长河中，创造和发展了多姿多彩的文明。从茹毛饮血到田园农耕，从工业革命到信息社会，构成了波澜壮阔的文明图谱，书写了激荡人心的文明华章。

　　——2014年3月27日，习近平在联合国教科文组织总部的演讲

　　文明は多彩なものであり、人類文明は多様であるからこそ交流、相互参照の価値がある。日光に七つの色があるように、世界も多彩である。ある国と民族の文明はその国と民族の集団的記憶である。人類は長い歴史の流れの中で、多彩な文明を創造し発展させてきた。未開の時代から農耕社会に至るまで、産業革命から情報社会に至るまで、波瀾万丈の文明図録を作り上げ、感動的な文明の詩編を書き残してきた。

　　——国連教育科学文化機関（ユネスコ）本部での演説

段落二

　　"甘瓜抱苦蒂，美枣生荆棘。"从哲学上说，世界上没有十全十美的事物，因为事物存在优点就把它看得完美无缺是不全面的，因为事物存在缺点就把它看得一无是处也是不全面的。经济全球化确实带来了新问题，但我们不能就此把经济全球化一棍子打死，而是要适应和引导好经济全球化，消解经济全球化的负

　　「甘い瓜は苦いへたを持ち、おいしいナツメにはとげがある」。哲学的に言えば、世の中に完璧なものは存在しない。優れた点があるからといって、完全無欠と見るのは全面的とは言えず、欠点があるからといって、よいところが一つもないと見ることも全面的とは言えない。経済のグローバル化は確かに新たな問題をもたらしたが、だからといってそれを全面的に否定してはならず、経済のグローバル化に適応し、それを導き、マイナスの影響を解消し、すべての

面影响，让它更好惠及每个国家、每个民族。

……

世界经济的大海，你要还是不要，都在那儿，是回避不了的。想人为切断各国经济的资金流、技术流、产品流、产业流、人员流，让世界经济的大海退回到一个孤立的小湖泊、小河流，是不可能的，也是不符合历史潮流的。

——2017年1月17日，习近平在世界经济论坛2017年年会开幕式上的主旨演讲

国、すべての民族に恩恵をもたらさなければならない。

……

世界経済の大海は、必要かどうかにかかわらず、いつもそこにあり、避けることのできないものだ。各国経済における資金の流れ、技術の流れ、製品の流れ、産業の流れ、人の流れを人為的に遮断し、世界経済の大海を一つ一つ孤立した小さな湖や小川に戻すことは不可能であり、歴史の潮流にも合致しない。

——世界経済フォーラム二〇一七年年次総会の開幕式における基調講演

段落三

新的征程上，我们必须高举和平、发展、合作、共赢旗帜，奉行独立自主的和平外交政策，坚持走和平发展道路，推动建设新型国际关系，推动构建人类命运共同体，推动共建"一带一路"高质量发展，以中国的新发展为世界提供新机遇。中国共产党将继续同一切爱好和平的国家和人民一道，弘扬和平、发展、公平、正义、民主、自由的全人类共同价值，坚持合作、不搞对抗，坚持开放、不搞封闭，坚持互利共赢、不搞零和博弈，反对霸权主义和强权政治，推动历史

私たちは新たな道のりにおいて、平和・発展・協力・ウィンウィンの旗印を高く掲げ、独立自主の平和外交政策を実施し、平和的発展の道を堅持し、新型国際関係の構築を推し進め、人類運命共同体の構築を推し進め、「一帯一路」共同建設の質の高い発展を推し進め、中国の新たな発展によって世界に新たなチャンスをもたらさなければいけません。中国共産党はこれからも、平和を愛するすべての国と人々とともに、平和・発展・公平・正義・民主・自由という全人類共通の価値を発揚し、協力を堅持して対抗せず、開放を堅持して閉鎖せず、互恵ウィンウィンを堅持してゼロサムゲームをせず、覇権主義・強権政治に反対し、歴史の車輪を輝かしい目標に向かって押し進めていきます。

车轮向着光明的目标前进！　　　　　——『中国共産党創立100周年祝賀大会における演説』

——《习近平在庆祝中国共产党成
立100周年大会上的讲话》

段落四

我们要坚持多边主义，不搞单边主义；要奉行双赢、多赢、共赢的新理念，扔掉我赢你输、赢者通吃的旧思维。协商是民主的重要形式，也应该成为现代国际治理的重要方法，要倡导以对话解争端、以协商化分歧。我们要在国际和区域层面建设全球伙伴关系，走出一条"对话而不对抗，结伴而不结盟"的国与国交往新路。大国之间相处，要不冲突、不对抗、相互尊重、合作共赢。大国与小国相处，要平等相待，践行正确义利观，义利相兼，义重于利。

——2015年9月28日，习近平在美国纽约联合国总部举行的第七十届联合国大会一般性辩论时的讲话

われわれは一国主義を取らず、多国間主義を堅持すべきだ。二国間、多国間、すべての国家間のウインウインという新理念を実行し、「自分が勝てば相手が負ける」や「勝者総取り」といった古い考え方を捨てるべきだ。協議を行うことは民主の重要な形式であり、現代のグローバルガバナンスの重要な方法ともなるべきである。対話による紛争解決と協議による不一致の解消を提唱すべきだ。われわれは国際的にも地域においてもグローバルなパートナーシップを構築し、「対話するが対立しない、良き仲間にはなるが同盟は結ばない」という国と国との新しい付き合いの道を歩み出さなければならない。大国間の付き合いは、衝突せず、対立せず、相互に尊重し、協力・ウインウインの関係を構築すべきだ。また、大国と小国との付き合いは、平等に接し、正しい義利観を実践し、道義と利益を両立させ、利益よりも道義を重んじるべきだ。

——米国ニューヨークの国際連合本部で行われた第七十回国連総会の一般討論演説に出席した際のスピーチ

第十单元

全面从严治党的战略方针

明确全面从严治党的战略方针，提出新时代党的建设总要求，全面推进党的政治建设、思想建设、组织建设、作风建设、纪律建设，把制度建设贯穿其中，深入推进反腐败斗争，落实管党治党政治责任，以伟大自我革命引领伟大社会革命。本单元将结合明确全面从严治党的战略方针的思想内容，系统介绍对相关理念与表述的理解和翻译策略。

一、核心概念解读

1. 政治建设
日语译文：政治建設<ruby>せいじ<rt></rt></ruby><ruby>けんせつ<rt></rt></ruby>

旗帜鲜明讲政治是中国共产党作为马克思主义政党的根本要求。党的政治建设是党的根本性建设，决定党的建设方向和效果。中共十九大把党的政治建设纳入党的建设总体布局并摆在首位，明确了政治建设在新时代党的建设中的战略定位，抓住了全面从严治党的根本性问题。

加强党的政治建设，首要任务是保证全党服从中央，坚决维护党中央权威和集中统一领导。要求全党坚定执行党的政治路线，严格遵守党的政治纪律和政治规矩，在政治立场、政治方向、政治原则、政治道路上同党中央保持高度一致。加强党的政治建设，必须严肃党内政治生活。尊崇党章，严格执行新形势下党内政治生活若干准则，增强党内政治生活的政治性、时代性、原则性、战斗性，自觉抵制商品交换原则对党内生活的侵蚀，营造风清气正的良好政治生态。完善和落实民主集中制的各项制度，坚持民主基础上的集中和集中指导下的民主相结合，既充分发扬民主，又善于集中统一。注重加强党内政治文化建设。加强党的政治建设，要求全党同志特别是高级干部要加强党性锻炼，不断提高政治觉悟和政治能力，把对党忠诚、为党分忧、为党尽职、为民造福作为根本政治担当。

从结构上看，"政治建设"及以下五个关键概念（思想建设、组织建设、作风建设、纪律建设、制度建设）均属于偏正短语，定语"政治""思想""组织""作风""纪律""制度"均修饰中心词"建设"，因此，六个短语的译文均可以用日语「～建設<ruby>けんせつ<rt></rt></ruby>」表达。当然，汉语的"建设"还可以翻译为日语的「構築<ruby>こうちく<rt></rt></ruby>」或「建造<ruby>けんぞう<rt></rt></ruby>」等，但「構築<ruby>こうちく<rt></rt></ruby>」一般指在一定的基础之上进行组建和完善，「建造<ruby>けんぞう<rt></rt></ruby>」主要使用在具体的建筑物之上，而「建設<ruby>けんせつ<rt></rt></ruby>」则更有破土开工，从零开始构建整个体系的含义。因此，在新时代提出的全新概念中，使用「～建設<ruby>けんせつ<rt></rt></ruby>」一词既能体现新的历史阶段不忘初心的坚定信念，也与原文字形更为贴合，在传形传意的同时展示四个自信。

日语译文中，"政治"使用了日语中的同形词，用「政治<ruby>せいじ<rt></rt></ruby>」与「建設<ruby>けんせつ<rt></rt></ruby>」结合成「政治建設<ruby>せいじ<rt></rt></ruby><ruby>けんせつ<rt></rt></ruby>」。

2. 思想建设
日语译文：思想建設

　　党的思想建设是中国共产党为保持自己的创造力、凝聚力和战斗力而在思想理论方面所进行的一系列工作。思想建设是党的基础性建设，是党永葆先进性和纯洁性的重要法宝。共产主义远大理想和中国特色社会主义共同理想，是中国共产党人的精神支柱和政治灵魂，也是保持党的团结统一的思想基础。作为党的基础性建设，思想建设的基本要求是：用马克思列宁主义、毛泽东思想、邓小平理论、"三个代表"重要思想、科学发展观、习近平新时代中国特色社会主义思想武装全党，不断改造和克服党内一切非无产阶级思想，以坚持马克思主义的思想领导，保证全党在思想上政治上行动上高度一致，保持党的先进性和纯洁性。加强党的思想建设，必须把坚定理想信念作为首要任务，教育引导全党牢记党的宗旨，挺起共产党人的精神脊梁，解决好世界观、人生观、价值观这个"总开关"问题，自觉做共产主义远大理想和中国特色社会主义共同理想的坚定信仰者和忠实实践者。加强党的思想建设，还要大力弘扬马克思主义学风。中共十八大以来，中国共产党开展了党的群众路线教育实践活动、"三严三实"专题教育、"学党章党规、学系列讲话、做合格党员"学习教育、"不忘初心、牢记使命"主题教育，成为党的思想建设的重要实践和有力抓手。

　　日语译文中，"思想"使用了日语中的同形词，其意思是人所具有的关于世界观和人生观的根本想法，一般具有社会性和政治性的属性，中日文意思大致相仿，因此译文是「思想」与「建設」结合成的「思想建設」。

3. 组织建设
日语译文：組織建設

　　党的组织建设是党的建设的主要内容之一，包括贯彻新时代党的组织路线，坚持民主集中制，加强党的组织制度建设、组织体系建设、干部队伍建设、党员队伍建设和民主集中制建设等内容。党要实现各个历史时期的政治任务，必须始终把加强党的组织建设摆在突出位置。党的干部是党和国家事业的中坚力量，干部队伍建设在党的组织建设中居于核心地位。中共十九大报告指出，坚持党管干部原则，坚持德才兼备、以德为先，坚持五湖四海、任人唯贤，坚持事业为先、公道正派，把好干部标准落到实处，建设高素质专业化干部队伍。同时，坚持党管人才原则，聚

天下英才而用之，加快建设人才强国。党的基层组织是党的全部工作和战斗力的基础，基层组织建设是党的组织建设的基础性工作。中共十九大报告强调，把基层党组织建设成为宣传党的主张、贯彻党的决定、领导基层治理、团结动员群众、推动改革发展的坚强战斗堡垒。党员队伍建设是党的组织建设的重要内容。党员是党肌体的组成细胞和党开展活动的主体，以党员发展教育管理等工作为主体的党员队伍建设，是党的建设基础工程。

"组织"的意思为"人们为实现一定的目标，互相协作结合而成的集体或团体"，此词存在汉日同形词，因此译文是「組織」与「建設」结合成的「組織建設」。

4. 作风建设

日语译文：気風建設

作风建设是管党治党的永恒课题。党的作风是党的各级组织和全体党员在实践过程中形成的比较稳定的、反映党的特征和品格的整体精神风貌，包括党的思想作风、工作作风、领导作风、学风和生活作风等。党的作风就是党的形象，关系人心向背，关系党的生死存亡。中国共产党历来高度重视作风建设，在长期不懈奋斗中形成了一整套优良作风，突出表现为理论联系实际、密切联系群众、批评与自我批评三大作风，以及谦虚谨慎、不骄不躁和艰苦奋斗等作风。中共十九大报告强调，加强作风建设，必须紧紧围绕保持党同人民群众的血肉联系，增强群众观念和群众感情，不断厚植党执政的群众基础。凡是群众反映强烈的问题都要严肃认真对待，凡是损害群众利益的行为都要坚决纠正。坚持以上率下，巩固拓展落实中央八项规定精神成果，继续整治"四风"问题，坚决反对特权思想和特权现象。

日语译文中，"作风建设"没有使用汉日同形词。"作风"的日语同形词「作風」是存在的，但表达的是人们在工作、学习和生活中表现出来的稳定的态度和行为，而日语「作風」的意思则偏重艺术作品中的风格和表现手法，与汉语的"文风"更为贴近。因此，"作风"的日语是与之意思更为相近的「気風」，"作风建设"的译文是「気風建設」。

5. 纪律建设
日语译文：規律<ruby>建設<rt>きりつけんせつ</rt></ruby>

纪律建设：坚持以上率下，巩固拓展落实中央八项规定精神成果，继续整治"四风"问题，坚决反对特权思想和特权现象。重点强化政治纪律和组织纪律，带动廉洁纪律、群众纪律、工作纪律、生活纪律严起来。坚持开展批评和自我批评，坚持惩前毖后、治病救人，运用监督执纪"四种形态"，抓早抓小、防微杜渐。赋予有干部管理权限的党组相应纪律处分权限，强化监督执纪问责。加强纪律教育，强化纪律执行，让党员、干部知敬畏、存戒惧、守底线，习惯在受监督和约束的环境中工作生活。

日语译文中，"纪律建设"也没有使用汉日同形词。"纪律"也存在日语同形词「<ruby>紀律<rt>きりつ</rt></ruby>」，意思也与汉语十分相近。尽管如此，为什么还要翻译为「<ruby>規律<rt>きりつ</rt></ruby>」呢？原因有二，一是日语中「<ruby>規律<rt>きりつ</rt></ruby>」与「<ruby>紀律<rt>きりつ</rt></ruby>」意思完全相同，可以通用；二是「<ruby>紀律<rt>きりつ</rt></ruby>」更多用于军队等场景，为了区别"治党"和"治军"，"治党"使用「<ruby>規律<rt>きりつ</rt></ruby>」，意思不会出现偏差，覆盖范围也会更广。因此，"纪律建设"的日语是「<ruby>規律建設<rt>きりつけんせつ</rt></ruby>」。

6. 制度建设
日语译文：<ruby>制度建設<rt>せいどけんせつ</rt></ruby>

制度建设是具有根本性、全局性、稳定性和长期性的重大问题。党的制度建设是指党在长期领导工作和党内生活中形成党的组织和党的成员必须共同遵守的党内制度。党的制度建设通过对各项工作制度化、规范化，形成党的一系列规章制度，从而为党的其他方面的建设提供基本遵循和制度保障。中共十九大报告强调把制度建设贯穿党的各项建设之中，表明党深化了对制度建设的规律性认识，更加注重凸显制度建设的重要地位和作用。推进全面从严治党，必须坚持制度治党、依规治党，把权力关进制度的笼子，用制度管权、管事、管人。加强党的制度建设，必须建立健全以党章为根本、民主集中制为核心的党内法规制度体系，扎紧制度笼子；必须强化制度宣传教育，增强全党制度意识，筑牢制度治党的思想基础；必须严格执行制度，坚持制度面前人人平等、制度执行没有例外，增强党内法规制度执行力，使制度成为"硬杠杠""高压线"。

日语译文中，"制度"使用了日语中的同形词，其意思为国家、社会、团体运营方面所制定的法律或规章。因此日语是「制度」与「建設」结合后成为「制度建設」。需要注意的是，日语的「制度」也有成规或习俗的意思。

7. 反腐败斗争
日语译文：反腐敗闘争

反腐败斗争是加强党的长期执政能力建设、先进性和纯洁性建设，把党建设成为始终走在时代前列、人民衷心拥护、勇于自我革命、经得起各种风浪考验、朝气蓬勃的马克思主义执政党的必然要求。党的十八大以来，经过坚决斗争，反腐败斗争取得压倒性胜利并全面巩固，消除了党、国家、军队内部存在的严重隐患，党在革命性锻造中更加坚强。

"反腐败斗争"虽然可以翻译为在日本更为常见的「腐敗撲滅キャンペーン」，但为了体现这一斗争的重要程度与厚重感，全部使用日语同形汉字表述显然可以达到更好效果，故而"反腐败斗争"的日语译文为「反腐敗闘争」。

8. 自我革命
日语译文：自己革命

勇于自我革命是中国共产党区别于其他政党的显著标志。自我革命精神是党永葆青春活力的强大支撑。先进的马克思主义政党不是天生的，而是在不断自我革命中淬炼而成的。党历经百年沧桑更加充满活力，其奥秘就在于始终坚持真理、修正错误。党的伟大不在于不犯错误，而在于从不讳疾忌医，积极开展批评和自我批评，敢于直面问题，勇于自我革命。只要我们不断清除一切损害党的先进性和纯洁性的因素，不断清除一切侵蚀党的健康肌体的病毒，就一定能够确保党不变质、不变色、不变味，确保党在新时代坚持和发展中国特色社会主义的历史进程中始终成为坚强领导核心。

"自我革命"是一种主观蜕变，是一种个人作用到自身的根本变革。日语中的「自我」是"自我"的同形词，但一般用在个人意识上，属于哲学中的一个定义，因而无法表达上述"自我革命"短语中"自我"的含义。相比之下，日语中的「自己」不只可以表达个人意识，还可以表达身体及认知等不同范畴，无论是对外还是对内均可以使用，常用的有「自己紹介」「自己啓発」「自己満足」等。因此，"自我革命"不宜直译为「自我革命」，而应翻译为「自己革命」。

二、关键语句理解与翻译

1. 党只有始终与人民心连心、同呼吸、共命运，始终依靠人民推动历史前进，才能做到哪怕"黑云压城城欲摧"，"我自岿然不动"，安如泰山、坚如磐石。

わが党は終始人民と一心同体となり、息を通わせ、運命を共にし、また終始人民に依拠して歴史を前に推し進めなければならない。そうしてこそ、たとえ「黒雲城を圧して城摧けんと欲する」時にも「われそびえたって動ずるなし」で、泰山のようにどっしりとして揺るがず、磐石のごとくびくともせずにいることができる。

2. 要牢记"蠹众而木折，隙大而墙坏"的道理，保持惩治腐败的高压态势，做到有案必查、有腐必惩，坚持"老虎"、"苍蝇"一起打，切实维护人民合法权益，努力做到干部清正、政府清廉、政治清明。

「蠹衆くして木折れ、隙大にして牆壊る（キクイムシが多ければ木は折れ、すきまが大きくなれば壁は崩れる）」という道理を銘記し、腐敗を懲罰する高圧的な姿勢を保持し、案件があれば必ず調査し、腐敗があれば必ず懲罰し、「虎」も「ハエ」も一緒にたたくことを堅持し、人民の合法的権益を着実に守り、幹部が公正であり、政府が廉潔であり、政治が明朗であるよう努めなければならない。

3. 要拿出恒心和韧劲，继续在常和长、严和实、深和细上下功夫，管出习惯、抓出成效，化风成俗。

根気と粘り強さを持って、引き続き「常（常に）」と「長（長期的に）」、「厳（厳しく）」と「実（着実に）」、「深（深く）」と「細（細かく）」ということに力を注ぎ、習慣になるように管理し、成果が出るように取り組み、正しい気風が一つの風習になるようにしなければならない。

4. 这样一个大国，这样多的人民，这么复杂的国情，领导者要深入了解国情，了解人民所思所盼，要有"如履薄冰，如临深渊"的自觉，要有"治大国若烹小鲜"的态度，丝毫不敢懈怠，丝毫不敢马虎，必须夙夜在公、勤勉工作。

こうした大国、これほど多くの人民、このように複雑な国情にあって、指導者は国情を深く理解し、人民の考えと期待を理解し、「深淵に臨むがごとく薄氷を踏むがごとし」という自覚を持って、「大国を治むるは小鮮を烹るが若くす（大国の統治には、ちょうど小魚を煮るときのように、加減に気をつけて慎重に臨むべきである）」という態度で、少しも怠ることなく、少しもいい加減にせず、日夜公務に励む責任感を持ち、懸命に仕事をしなければならない。

5. "打铁还需自身硬"是我们党的庄严承诺，全面从严治党是我们立下的军令状。

「鉄を打つには自らが硬くならなければならない」はわれわれの党の厳かなコミットメントであり、党内統治の全面的厳格化はわれわれが書いた軍令状である。

6. 干部干事创业要树立正确政绩观，有功成不必在我的精神境界、功成必定有我的历史担当，发扬钉钉子精神，脚踏实地干。

幹部が仕事をし、事業を行うに当たっては、行政における正しい業績観を樹立し、「功成りても自分の手柄としなくてもよい」精神的境地、「功成るには必ず自分の力が必要だ」という歴史的責任感を持って、「釘を打つ」精神を発揚し、着実に取り組まなければならない。

7. 要做起而行之的行动者、不做坐而论道的清谈客，当攻坚克难的奋斗者、不当怕见风雨的泥菩萨，在摸爬滚打中增长才干，在层层历练中积累经验。

座って理論を語る「サロン客」ではなく、立ち上がって実践する行動者となり、雨風を恐れる軟弱な人間ではなく、難関を攻略する奮闘者となり、さまざまな苦労の中で才能を伸ばし、さまざまな試練に耐えて経験を積み重ねなければならない。

古典诗文

　　以上，我们通读原文，对照译文，会发现"黑云压城城欲摧""蠹众而木折，隙大而墙坏"等古典诗文的日译是时政文献翻译的难点之一。这既要求我们有深厚的中国古典文化素养，还要掌握日语"汉文训读体"和基础的古语相关知识。在漫长的中日文化交流史上，诗歌一直是双方交流的重要手段。如我国唐宋八大家之一的欧阳修曾赋诗"徐福行时书未焚，逸书百篇今尚存"（《日本刀歌》），吟诵了徐福奉秦始皇之命，率童男童女三千人东渡瀛洲，为其寻找长生不老药的故事；李白、杜甫、白居易、王维、孟浩然等唐代大诗人的诗作在日本亦影响深远。在日本，最早于751年成书的汉诗集《怀风藻》流传甚广；与李白、王维等私交甚笃的阿倍仲麻吕，著名汉学家赖山阳，著名歌人、俳人、诗人、散文家正冈子规等历代日本名家所作的汉诗也一直流传至今。

　　中日两国恢复邦交以来，古典诗文依然发挥着重要的媒介作用。1972年9月，日本首相田中角荣访华，毛泽东将影印宋刻本《楚辞集注》赠予田中角荣。周恩来亲手题写《论语·子路》中的"言必信，行必果"相赠，田中则回赠圣德太子的名言"信为万事之本"。2015年5月，在中日友好交流大会上，习近平引用《论语·里仁》中的"德不孤，必有邻"，指出："只要中日两国人民真诚友好、以德为邻，就一定能实现世代友好。"

　　由此可见，蕴含着我国传统优秀价值观的精美古典诗文在今天依然具有善诱世人、警醒党内的现实意义。而对在时政文献中所引用的古典诗文进行准确的翻译，是我们外宣中讲好中国故事的重要一环。

　　观察以上关键语句，我们可以发现其中有对古典诗文的引用，也有对古典诗文的效仿，为了便于总结翻译策略，我们把本单元出现过的古典诗文分为"古典诗文"和"古典诗文仿作"这两类，分别观察分析其翻译策略和技巧。

找一找

请找一找关键语句中的古典诗文都有哪些。

想一想

请想一想这些古典诗文的日语译文分别是什么。

说一说

（1）请和同学说一说这些古典诗文的日语译文有什么特点。

（2）请使用这些古典诗文的日语译文进行简单的日语会话。

三、重点段落分析与翻译

1. 请认真阅读以下材料，全面理解原文内容，深入领会原文思想，熟悉原文语言特色，并试译其中的古典诗文及仿作，可查阅和参考资料。

段落一

　　全面加强纪律建设，用严明的纪律管全党治全党。"法令既行，纪律自正，则无不治之国，无不化之民。"纪律严明是我们党不断从胜利走向胜利的重要保障。党的十九大把纪律建设摆在更加突出位置，纳入党的建设总体布局，表明了用严明的纪律管党治党的坚定决心。

——2018年1月11日，习近平在中共十九届中央纪委二次全会上的讲话

古典诗文

法令既行，纪律自正，则无不治之国，无不化之民。

段落二

　　"秉纲而目自张，执本而末自从。"组织路线对坚持党的领导、加强党的建设、做好党的组织工作具有十分重要的意义。现在，需要明确提出新时代党的组织路线，这就是：全面贯彻新时代中国特色社会主义思想，以组织体系建设为重点，着力培养忠诚干净担当的高素质干部，着力集聚爱国奉献的各方面优秀人才，坚持德才兼备、以德为先、任人唯贤，为坚持和加强党的全面领导、坚持和发展中国特色社会主义提供坚强组织保证。新时代党的组织路线是理论的也是实践的，要在推进党的建设新的伟大工程、落实全面从严治党的实践中切实贯彻落实。

——2018年7月3日，习近平在全国组织工作会议上的讲话

古典诗文

秉纲而目自张，执本而末自从。

段落三

　　初心易得，始终难守。全党同志必须始终保持崇高的革命理想和旺盛的革命斗志，用好批评和自我批评这个锐利武器，驰而不息抓好正风肃纪反腐，不断增强党自我净化、自我完善、自我革新、自我提高的能力，坚决同一切可能动摇党的根基、阻碍党的事业的现象作斗争，荡涤一切附着在党肌体上的肮脏东西，把我们党建设得更加坚强有力。

　　——2020年1月8日，习近平在"不忘初心、牢记使命"主题教育总结大会上的讲话

古典诗文仿作

初心易得，始终难守。

段落四

　　改革开放以后，党坚持党要管党、从严治党，推进党的建设取得明显成效。同时，由于一度出现管党不力、治党不严问题，有些党员、干部政治信仰出现严重危机，一些地方和部门选人用人风气不正，形式主义、官僚主义、享乐主义和奢靡之风盛行，特权思想和特权现象较为普遍存在。特别是搞任人唯亲、排斥异己的有之，搞团团伙伙、拉帮结派的有之，搞匿名诬告、制造谣言的有之，搞收买人心、拉动选票的有之，搞封官许愿、弹冠相庆的有之，搞自行其是、阳奉阴违的有之，搞尾大不掉、妄议中央的也有之，政治问题和经济问题相互交织，贪腐程度触目惊心。这"七个有之"问题严重影响党的形象和威信，严重损害党群干群关系，引起广大党员、干部、群众强烈不满和义愤。习近平同志强调，打铁必须自身硬，办好中国的事情，关键在党，关键在党要管党、全面从严治党。必须以加强党的长期执政能力建设、先进性和纯洁性建设为主线，以党的政治建设为统领，以坚定理想信念宗旨为根基，以调动全党积极性、主动性、创造性为着力点，不断提高党的建设质量，把党建设成为始终走在时代前列、人民衷心拥护、勇于自我革命、经得起各种风浪考验、朝气蓬勃的马克思主义执政党。党以永远在路上的清醒和坚定，坚持严的主基调，突出抓住"关键少数"，落实主体责任和监督责任，强化监督执纪问责，把全面从严治党贯穿于党的建设各方面。党中央召开各领域党建工作会议作出有力部署，推动党的建设全面

进步。

——《中共中央关于党的百年奋斗重大成就和历史经验的决议》

古典诗文仿作

搞任人唯亲、排斥异己的有之，搞团团伙伙、拉帮结派的有之，搞匿名诬告、制造谣言的有之，搞收买人心、拉动选票的有之，搞封官许愿、弹冠相庆的有之，搞自行其是、阳奉阴违的有之，搞尾大不掉、妄议中央的也有之。

2. 翻译策略与方法

2.1 古典诗文的翻译

忠诚印寸心，浩然充两间	忠誠を寸心に印し、浩然を両間に充たす
砍头不要紧，只要主义真	頭を砍らるるとも緊を要せず、只主義の真なるを要す
生年不满百，常怀千岁忧	生年 百に満たず、常に千歳の憂いを懐く
为政之道，修身为本	政を為す道は、身を修めることが本となる
见贤思齐，见不贤而内自省	賢を見ては斉しからんことを思い、不賢を見ては内に自ら省みる
法令既行，纪律自正，则无不治之国，无不化之民	法令が滞りなく施行されれば、規律は自ずから正しくなる。そうなれば治めることのできない国はなく、頑固で分かってくれない民衆はいなくなる
秉纲而目自张，执本而末自从	綱を引けば目は自ずと張り、根本を執れば末節は自ずと随従する

古典诗文的翻译策略与方法

翻译策略 | 古典诗文是中华优秀传统文化的重要组成部分，中日两国同属汉字文化圈，中国的古典诗文在两国两千余年人文交流的历史中起到了重要的纽带作用，在两国之间形成了良性互动，产生着长久共鸣。尽管古典诗文在字数及韵脚等方面均有不同规范，但在此处我们仅就两者的相通之处加以讲解，以求由浅入深，循序渐进。

注意点①：读破万卷

合格的译者需要做到善于查阅，勤于积累。古典诗文对于今人来说，理解起来并不轻

松，翻译更是难上加难。因此，需要我们站在翻译巨人们的肩膀上，做好充足的学习和储备工作。日本一直长期积极引进我国典籍，日本近代美术史家大村西崖就曾在《东洋美术史》一书的序言中感叹："日本文化直至近古，代代均由中国所传。"因此，无论是《论语》《尚书》等经典著作，还是唐诗宋词等诗文，大多都可以找到日语译文。《习近平谈治国理政》中引用了大量的古典诗文，《习近平谈治国理政》（日文版）里都有这些古典诗文的日语译文。同学们不妨找一找，集一集，或许可以读出与汉语不同的意趣，总结出初步的翻译技巧与策略。

读古典诗文需要我们多读多思索，首先要正确理解原意，才能正确翻译。比如王维《过香积寺》诗中的"古木无人径，深山何处钟"两句，说的是在古木参天的深林里，一条小径许久没有人走过，但深山的钟声又是从哪里传来的呢？可是在上世纪90年代日本某电视台的一个汉诗欣赏节目中，讲解者将诗中"无人/径"（无人通过的小径）解释为"无/人径"（没有经行人踩踏而形成的小径），这种解释就与我国诗词界公认的解释不一致，也说明了古诗欣赏的难度。再比如唐代张继的名作《枫桥夜泊》，这首七绝在日本也堪称家喻户晓，一般初读诗中的"夜半钟声到客船"，读者有可能会误读为是描写半夜里客船伴随着钟声到了岸边，但看到日语译文「夜半の鐘声　客船に到る」后，就可以通过助词「に」清楚地认识到，该诗结尾处描绘的并非是客船伴随着钟声由远及近到了岸边，其焦点是描述寒山寺的钟声由近及远，飘至客船，船上的客人才听到钟声。这样就为全诗增添了一分缥缈悠玄的意境，也刻画了客泊他乡的旅人的寂寥之情。因此，不是「夜半の鐘声　客船が到る」，而是「夜半の鐘声　客船に到る」。

注意点②：润物无形

对照原文与译文，我们可以发现，一些日语译文并未使用常见的日语汉字，而是巧妙地保留了汉语古典诗文中的汉字。如"忠诚印寸心，浩然充两间"的"充"和"生年不满百，常怀千岁忧"的"满"作为动词使用时，日语发音均为「みたす」，因此日语译文中分别使用了与原文一致的「充たす」与「満たす」这两个日语动词。这样保留使用原有汉字，也符合汉诗文的原意与日语的表述逻辑。这种手法，在古典诗文的日语译文中十分常见。例如李白的《秋浦歌》中的上阕"白发三千丈，缘愁似个长"，其中"缘"字和"似"字对应的日语汉字分别是「縁」和「似」，其汉字音一般为「えん」和「じ」，但日语译文表述为「縁りて」（动词）和「似く」（助动词），也是同样道理。下阕"不知明镜里，何处得秋霜"中的"里"字对应的日语汉字是「裏」，其发音一般为「うら」，表示东西背面、后面的意思。而译文将其标注为「うち」，原因是因为这句诗描写的是照镜子的动作，而汉语中的"镜子里"说的是镜框里面的空间，不是镜子的背面，所以译者深谙此意，将其标注为「うち」。全诗的原文与日语译文如下：

白发三千丈　白髪三千丈<ruby>白髪三千丈<rt>はくはつさんぜんじょう</rt></ruby>
缘愁似个长　<ruby>愁<rt>うれ</rt></ruby>いに<ruby>縁<rt>よ</rt></ruby>りて<ruby>箇<rt>か</rt></ruby>くの<ruby>似<rt>ごと</rt></ruby>く<ruby>長<rt>なが</rt></ruby>し
不知明镜里　<ruby>知<rt>し</rt></ruby>らず<ruby>明鏡<rt>めいきょう</rt></ruby>の<ruby>裏<rt>うち</rt></ruby>
何处得秋霜　<ruby>何<rt>いず</rt></ruby>れの<ruby>処<rt>ところ</rt></ruby>より<ruby>秋霜<rt>しゅうそう</rt></ruby>を<ruby>得<rt>え</rt></ruby>たる

因此，在翻译古典诗文时，可以根据词义和词性尽量保留原有汉字，但译文要逻辑通顺，符合日语表达与阅读习惯，避免行文对读解产生过多负面影响。

注意点③：温故知新

对照原文与译文，我们还会发现，一些日语译文的动词与今天的用法大不相同。如"砍头不要紧，只要主义真"的"要"字和"砍"字对应的译文是「<ruby>要<rt>よう</rt></ruby>す」和「<ruby>砍<rt>き</rt></ruby>らるるとも」，"见贤思齐，见不贤而内自省"的"齐"字对应的译文是「<ruby>斉<rt></rt></ruby>しからんこと」。这是因为，日本古人在翻译我国古典诗文时，对于动词和形容词有独特的表达方式。并且，日本汉文训读的表达方式与日本的古文也有一定的区分。在此，我们学习一下较为常见的规律。

1）「サ」行的变格活用：因汉语中的一些动词没有对应的日语训读动词，日语中常以名词作为词根与「す」（「する」）构成サ变复合动词。日本古文中，多见词根以汉语为主的这类动词，如「<ruby>要<rt>よう</rt></ruby>す」「<ruby>達<rt>たっ</rt></ruby>す」等。还有小部分汉语词汇后加「ず」构成日语动词，如「<ruby>弄<rt>ろう</rt></ruby>ず」「<ruby>信<rt>しん</rt></ruby>ず」等。サ行的变格活用形式如下：

表1　サ行的活用表

基本形	未然形	连用形	终止形	连体形	已然形	命令形
す	せ	し	す	する	すれ	せよ
如：要す	如：要せず	如：要しけり	如：要す	如：要する時	如：要すれば	如：要せよ

2）「ラ」行的变格活用：日语的古文中，会出现「あり」「をり」「はべり」「いまそかり」等形式，但古典诗文翻译为日语训读后，一般只留下「あり」这一种形式。ラ行的变格活用形式如下：

表2 ラ行的活用表

基本形	未然形	连用形	终止形	连体形	已然形	命令形
あり	ら	り	り	る	れ	れ
如：事あり	如：事あらず	如：事ありけり	如：事あり	如：事ある時	如：事あれば	如：事あれ

　　古典诗文的翻译乍看一头雾水，实则具有较强的规律性，没有过多特例，相对来说比日本古文更容易记忆。如果记住各类词性的形变，对于我们提升古典诗文的日译能力，一定会大有助益。

2.2 古典诗文仿作的翻译

化风成俗　正しい気風が一つの風習になるようにする

功成不必在我　功成りても自分の手柄としなくてもよい

功成必定有我　功成るには必ず自分の力が必要だ

起而行之　立ち上がって実践する

坐而论道　座って理論を語る

安如泰山、坚如磐石　泰山のようにどっしりとして揺るがず、磐石のごとくびくともせずにいる

有案必查、有腐必惩　案件があれば必ず調査し、腐敗があれば必ず懲罰し

打铁还需自身硬　鉄を打つには自らが硬くならなければならない

古典诗文仿作的翻译策略与方法

翻译策略 | 通过与古典诗文的译文进行对比后，可以发现古典诗文仿作在翻译为日语时，并没有使用过多的日语古文。总体来说，《习近平谈治国理政》第一卷、第二卷、第三卷的思想内涵深、文学造诣高，译文为了最大限度表达原文的思想深度，会考虑通过使用平实易懂的现代文，帮助目的语读者丰富阅读体验，提高阅读水平。因此，古典诗文仿作翻译的关键点就是释意重于传形。

　　比如"化风成俗"，若仅按照古典诗文的翻译策略简单翻译为「風と化して俗を成す」的话，目的语读者读后大概会不知所云，很难进一步去理解里面的含义。而且可能又会产生新的疑问，这里的"风"和"俗"分别指的是什么？因此，在处理古典诗文仿作的

语句时，需要对原文进行解读，即释意后，再采用现代文的方式开展翻译工作，才能真正将中国故事讲好。

我国的古典诗文一般都有现代汉语的译文，在日本也有很多我国古典诗文的现代日语译文，同样以李白《秋浦歌》为例，其日语现代文译文如下：

白发三千丈　　（私の）白髪は三千丈もあるだろうか
缘愁似个长　　愁いのためにこんなに長くなってしまった
不知明镜里　　知らないうちに曇りのない鏡に映っている
何处得秋霜　　秋の霜（のような白髪）をどこで身に付けたのか

对照日语的古语翻译和现代文翻译，可以发现在现代文翻译中，古典诗文的翻译策略变得不再适用。翻译成日语现代文时，在字形上不必保留原来的汉字，动词等词汇的使用也与今天常用的形式一般无异，甚至可以通过添加指代或解释说明的形式，帮助读者理解文意。因此，对于译者来说，帮助读者精准理解原文内涵，以读者最容易接受的形式加以呈现，是翻译古典诗文仿作的关键。

四、实践演练

1 请将下列句子中的黑体字翻译成日语并标出其读法，写在括号中。

1. 一名干部有了坚定的理想信念，站位就高了，心胸就开阔了，就能坚持正确政治方向，做到**"风雨不动安如山"**（　　　　　　）。信仰认定了就要信上一辈子，否则就会出大问题。

2. 全面加强纪律建设，用严明的纪律管全党治全党。**"法令既行，纪律自正，则无不治之国，无不化之民。"**（　　　　　）纪律严明是我们党不断从胜利走向胜利的重要保障。党的十九大把纪律建设摆在更加突出位置，纳入党的建设总体布局，表明了用严明的纪律管党治党的坚定决心。

3. 温室里长不出参天大树，懈怠者干不成宏图伟业。广大党员、干部要在**经风雨、见世面中长才干、壮筋骨**（　　　　　　），练就担当作为的**硬脊梁、铁肩膀、真本事**（　　　　　　），**敢字为先、干字当头，勇于担当、善于作为**（　　　　　　），在有效应对重大挑战、抵御重大风险、克服重大阻力、解决重大矛盾中冲锋在前、建功立业。

2 请将画线部分的中文翻译成日语，写在括号中。

1. 要把新时代坚持和发展中国特色社会主义这场伟大社会革命进行好，我们党必须**勇于进行自我革命**（　　　　），把党建设得更加**坚强有力**（　　　　）。

2. 党的**初心和使命**（　　　　）是党的**性质宗旨**（　　　　）、**理想信念**（　　　　）、奋斗目标的集中体现，激励着我们党永远坚守，砥砺着我们党坚毅前行。

3. 勇于**自我革命**（　　　　）是中国共产党区别于其他政党的**显著标志**（　　　　）。

3 请使用括号中的古典诗文译文将下列句子翻译成日语。

1. 要牢记清廉是福、贪欲是祸的道理，树立正确的权力观、地位观、利益观，任何时候都要稳得住心神、管得住行为、守得住清白。（清廉ということが福であり、貪欲が災いを招く）

2. "治其本，朝令而夕从；救其末，百世不改也。"不从政治上认识问题、解决问题，就会陷入头痛医头、脚痛医脚的被动局面，就无法从根本上解决问题。（根本から治めれば、政令は直ちに執行されるが、枝葉末節から治めるのみでは、百代を経ても変わることはない）

3. "于安思危，于治忧乱。"我们党在内忧外患中诞生，在磨难挫折中成长，在战胜风险挑战中壮大，始终有着强烈的忧患意识、风险意识。（安きに居りて危うきを思い、治に居りて乱を憂う）

4. 形式主义、官僚主义同我们党的性质宗旨和优良作风格格不入，是我们党的大敌、人民的大敌。（まったく相容れない）

5. 新时代中国特色社会主义思想，不仅包含着党治国理政的重要思想，也贯穿着中国共产党人的政治品格、价值追求、精神境界、作风操守的要求。（政治の品格、価値志向、精神的境地、作風・操行）

4 请将下文画线部分翻译为中文。

1. 100年前、中国共産党の先駆者たちが中国共産党を創立し、「真理を堅持して理想を守り抜き、初心を貫いて使命を全うし、犠牲を恐れず勇敢に戦い、党に忠誠を尽くして人民の負託に応える」（　　　　）という偉大な建党精神を打ち立てました。この精神こそが、中国共産党の精神の源となっています。
中国共産党はこの100年、偉大な建党精神を発揚し、長期にわたる奮闘を通じて中国共産党員の精神の系譜を築き上げ、鮮明な政治的特性を磨き上げました。歴史は滔々と流れ、精神は代々伝わります（　　　　）。私たちは、引き続き輝かしい伝統を発揚して革命の血脈を伝え（　　　　）、偉大な建党精神が永遠に継

承されて輝きを増し続けるようにしなければいけません。

2. 党中央はまた、次のように強調した。腐敗は党の長期的政権基盤にとって最大の脅威であり、反腐敗は、負けることが許されない重要な政治闘争であり、何百何千の腐敗分子の機嫌をとれば、14億の人民の怒りを買うことになるため、権力を制度というオリに閉じ込め、規律・法律に基づいて権力を設定・規範化・制約・監督しなければならないのだと。腐敗する勇気をくじくこと、腐敗を不可能にすること、腐敗する気を起こさないこと（　　　　　）を目指す取り組みの一体的推進を堅持し、懲罰・抑制・威圧・制度による抑止と覚悟の向上に一体的に力を入れ、党と人民から与えられた権力が終始人民の幸福のために用いられるよう保証した。反腐敗における「聖域なし、全面カバー、ゼロ容認」を堅持し、「厳重な抑制、強力な威圧、長期的な抑止」（　　　　　）を堅持し、贈賄側・収賄側双方に対する取り調べを堅持し、「案件があれば必ず調査し、腐敗があれば必ず処罰する」ことを堅持し、「劇薬で宿痾を治し、厳法で乱れを治める」（　　　　　）決意と「骨を削って毒を除き、それでもだめなら腕ごと切り落とす」（　　　　　）意気込みで、揺るぐことなく「トラ退治」、「ハエ叩き」、「キツネ狩り」を進めた。大衆の身近で発生している腐敗問題を断固解決し、国際逃亡者の指名手配や不正蓄財の追跡を踏み込んで展開し、一切の腐敗分子を一掃する。

五、译海学思专栏

是「中日两国」还是「日中两国」？

在外交外事等场合，我们常常可以看到，中方领导人明明精通外语，但他们身后依然要配备一位高翻，把他们的汉语翻译为外语。这是为什么呢？这涉及到立场问题。领导人代表中国，必然要使用汉语。《中共中央关于党的百年奋斗重大成就和历史经验的决议》指出："保证全党在政治立场、政治方向、政治原则、政治道路上同党中央保持高度一致。"我们在外交及外事工作中，也必须具备立场意识。

作为译者，在翻译实践中也常常会遇到立场问题。比如涉及到中日之间的敏感问题时，我们要警惕："钓鱼岛"要译为「釣魚島」，"南海"要译为「南中国海」。而且，在一些看似并不敏感的词语上，往往也存在着容易被忽视的陷阱。例如在外交场合中，"中日两国"一词，对于日方来说，最为自然的日语表述，或者说站在日方立场上的日语表述是「日中両国」。很明显这里也存在立场问题。作为中方译者外译此词时，我们要把中国放在第一位，所以说正确的译语是「中日両国」。

翻山何惧风云险，译海但求立场坚。进入新时代以来，我国翻译工作从翻译世界（把世界翻译给中国）向翻译中国（把中国翻译给世界）转变。译者是外交和外事工作的第一张名片，坚定立场，为党和国家作出应有的贡献，为对外话语体系构建添砖加瓦，正是我们外语人砥砺前行的方向。

六、附录

重点段落译文

段落一

全面加强纪律建设，用严明的纪律管全党治全党。"法令既行，纪律自正，则无不治之国，无不化之民。"纪律严明是我们党不断从胜利走向胜利的重要保障。党的十九大把纪律建设摆在更加突出位置，纳入党的建设总体布局，表明了用严明的纪律管党治党的坚定决心。

——2018年1月11日，习近平在中共十九届中央纪委二次全会上的讲话

規律建設を全面的に強化し、厳正な規律で全党を管理し、統治しなければならない。「法令が滞りなく施行されれば、規律は自ずから正しくなる。そうなれば治めることのできない国はなく、頑固で分かってくれない民衆はいなくなる」。厳正な規律はわが党が勝利から新たな勝利へと歩んでいくための重要な保障である。第十九回党大会は規律建設をより際立つ位置に据え、党建設の全体配置に組み入れ、厳正な規律によって党を管理し、統治する確固とした決意を示した。

——中国共産党第十九期中央規律検査委員会第二回全体会議での談話

段落二

"秉纲而目自张，执本而末自从。"组织路线对坚持党的领导、加强党的建设、做好党的组织工作具有十分重要的意义。现在，需要明确提出新时代党的组织路线，这就是：全面贯彻新时代中国特色社会主义思想，以组织体系建设为重点，着力培养忠诚干净担当的高素质干部，着力集聚爱国奉献的各方面优秀人

「綱を引けば目は自ずと張り、根本を執れば末節は自ずと随従する」。組織路線は、党による指導を堅持し、党建設を強化し、党の組織活動にしっかり取り組む上で、非常に重要な意義がある。現在、新時代の党の組織路線を明確に打ち出す必要がある。それは、新時代の中国の特色ある社会主義思想を全面的に貫徹し、組織体系の建設を重点とし、忠実で清廉潔白な、責任感のある資質の高い幹部の育成に注力し、祖国を愛し身をささげる各方面の優秀な人材の結集に

才，坚持德才兼备、以德为先、任人唯贤，为坚持和加强党的全面领导、坚持和发展中国特色社会主义提供坚强组织保证。新时代党的组织路线是理论的也是实践的，要在推进党的建设新的伟大工程、落实全面从严治党的实践中切实贯彻落实。

——2018年7月3日，习近平在全国组织工作会议上的讲话

注力し、徳才兼備で、徳を優先し、才能によって任用することを堅持し、党の全面的指導を堅持、強化し、中国の特色ある社会主義を堅持し発展させるために強力な組織的保証を提供することである。新時代の党の組織路線は理論的でありかつ実践的であり、党建設の新しい偉大なプロジェクトを推進し、党内統治の全面的厳格化を実行する実践の中で確実に徹底させ、具現化しなければならない。

——全国組織工作会議での談話

段落三

初心易得，始终难守。全党同志必须始终保持崇高的革命理想和旺盛的革命斗志，用好批评和自我批评这个锐利武器，驰而不息抓好正风肃纪反腐，不断增强党自我净化、自我完善、自我革新、自我提高的能力，坚决同一切可能动摇党的根基、阻碍党的事业的现象作斗争，荡涤一切附着在党肌体上的肮脏东西，把我们党建设得更加坚强有力。

——2020年1月8日，习近平在"不忘初心、牢记使命"主题教育总结大会上的讲话

初心は得やすいが、一貫して守ることは難しい。全党の同志は常に崇高な革命の理想と旺盛な革命の闘志を保ち、批判と自己批判という鋭い武器を活用し、馳せて休むことなくしっかり作風を正し規律を粛正し腐敗を撲滅し、党の自己浄化、自己改善、自己革新、自己向上の能力を絶えず増強し、党の土台を揺るがし、党の事業を妨げる可能性のあるすべての現象と断固として闘い、党の身体に付着しているすべての汚いものを洗い流し、わが党をより強固で力強いものに建設しなければならない。

——「初心を忘れず、使命を銘記する」テーマ教育総括大会における談話

段落四

改革开放以后，党坚持党要管党、从严治党，推进党的建设取得明显成效。同时，由于一度出现管党不力、治党不严问题，有些党员、干部政治信仰出现严重危机，一些地方和部门选人用人风气不正，形式主义、官僚主义、享乐主义和奢靡之风盛行，特权思想和特权现象较为普遍存在。特别是搞任人唯亲、排斥异己的有之，搞团团伙伙、拉帮结派的有之，搞匿名诬告、制造谣言的有之，搞收买人心、拉动选票的有之，搞封官许愿、弹冠相庆的有之，搞自行其是、阳奉阴违的有之，搞尾大不掉、妄议中央的也有之，政治问题和经济问题相互交织，贪腐程度触目惊心。这"七个有之"问题严重影响党的形象和威信，严重损害党群干群关系，引起广大党员、干部、群众强烈不满和义愤。习近平同志强调，打铁必须自身硬，办好中国的事情，关键在党，关键在党要管党、全面从严治党。必须以加强党的长期执政能力建设、先进性和纯洁性建设为主线，以党的政治建设为统领，以坚定理想信念宗旨为根基，以调动全党积极性、主动性、创造性为着力点，不断提高党的建设质量，把党建设成为始终走在时代

改革開放以降、党は党による党管理と全面的な厳しい党内統治を堅持し、党建設を推進する上で著しい成果をあげた。一方で、一時的なあまい党管理と党内統治により一部の党員、幹部の政治的信念は崩れかけ、一部の地方と部門では選抜・登用で不正な気風が見られ、形式主義・官僚主義・享楽主義・贅沢浪費の風潮がはびこり、特権の思想と特権を行使する現象がやや普遍的に見られた。とくに、縁故者だけを任用し、異分子を排除し、徒党を組み、派閥をつくる者、密告し、デマを流す者、人心を買収し、不正な票集めをする者、「君にあのポストを」などと約束したり、「あいつが昇格したから次は自分だ」などと前祝いしたりする者、自分のやりたいようにやり、面従腹背する者、上からの統率が効かないほどの勢力を拡大し、中央の方針について妄議する者もいて、政治とカネの問題が絡み合い、汚職・腐敗は目に余るほどであった。この「七つの者の存在」問題が党のイメージと威信に極めて大きな影響をおとし、党と大衆、幹部と大衆の関係を深刻に損ない、広範な党員、幹部、大衆の強い不満と怒りを買った。そこで、習近平同志は次のように強調した。鉄を打つには自身も硬くなければならず、中国の取り組みの成否のカギは党にあり、党による党管理と全面的な厳しい党内統治にある。そのため、党の長期執政能力の建設と先進性・純潔性の建設の強化を主軸とし、党の政治建設を先導とし、理想・信念・根本目的の強化を基礎とし、全党の積極性・主体性・創造性の喚起を重点とし、党建設の質的向上を不断にはかり、党を、終始時代の先頭を歩み、人民が心から擁護し、

前列、人民衷心拥护、勇于自我革命、经得起各种风浪考验、朝气蓬勃的马克思主义执政党。党以永远在路上的清醒和坚定，坚持严的主基调，突出抓住"关键少数"，落实主体责任和监督责任，强化监督执纪问责，把全面从严治党贯穿于党的建设各方面。党中央召开各领域党建工作会议作出有力部署，推动党的建设全面进步。

——《中共中央关于党的百年奋斗重大成就和历史经验的决议》

果敢に自己革命を行い、さまざまな荒波や試練に耐え抜く、はつらつとしたマルクス主義の政権党に築き上げる必要がある。党は「全面的な厳しい党内統治の道に終わりはない」という明確な認識と確固たる決意をもって、「厳格」という主たる基調を堅持し、とくに「カギとなる少数（指導幹部）」をしっかりと押さえ、主体責任と監督責任を徹底し、監督・規律執行・問責を強化し、全面的な厳しい党内統治を党建設の各方面で貫いた。党中央は分野ごとに党建設活動会議を招集して行動計画をしっかりと立てて、党建設の全面的な進歩を促した。

——『党の百年奮闘の重要な成果と歴史的経験に関する中共中央の決議』

参考文献

1. 中共中央宣传部，2018，《习近平新时代中国特色社会主义思想三十讲》。北京：学习出版社。

2. 全国干部培训教材编审指导委员会，2019，《全面加强党的领导和党的建设》。北京：人民出版社、党建读物出版社。

3. 劳伦斯·韦努蒂，2004，《译者的隐身》。上海：上海外语教育出版社。

4. 藤涛文子，2017，《翻译行为与跨文化交际》，蒋芳婧、孙若圣、余倩菲译。天津：南开大学出版社。

5. 张晓希，2019，《习近平用典》的日译研究，《天津外国语大学学报》（2）。

6. 许慈惠，2008，「名詞＋ある（＋名詞）」结构的特征及其他，《日语学习与研究》（3）。

7. 潘钧，1995，中日同形词词义差异原因浅析，《日语学习与研究》（3）。

8. 黄友义，2004，坚持"外宣三贴近"原则,处理好外宣翻译中的难点问题，《中国翻译》（6）。

9. 修刚、米原千秋，2016，中日政治文献"同形词"的翻译——以2015年《政府工作报告》日译为例，《天津外国语大学学报》（4）。

10. 张南薰，2011，论新闻文体中汉日同形词的日译，《日语学习与研究》（1）。

11. 朱鹏霄，2020，中日两国日语媒体对政治术语"一带一路"的报道及译释的比较研究，《天津外国语大学学报》（3）。

12. 刘健，2019，中国共产党文献日译本中的汉日同形词——以《习近平谈治国理政》日译本中的"四字格"词为例，《日语学习与研究》（6）

13. 修刚、李运博、花超，2018，十九大报告翻译实践与中央文献的翻译策略，《日语学习与研究》。

14. 修刚、李钰婧，2018，推进对外传播话语体系建设的思考——访天津外国语大学修刚教授，《天津外国语大学学报》。

15. 遠藤紹徳，1989，『中‐日翻訳表現文法中文日訳・日文中訳の原点とテクニック』。日本：バベル・プレス。

16. 吕叔湘，1979，《汉语语法分析问题》。北京：商务印书馆。

17. 黄友义，2017，"一带一路"和中国翻译——变革指向应用的方向，《上海翻译》（3）。

18. 卿学民，2018，政治文献重要术语外译的理论逻辑分析——以"人民当家作主"的日译为例，《日语学习与研究》总195号。

19. 陈岩、孟海霞，2018，论中国共产党第十九次全国代表大会报告中重要表述的日译.日语学习与研究（1）。

20. 陈锡喜，2018，《平易近人：习近平的语言力量》，上海：上海交通大学出版社。

21. 杜争鸣，2014，《时政用语中译英释例》。北京：外文出版社。

22. 黄伯荣、李炜，2018，《现代汉语（第二版下册）》。北京：北京大学出版社。

23. 黄进财、罗兹深，2021，概念隐喻视角下《习近平谈治国理政》中隐喻的韩译方法研究，《外国语文（双月刊）》（5）。

24. 李玥，2019，从功能对等理论看十九大报告中熟语的日译，《日语学习与研究》（1）。

25. 苏琦，2019，《汉日翻译教程第三版》。北京：商务印书馆。

26. 王佳丽，2016，汉英翻译中比喻修辞的翻译策略探析，《英语广场》（12）。

27. 赵晶、何中清，2021，跨语认知映射视角下新时代中国特色政治隐喻的英译研究，《北京科技大学学报（社会科学版）》（5）。

28. 黄伯荣、廖序东，2019，《现代汉语》（增订）六版。北京：高等教育出版社。

29. 刘宓庆，2019，《新编当代翻译理论》。北京：中译出版社。

30. 中国社会科学院语言研究所，2016，《现代汉语词典》。北京：商务印书馆。

31. M.A.K.Halliday，2001，《英语的衔接》。北京：外语教学与研究出版社。

32. 张德禄、刘汝山，2003，《语篇连贯与衔接理论的发展与应用》。上海：上海外语教育出版社。

33. 朱永生、郑立信、苗兴伟，2001，《英汉语篇衔接手段对比研究》。上海：上海外语教育出版社。

34. 习近平，2020，《论坚持推动构建人类命运共同体（日文版）》，中共中央党史和文献研究院译。北京：中央编译出版社。

35. 卿学民，2020，作为一项系统工程的党政文献对外翻译——以党的十九大文件外译工作为例，《中国翻译》（1）。

36. 杰里米·芒迪，2014，《翻译学导论：理论与应用》，李德凤等译。北京：外语教学与研究出版社。

37. 孙廷举，1985，汉文训读规则简介，《日语学习与研究》（2）。

38. 小川環樹編訳，2021，『宋詩選』，東京：筑摩書房。

39. 吉川幸次郎、三好達治，2015，『新唐詩選』，東京：岩波書店。

后 记

　　"理解当代中国"系列教材是中央宣传部、教育部联合开展的《习近平谈治国理政》多语种版本进高校、进教材、进课堂工作的重要成果。

　　本系列教材编写出版工作得到中央宣传部、教育部领导的亲切关怀和悉心指导，得到中央有关部门和相关单位的支持和帮助。中央宣传部国际传播局、教育部高等教育司给予具体指导。中共中央对外联络部、外交部、中央党史和文献研究院、新华社、人民日报社、中国日报社等相关部门领导和专家共同研究教材编写方案。中国外文局、外文出版社提供《习近平谈治国理政》版权并推荐审定稿专家协助把关。教育部高等学校外国语言文学类专业教学指导委员会各分指委主任委员蒋洪新、贾文键、曹德明、常福良、罗林，各分指委副主任委员、委员，意大利语、葡萄牙语和国际中文等专业有关专家共201位，参与教材样书的审议并提出修改意见。中共中央党校韩庆祥，中国社会科学院龚云，中国人民大学秦宣，中央党史和文献研究院卿学民、王刚，人民日报社杨凯，北京大学陈文旭，北京外国语大学韩强，北京第二外国语学院庄文城等专家学者从思政角度审读了样书，并就有关问题提供咨询指导。

　　本系列教材的编写与研究经全国哲学社会科学工作领导小组批准，被立为2021年度国家社会科学基金重大委托项目（批准号为：21@ZH043）。课题组首席专家为北京外国语大学党委书记王定华，负责全面统筹指导教材编审、研发、出版、使用等全过程各环节，核心成员为每个语种系列教材的总主编。课题组坚持编研结合、以研促编，深入探究如何更好实现习近平新时代中国特色社会主义思想从理论体系向教材体系、从教材体系向教学体系、从教学体系向学生的知识体系和价值体系的转化，创新教材呈现方式和话语体系，为确保教材的科学性、前沿性、时代性、适宜性提供了方向指引和有力支撑。

　　本系列教材由北京外国语大学牵头成立工作组，全面负责组织协调、推动实施和支持保障工作。工作组组长为北京外国语大学党委副书记、校长杨丹，副组长为北京外国语大学孙有中，成员有北京外国语大学张文超、王芳、常小玲，北京大学宁琦，北京语言大学魏晖，北京第二外国语学院程维，天津外国语大学李迎迎，大连外国语大学刘宏，上海外国语大学张静，南京大学王志林，广

东外语外贸大学焦方太，四川外国语大学严功军，西安外国语大学姜亚军等。北京外国语大学教材处和外语教学与研究出版社承担秘书处工作。

本系列教材编写团队由251位专家构成，涉及50所高校及相关机构。孙有中承担本系列教材的编写统筹并主持英语系列教材编写工作，刘宏主持俄语系列，孔德明主持德语系列，郑立华主持法语系列，于漫主持西班牙语系列，张洪仪主持阿拉伯语系列，修刚主持日语系列，董洪川、陈英、文铮主持意大利语系列，姜亚军、徐亦行主持葡萄牙语系列，王丹主持韩国语系列，刘利主持国际中文系列。

本系列教材课文选篇主要来自《习近平谈治国理政》多语种版本的核心内容，并及时吸收《中共中央关于党的百年奋斗重大成就和历史经验的决议》、习近平总书记《在庆祝中国共产党成立100周年大会上的讲话》等党的最新理论成果。教学设计上注重理论体系向教材体系的有机转化，致力于价值塑造、知识传授和能力培养的有机统一，为我国高校外语类专业培养能够理解当代中国、讲好中国故事的高素质国际化外语人才提供有力支撑。由于能力所限，书中不当、不周之处恐难避免。恳请广大师生不吝指正，以使本系列教材得以完善。

"'理解当代中国'系列教材编写与研究"课题组
2022年6月